简明

中国政教关系史

A Brief History of the Relationship between Religion and Politics in China

张践 著

中国社会科学出版社

图书在版编目(CIP)数据

简明中国政教关系史 / 张践著 . —北京：中国社会科学出版社，2021.3

ISBN 978-7-5203-6413-3

Ⅰ.①简… Ⅱ.①张… Ⅲ.①宗教—关系—政治—历史—中国 Ⅳ.①B929.2②D69

中国版本图书馆CIP数据核字(2020)第087747号

出 版 人	赵剑英
责任编辑	许 琳
责任校对	杨 林
责任印制	李寡寡

出　　版	中国社会科学出版社
社　　址	北京鼓楼西大街甲158号
邮　　编	100720
网　　址	http://www.csspw.cn
发 行 部	010-84083685
门 市 部	010-84029450
经　　销	新华书店及其他书店

印刷装订	北京君升印刷有限公司
版　　次	2021年3月第1版
印　　次	2021年3月第1次印刷

开　　本	710×1000　1/16
印　　张	17.5
插　　页	2
字　　数	281千字
定　　价	78.00元

凡购买中国社会科学出版社图书，如有质量问题请与本社营销中心联系调换
电话：010-84083683
版权所有　侵权必究

前　言

承蒙中国社会科学出版社各位领导及策划编辑黄燕生女士，责任编辑许琳女士的大力扶植，拙作《中国古代政教关系史》于2013年得以面世。此书是笔者十年辛苦工作的成果，上下两卷，大约有一百三十万字。《中国古代政教关系史》出版时，笔者请恩师牟钟鉴教授和国家宗教局局长王作安先生为本书作序，二位先生的序言画龙点睛一般提高了本书的思想价值，在社会上产生了重要的影响。本书的出版不仅得到了学界的好评，被认为是填补学术空白的巨作，特别是得到了中央统战部、国家宗教局领导的重视，多次邀请笔者在中央党校、宗教局培训中心、中央社会主义学院、中国人民大学等场所为宗教管理干部、宗教领袖进行培训，得到了宗教管理者和被管理者的共同好评。

但是在培训的过程中，大家也对本书的不足提出了坦诚的意见。除了一些技术性的错误，最主要的问题集中在两点：一是原著太厚，学术考据的味道太浓，不适合宗教管理者和宗教领袖们百忙之中阅读；二是《中国古代政教关系史》一书的截止年代是1840年，对于在当代产生重大影响的近、现代政教关系史则付诸阙如，有一种历史不够完全的感觉。因此他们鼓励笔者在《中国古代政教关系史》的基础上，搞一本《简明中国政教关系史》，减少过于复杂的理论论述和资料性的内容，并补上中国近、现代政教关系史。

回顾笔者成长的历史，我的大多数著作都是在中国社会科学出社出版的，出版社培养了我的成长。这次又是在中国社会科学出版社的大力支持下，才能够出现这样一部作品。再一次地向出版社的领导、编辑、校对以及一切为本书付出劳动的有朋友们表达真诚的谢意！

作者识于中国人民大学林园
2019 年 11 月

目 录

第一章　绪论 ……………………………………………………（1）
　一　政治与宗教互动的基本结构与机制 ……………………（1）
　二　中国式的"政教关系" ……………………………………（28）

第二章　上古时代的政教关系 ………………………………（43）
　一　中国早期国家宗教的一般特点 …………………………（43）
　二　"绝地天通"改革对于中国政教关系的重大影响 ………（45）
　三　夏商周三代的宗教变迁 …………………………………（49）

第三章　春秋战国政教关系的嬗变 …………………………（56）
　一　雅斯贝斯的轴心时代理论 ………………………………（56）
　二　轴心时代的中国社会 ……………………………………（58）
　三　中国哲学思想的启蒙 ……………………………………（61）
　四　儒家学者对古代宗教的传承与改造 ……………………（76）

第四章　秦汉时期政教关系初具雏形 ………………………（83）
　一　秦汉之际的思想转型 ……………………………………（83）
　二　独尊儒术与儒教的形成 …………………………………（85）
　三　汉代帝王对儒教内部的不同意见进行裁决 ……………（90）
　四　儒教决定了中国政教关系的基本走势 …………………（92）
　五　佛教的传入及其与中国政治的关系 ……………………（97）
　六　道教的生成及其与中国政治的关系 ……………………（100）

第五章　魏晋南北朝佛、道教的快速发展与三教之争 …… （107）
  一　佛道二教的快速发展 …… （107）
  二　宗教引发的农民起义问题 …… （110）
  三　儒释道三教冲突与融合 …… （113）
  四　由宗教引发的经济问题与灭佛法难 …… （126）
  五　宗教管理方式的逐渐探索 …… （129）

第六章　隋唐宋元时期政教关系的完善 …… （131）
  一　中国的君主集权制度基本定型 …… （131）
  二　宗教政策与管理制度的逐渐完善 …… （135）
  三　三教思想走向"合一" …… （140）
  四　各种宗教充分发挥"以教辅政"作用 …… （143）
  五　开放的宗教政策促进国际交流 …… （146）
  六　多元宗教成为多民族国家的黏合剂 …… （152）
  七　政教关系中的极端事件 …… （157）

第七章　明至清中期的政教关系 …… （160）
  一　明清时期君主专制制度的加强 …… （161）
  二　儒学的"宗教化"与佛、道教的"儒化" …… （165）
  三　中国帝制社会的最后辉煌 …… （175）
  四　对宗教的过度严管及其副作用 …… （182）
  五　政教失衡导致国势衰微 …… （191）
  六　明清政教关系与中国的近代性 …… （195）

第八章　中国近、现代政教关系 …… （207）
  一　佛、道教的进一步衰落 …… （207）
  二　民间宗教的政治作用及其分化 …… （215）
  三　基督教的快速发展及其引发的教案 …… （220）
  四　基督教与太平天国运动 …… （227）
  五　义和团运动与基督教的转型 …… （231）
  六　基督教与民国政治 …… （237）

**第九章 中国传统社会政教关系的历史特点与宗教管理的
经验教训** ……………………………………………… （243）
 一 中国政教关系的历史特点 ………………………… （243）
 二 中国古代政府管理宗教的经验 …………………… （258）
 三 中国古代政府管理宗教的教训 …………………… （267）

第一章 绪论

一 政治与宗教互动的基本结构与机制

长期以来政教关系的研究被认为是一件简单的事情，似乎已经有一种现成的公式，"政教分离"就可以解决一切问题了，反之出现了问题则是由于"政教合一"。其实这种将复杂问题简单化的方法，并无助于说明世界复杂的政教关系结构与机制。一句简单的"分离"或"合一"，不仅不足以说明中国的现实与历史，也不能说明其原产地——西方国家的历史与现实。以中国的现状为例，2018年4月国务院新闻办发布的《关于中国宗教信仰自由的理论与实践白皮书》指出：当代中国大约有20000名各种宗教的神职人员，担任各级政府的人民代表大会或政治协商会议的代表、委员。这一现象是否说明中国违反了"政教分离"的原则呢？我们再看中国的历史，中国古代是"政教分离"的世俗政府吗？如果是，那如何解释历朝历代进入国家"祀典"的"祭天""祭祖""祭社稷"活动？如果认为中国古代也是"政教合一"的政权，那与政治合一的显然不是佛教和道教，因为它们都必须匍匐在王权的脚下。而与政治合一的儒教，中国人很难将其视为与基督教、伊斯兰教一样的宗教。再看看西方国家，美国一向以"政教分离"著称，其宪法第一修正案规定："国会不能设立国教，也不能限制宗教自由的实践"，这一修正案被视为在政治与宗教之间竖起了高高的分离之墙。但是美国的国歌最后三段是:"祖国自有天相,胜利和平在望;建国家,保家乡,感谢上帝的力量。我们一定得胜,正义属于我方,'我们信赖上帝'。此语永矢不忘。你看星条旗将永远高高飘扬,在这自由国家,勇士的家乡。"国歌被视为现代民族国家的政治图腾,国歌中的"上帝"很难被视为没有政治性。美国的货币背后都写着:"in god we trust",翻译成中文就是"我们信仰上帝",时时提醒着全体国民。而美国总统选举的压轴戏,则是当选人按着圣经宣誓就职,为什么不按着宪法宣誓呢?是否可以按着佛经或古兰经宣誓呢?美国第十四任总统麦金莱说过:一个不信仰上帝的人,永远坐不上这把宝座。那么问题出在什么地方?

问题的浅层原因在于翻译,西方近代启蒙思想家为了反对封建统治者用基督教神学作为专制政权的合法性依据,提出了"政教分离"的要求,其英文原文是"separation of state and church",意为国家或政府与教会组织的分离。可是这一重要概念在被译成中文时,却"言简意赅"地被译成了"政教分离"。由于中文高度概括性与内涵丰富性的特点,对这一在近现代社会指导我们处理政治与宗教事务的重要原则,在理解上就出现了诸多的模糊和含混。因为中文中的"政",不仅仅指政治权力机构,还可以指整个政治系统;中文中的"教",也不仅仅是教会,还可以泛指一切宗教文化体系,甚至可以包括所有用于教化百姓的文化体系。所以用"政教合一"和"政教分离"这样两个简略的标准去分类政教关系,既无法说明世界上多种类型的宗教与各国政治的复杂关系,更无助于科学、合理地阐述宗教影响政治的途径与机制,甚至会出现众多的误解。

问题的深层症结在于我们过去的政教关系研究,总是在笼统地使用政治、宗教这两大范畴,但没有进行具体的分层研究。从而使我们的政教关系研究也仅停滞在政治权力与教会组织关系的层面上,缺乏对政治与宗教这两大文化体系关系全方位的、多层次的分析。今天,随着政治学、宗教学两大学科的深入发展,使我们可以有更多的研究方法来审视政治与宗教的关系,对政教关系的类型及作用机制,进行新的研究。

1. 政治的层级结构

20世纪中叶以后，西方政治学者的研究开始向纵深发展，对于我们多有启发。英国著名政治学家迈克尔·罗斯金等人在《政治科学》一书中指出："权力与政治是一回事吗？一些权力狂（包括不少政客在内）认为二者是一致的，但是这显得过于简单化了。我们应该把政治看成是一些目标或政策的结合，而权力是达成这些目标和政策所必需的。按照这种观点，权力是政治最主要的组成部分。我们无法想象一个政治系统可以没有政治权力。即使一个以爱为治理基础的宗教人物也会对他们的信徒行使权力。……如果权力排除其他目的，成为政治的目标，它就会变得离经叛道、野蛮残暴，甚至自我毁灭。"[①] 罗斯金在肯定政治权力是政治系统中的"最主要的组成部分"的同时，也强调不能把政治等同于权力，更不能将权力当成政治的目的。因为一个权力要想维持下去，就必须在社会上获得"合法性"，所以他又说："合法性是政治科学中最重要的观念之一。它最初的含义是指国王有权即位是由于他们的'合法'出身。中世纪以来，合法性的意思增加了，它不再只是指'统治的合法权利'，而且指'统治的心理权利'。现在的合法性意指人们内心的一种态度，这种态度认为政府是合法的和公正的。"[②]

那么一个政权如何获得"政治合法性"呢？首要的因素是一定的暴力，对于这一点任何政治学家都不否认。不过，马克思、恩格斯更重视暴力背后的经济因素，将占有生产资料当成获得暴力的依据。如恩格斯在《反杜林论》中指出："一句话，暴力的胜利是以武器的生产为基础的，而武器的生产又是以整个生产力为基础的。"[③] 而当代西

---

① [美]迈克尔·罗斯金等：《政治科学》，林震译，华夏出版社2001年版，第14页。
② 同上书，第5页。
③ 恩格斯：《反杜林论》，人民出版社1970年版，第164页。

方政治学家，更多的是强调了"政治合法性"的文化方面。美国当代政治学家莱斯利·里普森认为："那么政府如何运用暴力？是什么原因使得一小部分人可以代表大多数人使用暴力？如果我们仍然记得，尽管政府的最基本功能是保障安全，可它还要不断地发展，那我们就会找到答案，安全发展出秩序，秩序又孕育了正义。"① 按照他的观点，一个政权要想维持自己的安全，仅有暴力就可以了，但这不足以建立使社会正常运行的秩序。秩序的运行需要人民的"同意"，所以"什么是权力？简单地说，就是暴力加上同意"。② 可是如果人民的同意仅仅建立在屈服于暴力的基础上，政权还是难以长期维持的，所以它需要在秩序运行的过程中，培养"正义"的观念。一个政权一旦获得了"正义"的形象，它就变成了"权威"。里普森又说："面对权力，公民们还有支持或者反对的选择，面对权威，服从则是每个人义不容辞的责任。抵制权力是合法的，抵制权威则是不合法的。如果说权力是赤裸裸的，那么权威就是穿上了合法性外衣的权力。"③

使政治权力获得合法性的首要条件是建立为本阶级、阶层、集团服务的意识形态体系。意识形态是一个可以从哲学、政治学、经济学、社会学等多学科的角度诠释的概念。马克思主义哲学从社会存在与社会意识的关系入手，强调意识形态是对经济基础的反映，并具有为经济基础服务的性质。政治学家则更进一步，从政治体系的角度看待意识形态，"它把意识形态当作一种具有行动取向的信念体系，一种指导和激发政治行为的综合的思想观念。"④ 也就是说，意识形态是具有明确的指向性的，可以直接指导政治行为的思想观念，可以激发本阶级、阶层、集团所有成员的意志，使他们为着某种共同的目标而努力。在整个社会意识形态体系中，政治意识形态处于绝对主导的地位。其他类型的意识形态，如哲学、宗教、伦理、文艺等，都必须接

---

① ［美］莱斯利·里普森：《政治学的重大问题》，刘晓译，华夏出版社2001年版，第56页。
② 同上。
③ 同上书，第58页。
④ 王浦劬主编：《政治学原理》，中央广播电视大学出版社2004年版，第211页。

受它的指导和调节。因为政治意识形态是政治利益最直接的表现，受到政治权力的直接控制，可以直接指导国家的政治活动。不同时代的政治权力掌握者，都努力运用自己手中的意识形态，通过家庭、学校、传播、社团、政治符号对全社会的公众进行教化，从而实现"政治社会化"。政治社会化的过程，就是社会个体成员接受政治合法性信念，形成政治文化的过程。

政治文化是美国当代政治学家阿尔蒙德提出的，他从1956年到1963年发表了一系列论文和著作，阐述了政治文化的观念。他认为：政治文化是一个民族在特定时期的一套政治态度、政治信仰和感情，它由本民族的历史和当代社会、经济和政治活动所促成。① 可以说政治文化是公民在本国长期的历史文化熏陶和政治意识形态的教化共同作用下形成的，对政治体系中各种角色的认知、情感和态度。② 对于一个政治体系来说，最终决定其稳定的力量，还在于这一套深入民众心目中的政治文化。当社会上大多数民众对政治权力持反感态度时，他们也就会在行动上有所表现，政治的冲突也就会随之发生。如果反对派势力占了上风，政治权力就会发生更迭。

通过上述分析笔者认为：政治体系从结构上自上而下可以分成政治权力、政治意识形态和政治文化三个层面。这三个层面，内部存在着复杂的关系，一般而言，政治权力处于整个政治体系的核心地位，对于另外两个层面有决定性的作用。统治者总是利用自己掌握的物质力量，在社会上推行有利于己的意识形态。同样，意识形态对政治文化的形成，也具有导向的作用，一个社会的政治文化，在大多数情况

---

① 参见［美］阿尔蒙德、维巴《公民文化》，浙江人民出版社1989年版；［美］阿尔蒙德、鲍威尔《比较政治学》，上海译文出版社1987年版。

② 阿尔蒙德等人关于政治文化的观念在20世纪八九十年代传入我国，立即引起了政治学界巨大的兴趣。当时，学界进行了广泛的讨论，得出了许多颇具启发意义的新见解，但也存在着将政治文化概念扩大化的倾向，从广义的文化观出发，有些学者在政治文化一词中，几乎包括了政治体系、政治思想、政治心理等一切与政治有关的范畴。90年代后期，政治学者逐渐认识到，这种使政治文化概念"泛化"的做法，从某种意义上说，反而使它失去了确定的指向。所以笔者赞同还是在阿尔蒙德原始意义上使用政治文化的概念。

下是与政治意识形态一致的。但是情况还有另一方面，即政治意识形态、政治文化也有一定的相对独立性。当社会即将发生变革时，社会上就会出现与掌权者相悖的，反映对立阶级、阶层利益的意识形态，社会的政治冲突也就随之发生。同样，在其他社会意识形态单元，如哲学、宗教、伦理的力量的作用下，社会上也会形成与政治意识形态相对立的政治文化。总之，政治体系的这三个层面，具有向下兼容但不向上兼容的特点。

宗教作为一种社会文化体系，它与政治的相互作用的形式可以表现在这三个层面上，从而使政教关系表现为四种形态。

2. 政教一体型的"神权政治"

从人类发展的历史顺序讲，政教一体的神权统治是各民族文化的共同开端。在原始氏族社会中，宗教是人类唯一的精神财富，所以占有这份财富的巫师们，自然也就成为政治权力的行使者。如弗雷泽在《金枝》一书中指出："在非洲，国王常常是由公众巫师特别是祈雨师发展而来的。巫师所造成的对他的无比畏惧以及他通过施行巫术所积累的财富大概都有助于他的晋升。"[①] 在原始社会中，没有财富的差异和阶级的分化，所以政治权力都是为公共利益服务的。但是随着人类生产能力的发展，巫师与神沟通方面的特殊能力，就成为他们更多地占有财富的重要手段。

在古犹太文明、古印度文明、古希腊文明和我们古中华文明等几个早期国家性质的社会中，人类虽已迈入了财富私有的门槛，但仍保留了氏族组织的外壳，从而也保留了神权政治的组织形式。国王既是最高的宗族领袖，也是最大的祭司。在古犹太人的国家，如斯宾诺莎所言："摩西成了神律的唯一的宣扬的人与解释的人，因此也就是最高的裁判人，他本人不受人责难。他给希伯来人代行上帝的职务；换句话说，他握有最高的王权，只有他有权请示上帝，给人民以神的答

---

① [英]弗雷泽：《金枝》（上册），徐育新等译，中国文艺出版社1987年版，第132页。

复，监督神的回答付诸实行。"① 印度教的经典《摩奴法典》提出了国王神造的政治起源说："这个世界曾没有国王，到处为恐怖所搅乱，所以为保存万有，梵天才从天王、风神、阎摩、太阳神、火神、水神、月神和财神等的本体中，取出永久的种子，创造出国王。"② 国王是从宇宙的最高神梵天诸种大神的本体中提取种子创造出来的，所以他生来就具有诸种大神的威力和功能。在古希腊文中，"家族"原意为"环圣火者"，如西方学者古郎士所说："乃若干崇拜同一圣火而祭祀同一祖先的人所组成的团体。"③ 主祭火者就是家长，并由此衍生出家族内部的权力分配结构。在中国早期国家的"三皇五帝"时代，那些传说中的圣王也都是一些具备非凡能力的"巫师"。《史记·五帝本纪》说：黄帝"教熊罴貔貅貙虎，以与炎帝战于阪泉之野。"《史记·夏本纪》索引说："今巫犹称'禹步'。"陈梦家先生据此判断："禹步"即"巫步"④。《山海经·海外西经》《楚辞·离骚》、古本《竹书纪年》等均说，夏后启是上帝的嘉宾，从上帝那里得到了"九歌""九辩"。张光直先生认为："夏后启无疑为巫，且善歌舞。"⑤ 那么夏后启无疑就是最典型的由巫师转化为帝王的第一人。

上述这些原始社会的政权或处于文明社会起点的早期国家，之所以选择了神权政治的国家组织形式，一个重要的原因就是原始宗教几乎与原始文化是同义语，是社会上唯一的文化形态。但是在人类文明发展以后，在一些特殊的地理、交通、文化条件下，某些国家或地区，仍然会实行这种政教一体的神权政治。如地处青藏高原的中国西藏地区，由于高寒缺氧，与外界交通困难，所以自13世纪元朝政府支持萨迦派建立政教合一政权以后，一直将这种独特的政权结构保持

---

① ［荷兰］斯宾诺莎：《神学政治论》，温锡增译，商务印书馆1982年版，第233页。
② ［法］迭朗善：《摩奴法典》，香雪译，商务印书馆1985年版，第144页。
③ ［法］古郎士：《希腊罗马古代社会研究》，李玄伯译，上海文艺出版社1990年版，第6页。
④ 陈梦家：《商代的神话与巫术》，《燕京学报》1936年第2期。
⑤ 张光直：《中国青铜时代》（二集），生活·读书·新知三联书店1983年版，第64页。

到 1959 年。而地处欧、亚、非三大文明交会处的阿拉伯半岛，在公元 7 世纪产生了伊斯兰教。为了统一阿拉伯民族，对抗基督教文明的东侵，也曾实行政教一体的神权政治，建立了从四大"哈里发"到奥斯曼帝国的神权政治。

在实行神权政治的国家或地区，由于宗教成为政治的代言人，所以社会上一切的政治矛盾，便都集中在宗教领域，表现为对教权的争夺。在实行神权政治的西藏，各级封建领主与藏传佛教的各派领袖合为一体，领主之间的政治争夺，就表现为教派之间的冲突。在藏传佛教后弘期，藏传佛教分成诸多派系，其中绝大部分都是以地方命名的，如萨迦、止贡嘎举、帕竹嘎举等，其地方政权代理人的性质就非常明显。元朝中央政府支持萨迦派，对于不服从萨迦派命令的其他派别就实行武力征讨。元政府垮台后，嘎举派上升为西藏的主要宗教派系，为了保住自己的政治权力，他们极力打击新兴的格鲁派。而格鲁派的领袖达赖三世索南嘉措，则借到蒙古传教之机，联合蒙古王爷俺达汗，率兵回到西藏，用武力打垮了嘎举派的政权，建立了黄教的绝对统治地位。

在神权政治时代，宗教处于绝对的、至高无上的地位，就是神在人间的化身。达赖、班禅被称为"活佛"，就是佛祖的代理人。殷周的帝王被称为"天子"，即天之长子，浑身充满神性的光辉。即使在当代实行神权政治的伊斯兰世界，宗教领袖作为真主的使者，也具有至高无上的地位。在 20 世纪 80 年代伊朗"伊斯兰教革命"以后，宗教领袖霍梅尼也是这样一个闪烁着灵光的人物。他通过两次公民投票，使"法基赫的监护"合法化、制度化。"法基赫"是阿拉伯语"Faqih"的音译，指伊斯兰教法学家。从此，宗教组织就凌驾于国家立法、司法、行政权力之上，是国家一切事务的最高裁决者。①

神权政治是政教关系最古老的类型，是人类社会发展过程中一个必不可少的环节。几乎所有民族国家，都曾经经历过这一组织形式。宗教组织就是国家组织，宗教事务就是政治事务，用中国古籍上的话

---

① 参见姜英梅《伊朗伊斯兰共和国的政教关系》，《西亚非洲》2005 年第 5 期。

说，"国之大事，在祀与戎"(《左传·成公十三年》)。从现代化的视角看，这是一种极端落后的社会组织形式，用"超人间"的思维指导现实政治活动，是人类在成长的幼稚时期付出的一种必不可少的代价。但是用后现代的思维方式考察，那么似乎我们也要承认，即使在今天还选择神权政治的国家，他们的人民也有他们的道理。政治制度对于一个地区的文化，只有适应与不适应，没有先进、落后之分。

3. 政教依赖型的"神学政治"

"神学政治"是欧洲近代启蒙学者对中世纪实行基督教"国教统治"的一种概括，① 以区别于政教一体的"神权政治"。当人类社会的发展超越了氏族社会的形式，开始进入地缘政治阶段以后，人员的交往和文化的沟通，使一些世界性宗教获得了跨地区、民族、国家传播的机会，从而形成了独立于各个民族国家的教团组织。由于这些宗教具有高深的宗教理论、超强的组织能力，使不同的民族、国家都出现了大量的虔诚信徒，甚至包括大批的统治者。这样一种多民族、多国家的人们信仰同一宗教的情况，便不同于"小国寡民"时代的宗教信仰，世界性宗教成为共同信仰国家共同的政治意识形态，而不是某一国家的单一的政治神权。如基督教对于中世纪欧洲的所有国家，佛教对于印度、南亚、西域诸国，伊斯兰教对于中东、南欧、东南亚诸国，大多就是如此。当然有一点需要说明，即在"国教统治"的国度里，宗教的影响非常巨大，有些时期宗教领袖可能直接兼任政府的重要职务，甚至成为最高统治者，因此"神学政治"与"神权政治"只是一种理论的划分，在实际生活中并没有绝对分明的界限。

政教依赖型的政教关系是指：宗教组织不再与国家权力机构完全同一，但是由于宗教的重大影响，这些国家需要用宗教作为自己的政治意识形态，宗教组织则需要封建政权的支持，两者呈现出相互依赖的关系，故使国家政治出现了"神学政治"的特征。但是由于此时宗教组织与政权机构不再是合为一体而是相对独立的，故两者之间的利

---

① 斯宾诺莎将自己分析欧洲中世纪政教关系的著作直接定名为《神学政治论》。

益争夺时有发生。人类历史上政教冲突最严重的时期和地区，也都发生在这种类型的政治体制中。其中既包括信仰同一种宗教，但属于不同教派的信徒，也包括信仰不同宗教的信众。欧洲历史上的宗教战争、十字军东征，当代信仰印度教的泰米尔人与信仰佛教的僧伽罗人，① 都是典型的例证。

马克思主义认为决定人类社会发展的是两对基本矛盾：生产力与生产关系的矛盾、经济基础与上层建筑的矛盾。而在上层建筑的领域中，"一种是人们借以意识到这种冲突并力求把它克服的那些法律的、政治的、宗教的、艺术的或哲学的，简言之，意识形态的形式。"② 人类历史上任何政权都需要一种意识形态为自己的合法性进行直接的论证，构建社会政治制度，规范社会成员的行为。即使在标榜自由主义的西方民主国家，一些反映其经济利益的基本政治意识形态，也是不容多元、具有垄断性的，如"私有财产神圣不可侵犯""言论自由""信仰自由"等。正如亨廷顿所说："人们常说美国人的特点就是笃信'美国观念'所体现的自由、平等、民主、个人主义、人权、法治和私有财产制这样的一些政治原则，由这样的信念团结在一起。……理查德·霍夫斯塔说得最简明扼要：'我们国民幸运，没有几种意识形态，而只有一种。'"③ 所以中国学者认为："在任何国家，作为政权合法性依据的官方意识形态只有一种，这里探讨的主要是作为政治统治工具的官方意识形态。"④ 国家政治意识形态本身都具有强烈的垄断性、排他性，如果再与信奉"一神论"的宗教结合起来，造成政教冲突的危害性就会大大地增加了。在中世纪的欧洲和近现代的中东，基督教和伊斯兰教都曾被宣布为"国教"，对于该地区的政治产生了无与伦比的重大作用。

凡是拥有"国教"的国家，宗教便成为政治权力合法性唯一的、

---

① 参见曹兴《僧泰冲突与南亚地缘政治》，民族出版社2003年版。
② 《马克思恩格斯选集》第2卷，人民出版社1972年版，第83页。
③ [美]塞缪尔·亨廷顿：《我们是谁？》，程克雄译，新华出版社2005年版，第41页。
④ 杨光斌主编：《政治学导论》，中国人民大学出版社2000年版，第74页。

至高无上的证明。基督教原是被罗马帝国征服的犹太奴隶信仰的宗教，相当一段时间内在民间传播，被罗马帝国视为大敌，遭到残酷的镇压。在犹太复国的理想无望之后，基督教的教义也开始向忍受人间的苦难和追求来世的幸福方向转化。当罗马帝国的统治者发现，基督教已经超越了犹太民族的范围成为国中臣民的共同信仰，而且这种信仰也可以为帝国的统治服务时，他们从镇压转而利用。公元313年，君士坦丁大帝颁布了《米兰敕令》，宣布基督教在罗马帝王境内的合法化，给了基督教一个极好的发展机会。不过当时，基督教只是罗马境内的合法宗教之一，尚未成为国教，君士坦丁大帝仍然还是包括基督教在内的多种宗教的"大祭祀长"。到公元391年，狄奥西多一世宣布，在全国范围内关闭所有异教神庙，剥夺背弃基督教信仰的人公民权利，基督教成为不可动摇的"国教"。

公元751年，罗马教会为法兰克王丕平行涂油加冕礼，公元800年罗马教皇为查理曼大帝行涂油加冕礼，公元963年为德国皇帝奥托行涂油加冕礼。从此，教皇或主教主持的加冕礼，就成为封建皇帝获得合法性的根本依据。反之，哪一个皇帝得罪了教皇，教皇拒绝为其加冕，或者更严重一些，被教皇"革除教籍"，那就会使他丧失政权。在教皇势力极盛的11—13世纪，一些封建君主也曾因利益关系与罗马教廷发生冲突。斗争的双方都以基督教为自己的思想武器，论证自己行为的合法性。如11世纪中期的德皇亨利四世，他宣称君权神授，上帝不但赋予皇帝管理世俗事务的权力，同时还赋予他管理教会的权力。他反对教皇格列高利七世颁布的《教皇敕令》，自己任命了米兰主教。教皇立即予以反击，格列高利七世宣称：教皇是上帝的代言人，唯有教皇一人有权制定新的法律，任命主教，一切君主都应吻教皇的脚。同时，他给予亨利四世"革除教籍"的"绝罚"。在基督教已经成为国教的欧洲，革除教籍就足以使一个人失去成为公民的权利，更不要说成为帝王。教皇的命令使亨利四世陷入了极大的政治危机。1077年，他迫不得已披毡赤足，到意大利北部的卡诺莎城堡向教皇请罪。亨利四世在雪地里跪了三天才得到教皇的饶恕，保住了政权。这一事件充分说明，基督教在欧洲"国教统治"时期的政治主导作用。① 基督教神学家托马斯·阿奎那说："不法的命令没有约束力，昏君必须加以反抗。"②

当宗教被指定为国教以后，宗教的教义自然而然地成为世俗社会判定是非的标准，宗教直接参与调节社会利益纠纷的活动。典型的例子就是欧洲中世纪的"宗教裁判所"和中东的伊斯兰教法庭。宗教裁判所本为判定教内是非而设，但是当基督教成为整个社会的意识形态以后，几乎所有社会事务都必须放到宗教的视野中来衡量，物质利益的矛盾被蒙上了宗教理论差异的色彩。"异教徒"成为矛盾双方相互指责的口实，而斗争的最后结果，则需要在教会主持的宗教裁判所中断定。12世纪以来，不仅指责教廷腐败，反对教皇专制统治的阿尔诺德派、卡塔尔派、韦尔多派、阿尔比派被视为异端，遭到残酷的镇压，就是坚持哥白尼的太阳中心说，否定《圣经》上地球中心说的科学家布鲁诺，也被宗教裁判所定为异端，烧死在鲜花广场上。宗教裁判所处罚异教徒之酷烈世所罕见，仅西班牙一地被判处的"异端"就达38万多人，其中处以火刑者10万多人，令人发指。

为了满足封建统治阶级的占有欲望，同时也转移人民的不满情绪，欧洲各国的皇帝，先后八次以宗教的名义发动了对东方穆斯林的"十字军东征"。基督教和伊斯兰教都是主张"一神论"的宗教，本身都具有强烈的排他色彩。特别是当中东的倭马亚王朝、阿巴斯王朝实行政教一体的"神权政治"，而欧洲诸国则实行政教相互依赖的"国教统治"时，这样就使得国家之间的利益争夺蒙上了宗教狂热的情绪，使战争变得更加残酷、激烈。同时，基督教不仅将"十字军"征讨用于异教，而且也用于同一教会内部不同的派别之间。在基督教成为国教的一千年中，血腥的宗教战争连绵不绝。

由于基督教的极端重要作用，所以各国的教会人员在政治上普遍

---

① 参见张践、田薇《世界中世纪宗教史》，中国国际广播出版社1995年版，第44页。
② [意] 托马斯·阿奎那：《阿奎那政治著作选》，马清槐译，商务印书馆1982年版，第35页。

得到重用。公元853年，法兰克加洛林王朝的君主秃头查理派出12组钦差到各地视察政务，各组为首的都是教士，其中13人有主教头衔。英王亨利一世（1100—1135年在位）与法国交战，把税务和军需的重任交给了索尔兹伯里主教负责。在法国国王路易九世的重要顾问中，就有鲁昂大主教尤德斯·里各德、未来的教皇（克莱芒五世）居伊·富尔宽、巴黎大学神学院创始人罗伯特·德索蓬等一批高级教会领袖。从1254年起，路易九世会向地方派出巡回调查员，其中调查专员多是教会的主教。从某种意义上说，在一些地区或国家，其政治结构与"神权政治"时代并没有太大的差别。①

然而，在"神学政治"时代，政权与教权毕竟不再合为一体，两者的利益差异必然地生出政教冲突。特别是在欧洲中世纪教权相对集中，而君权相对分散的情况下，这种冲突就变得相当严重。在"卡诺莎事件"以后，先后发生了德国腓特烈一世（1152—1190年在位）与教皇亚历山大三世之间的斗争；教皇英诺森三世与德皇奥拓四世之间的斗争。在英诺森三世时代，教会的权势达到了极盛，他宣称："罗马教皇不是普通的代理人，而是真正的上帝的代理人。教皇的职位看来是神圣的，它是万王之王，万主之主。主交给彼得治理的，不单是整个教会，而是整个世界。"② 他不仅废除了奥拓四世，另立腓特烈二世为德意志皇帝，将德国完全置于教廷的控制之下，而且迫使西班牙、葡萄牙、法国的国王屈服。为了巩固罗马教皇在世界范围内的统治，英诺森三世还多次组织十字军东征拜占庭，击溃了东正教会，镇压了法国南部的阿尔比派异端，对各国人民征收各种名目繁多的教会捐税，出售"赎罪券"，掠夺了大量的财富。然而，政权与教权的斗争并没有因此止息，腓特烈二世在加冕后，与英诺森三世的继任者格列高利九世（1227—1241年在位）和英诺森四世（1243—1254年在位）进行了长期的斗争。1243年英诺森三世讨伐腓特烈二

---

① 参见彭琦《中西政教关系史比较》，《北京社会科学》1997年第2期。
② 泰勒：《中世纪的思想》第二卷，第303页，转引自王军《试析11—13世纪教廷与神圣罗马帝国的政教之争》，《北方论丛》1998年第3期。

世失败，逃亡法国，在法国皇帝的支持下方能重建教廷，从此教廷的控制权转入法国手中。而腓特烈二世也被意大利联军击败，他本人在翌年死去，德意志被分裂成许多各自为政的封建诸侯领地，封建帝国也从此开始走向衰落。[①] 中世纪政教冲突的结果，是封建君主和罗马教廷共同走向衰落。

总括政教依赖型的政教关系，其特点不是用政教合一或政教分离这样的概念能够简单说明的，因为在这一过程中，欧洲中世纪国家的意识形态是政教合一的，而政治权力与宗教组织则是政教分离的。但是宗教成为各个封建王朝的意识形态，却是这一时期的共同特点。不论教会反对世俗政权，还是世俗政权反对教廷，它们使用的思想武器都是共同的宗教。从其实质内涵上看，就是宗教与政治这两个大的文化领域的相互越位；从形式上看则是宗教组织与政权机构的相互依赖。这是人类历史上的一个"悲剧"，因为从本来意义上讲，政治是调整社会成员之间利益的关系和行为，这种调整应当是建立在理性的分析基础上的协商、妥协。但是一旦宗教这种具有强烈情感色彩的文化因素介入，利益的调整就会变得极其困难，甚至走上歧途。然而如同世界上任何事物都具有两面性一样，政教依赖型的国教统治也会客观地留下一个"成果"，即政教双方相互的钳制，使任何一方也不能建立绝对的专制。惨痛的政教冲突和相对紊乱的文化局势，为欧洲的启蒙思想家留下了思考的主题与空间。

4. 政教主从型的"神辅政治"

按照我们的分类，当宗教不再成为国家的政治意识形态，而仅仅作为政治文化的组成部分，则只能对政治权力发挥辅助作用。但是由于时代以及文化传统的差异，不同国家的宗教在政治文化中发挥的作用又有所差异，形成不同的政教关系类型。中国古代从"轴心时代"开始，传统宗教就被边缘化了。不过那是个君主专制的时代，以儒家

---

① 参见张践、田薇《世界中世纪宗教史》，中国国际广播出版社1995年版，第53—54页。

为主，法、道、墨诸家为辅形成的政治意识形态，在社会形成了一种"顺从型"的政治文化，从而使政治权力与诸种宗教之间形成了一种主从型的支配、服从关系。

对于一个政权而言，选择意识形态固然重要，但更重要的还是在社会形成一种有利于己的政治文化。政治意识形态是具有强烈主观导向色彩的，但是政治文化则是经过意识形态教化而形成的实际客观结果。尽管政治文化仅仅表现为民族的态度、情感、信仰、价值等近乎心理要素的东西，但是对于政治体系的生死存亡，却具有根本性的决定作用。中国古代思想家虽然没有政治文化的概念，却留下了"得道多助，失道寡助""得民心者得天下，失民心者失天下"等千古不易的格言，其内涵与阿尔蒙德的政治文化学说精神实质是完全一致的。秦始皇想通过"以法为教，以吏为师""焚书坑儒"的法家专政，建立秦王朝的万世之基，但是结果却是二世而亡。当代伊朗的巴列维国王，20世纪50—70年代在伊朗大力推行西方式的民主，虽然经济有了相当的发展，但终因与当地根深蒂固的伊斯兰教文化传统相抵触而告失败。当代学者余敦康提出"政治必须服从于文化"①，实质也是讲政治文化对于政治权力的存亡兴衰具有最终的决定意义。政治文化作为政治体系的基本倾向或心理方面，虽然没有政治意识形态那样清晰的逻辑结构和准确的思想导向，但是它毕竟是广大人民群众认可的、长期稳定的、连续不断的文化传统，具有根本性的政治决定作用，顺之者昌，逆之者亡。

世界上绝大多数中世纪国家，都是以某种宗教作为自己的政治意识形态，中国是少数例外之一。孔子是中国轴心时代儒家文化的开创者，继承了周公"以德配天"的传统。他虽然没有否定"天命"的存在，重视各种宗教祭祀活动，但是儒家学说的重点已经完全转到了人世的方面。就孔子的政治哲学而言，他提出了"为政以德""道之以德，齐之以礼"的"德治"主义，以与法家的"法治主义"相抗衡。战国时期，儒家大师孟子从"内圣"的方面发展了孔子的学说，

---

① 余敦康：《宗教·哲学·伦理》，中国社会科学出版社2004年版，第39页。

提出了"性善论"的主张，认为"人皆有不忍人之心"，那么"先王以不忍人之心，行不忍人之政"，就是政治理论所探求的"善政"了。另一儒学大师荀子则从"外王"的角度提出了"性恶论"的主张，认为要改造人类的恶性，"化性起伪"就必须"隆礼、尊君、重法"，重视礼法的建设。汉武帝时代，大儒董仲舒用阴阳家学说作为中介，将法家、道家、墨家的政治思想都融合到儒家的体系内，建立了"德主刑辅""春秋大一统"的儒家政治学体系，并得到了汉武帝的大力支持，完成了"罢黜百家，独尊儒术"的中国政治意识形态的建构。我们还要指出一点，在中国古代的社会文化体系内，"独尊儒术"只是指儒家文化作为政治意识形态的地位是唯一的，不允许其他学说染指。但是其他学说或宗教，作为一般文化体系，都可以在辅助王化的轨道上发展，"和而不同""殊途同归"。

儒家学者在春秋战国时代建构自己的政治学说，必然也要遇到政教关系问题，孔子的一些论述，奠定了儒家宗教观的基础。"子不语怪力乱神""未知生，焉知死"，孔子对彼岸世界持一种"存而不论"的态度。但是孔子又非常重视各种宗教祭祀活动，因为"慎终追远，民德归厚矣"，宗教是教化民众的重要手段。所以孔子提出："务民之义，敬鬼神而远之"，对传统宗教保持一种理解性继承。战国以后的儒家学者，根据孔子的宗教观，对三代以来的古代宗教进行了人文化的诠释，并提出了"圣人以神道设教，而天下服矣"的政治主张，将宗教看成是推行政治教化的"工具"。这一点，荀子讲得最为真切，他说："祭者，志意思慕之情也，忠信爱敬之至矣，礼节文貌之盛矣，苟非圣人，莫之能知也。圣人明知之，士君子安行之，官人以为守，百姓以成俗。其在君子，以为人道也；其在百姓，以为鬼事也。"（《荀子·礼论》）儒家学者，特别是儒家的高层学者对中国宗教与哲学之间这层"人道"与"鬼事"的关系看得非常清楚。其实最有城府的学者连这层意义都不说穿，为了政治利益的需要，他们情愿将"人道"办成"神道"。

按照马克思主义对意识形态的理解，它应当包括政治、宗教、哲学、伦理、文艺等方面,都是对社会经济基础的反映,是为统治阶级服务的。但是从政治学的角度看,它们为政治权力服务的方式又有所不同。政治意识形态一般直接以理论化的形式,正面论证政治权力存在的合法性。而其他的意识形态,则是以间接、曲折、迂回的方式来为政治权力服务。当宗教不再成为政治意识形态,它们就以其特有的超验形式,作用于政治文化,发挥正面或负面的作用。

在"神道设教"思想的指导下,首先,三代的传统宗教变成了中国政治文化超验的神学背景。儒家政治学虽然已经将"仁政"的依据转入了人的"善性""人心"方面,"天神"的形象淡化且模糊,任何统治者都不会像殷王那样"率民以事神"了。但是从孔子开始,谁也没有否认"天命"对政治权力的决定意义。孔子说:"获罪于天,无所祷也""畏天命";孟子说:"顺天者存,逆天者亡";董仲舒说:"天者,百神之大君也,王者之所最尊也。""天命转移""天象谴告"是历代王朝都非常重视的政治事件。其次,历代政府都将对天地、社稷、日月、山川、祖先的祭祀,看成是政治权力领有的象征。美国学者路辛·派伊在1966年出版的《政治文化与政治发展》一书中指出:政治文化由界定政治行为发生的环境经验、信仰、表征符号与价值所组成,同时又为政治领域提供结构和意义。[①] 中国古代宗教在汉代以后,就没有独立的教团和宗教人员,仅仅以儒家"礼书"的形式保存在儒家文化体系之中。但是《三礼》中规定的各种国家祭祀仪式,没有一个朝代敢于疏忽或漠视,直到1911年帝制王朝彻底离开中国的政治舞台。其中的真谛就在于,祭祀仪式的政治符号意义,在政治文化体系内是任何政治思想所无法取代的。如《礼记·王制》规定:"天子祭天地,诸侯祭社稷,大夫祭五祀。天子祭天下名山大川,五岳视三公,四渎视诸侯,诸侯祭名山大川之在其地者。"祭祀的对象和礼仪,就是权力得到天神许可和保佑的象征,是权力合法性的重要依据。由此形成了中国政教关系史上的一种特有现象——"祭政合

---

① 转引自潘一禾《观念与体制——政治文化的比较研究》,学林出版社2002年版,第24页。

一",祭祀天地就是掌握政权的神学符号。所以历代王朝都将天坛祭天、明堂祭上帝、泰山封禅当成最重要的宗教大典。一个新王朝的兴起,总是首先找儒生确定自己的王朝秉承何运,应主何德,应用何色。然后定名号、立郊社,祭祀天神,从而取得天下的认可。历代皇帝的诏书开头都写着:"奉天承运皇帝诏曰……",以天神的名义将自己阶级、阶层、集团的意志诏告天下。历代王室的最大保护神,只能是宗法性传统宗教中的天神,而不能是释迦牟尼、太上老君、耶稣、真主等其他神灵。这也是佛教、道教、基督教、伊斯兰教在中国不可能成为"国教"的根本原因。

中国的其他宗教,只能在儒家意识形态的控制下,发挥辅助王化的作用。佛教在印度曾经是阿育王时代的国家宗教,佛教徒在当时具有在家不拜父母、出门不拜帝王的崇高的威望。但是佛教在中国发展,首先就遇到了沙门是否要跪拜王者的问题。东晋时代,著名僧人慧远写了《沙门不敬王者论》,他虽然力图维持佛教在印度"不敬王者"的形式,但是在宗教与政治的关系上,他已经首肯了佛教辅助统治的作用。他说:"凡在出家,皆隐居以求其志,变俗以达其道……虽不处王侯之位,固以协契皇极,大庇生民矣。"在慧远时代,佛教勉强维持了一个不拜王者的形式,在他以后,连这个形式也维持不住了。与慧远大致同时的北魏僧正慧果干脆宣称:"太祖明睿好道,即是当今如来,沙门宜应尽礼。"(《魏书·释老志》)佛教彻底匍匐在王权的脚下,其发展离不开王公贵族的支持。道安大师颇有感慨地说:"不依国主,则法事难立。"(《高僧传》卷五《道安传》)另外,佛教的"生死轮回""因果报应"学说,也很好地发挥了"阴翊王度"的作用。故中国历代帝王,绝大多数都对佛教高度礼敬,支持其发展。隋文帝杨坚在给灵藏大师的一封信中,道出了他们共同的心声。他说:"律师度人为善,弟子禁人为恶,言虽有异,意则不殊。"(《续高僧传》卷二一《灵藏传》)

道教是中国土生土长的宗教,所以从道教创教开始,他们从来就没有凌驾于王权之上的非分之想。道教的奠基性著作《太平经》说:

"君臣者，治其乱，圣人师弟子，主通天教，助帝王化天下。"① 在君主专制社会里，政治的主角永远是帝王。所以道教从创教之时，就明确将自己定位于"助帝王化天下"的位置。从政治权力与宗教组织权力的角度看，道教的教权处于王权之下。汉末黄巾起义和五斗米教起义，与道教有着不可分的内在关系，所以一度道教也成为东汉、三国统治者的主要打击对象。在打击、招安、聚禁的过程中，道教也在主动改造自身，最后以宣扬"忠孝伦常"、修"长生不老"的方式，获得了自己辅助王化的合法地位。

伊斯兰教在唐朝传入中国，并在元、明两代有了很大的发展，形成了中国的穆斯林民族。伊斯兰教的基本信仰是"认主独一"，但是在明清时代伊斯兰教经学家的解释中，他们增加了"二元忠诚"的思想。王岱舆提倡："人生在世三大正事，乃顺主也，顺君也，顺亲也。"（《正教真诠》）他认为仅仅忠于真主而不忠于君王，则是未尽穆斯林做人的义务，也没有完成对主的功业。他还用儒家的"五常"来诠释伊斯兰教的"五功"，认为念经不忘主则是仁心，施真主之赐于穷人为义，拜真主与拜君亲为礼，戒自性为智，朝觐而能守约为信。这样就使伊斯兰教与中国的宗法社会制度相互适应了。

基督教在明清之际第三次传入中国，并开始真正进入中国社会，发挥实际的政治影响。开始利玛窦等传教士以一种平等的心态在中国传教，注意尊重中国的宗教风俗，并采用"排佛补儒"的策略，努力争取官员的好感。然而基督教是一种"一神教"，不许信徒在上帝之外再崇拜、祭祀其他的神灵。但是在中国，一般信徒在家要祭祀祖宗，政府官员要祭祀先师孔子，这又是经过千百年熏陶而形成的具有宗教信仰性质的政治文化活动，从而引发了"中国礼仪之争"。在宗教礼仪争论的背后主角，是中国的皇权与罗马教廷的教权。争论的结果，是康熙皇帝发布谕令："以后，不必西洋人在中国行教，禁止可也，免得多事。"② 此后，基督教就一直在与中国君主政治的冲突中

---

① 王明：《太平经合校》，中华书局1956年版，第44页。
② 陈垣辑录：《康熙与罗马教皇使节关系文书》，影印本卷十四。

发展。

除了这些大型宗教，还有一些外来的小型宗教，如祆教、摩尼教、犹太教以及各种下层滋生的民间宗教。这些宗教或者因效忠于政府而成为座上宾，或因忤逆政府而成为被打击的对象，都是中国帝制时代政教主从关系的很好说明。为什么宗教（指佛教、道教那样具有完全意义的制度化宗教）在中国一直没有像在欧洲、中东那样巨大的影响，不能与政治权力相抗衡？一个根本的原因就是中国政府的政治意识形态是儒家政治学，可以为政治权力提供充分的合法性说明。即使在政治文化层面上，作为政权合法性标志的神学符号，也是由儒家改造过的古代国家宗教的祭祀仪式垄断，其他宗教绝对不可涉足。这样也就决定了其他宗教的地位，即只能在辅助王化的轨道上生存、发展。

宗教在中国历史上，只能在政治文化层面发挥辅助王化的作用，这使得中国没有欧洲、中东那样严重、残酷的宗教战争，这是中华民族的幸事，有利于民族的团结和国家的统一。但是宗教势力的微弱，使中国君主的专制权力过于强大，也使得中国完成现代民主革命的路途格外艰难。

5. 政教独立型的"神基政治"

这主要是指西方国家经过"政教分离"改革，以基督教为基础的现代政治。与中国古代的"神辅政治"不同，神学思想只是作为一种文化传统，在西方政治背后做观念的支撑，而不是主动成为政治的工具。其理想状态是：政治与宗教各自独立，平行发展，良性互动，相互配合，共同维持西方的价值体系和政治体系的稳定。具体的表现形式是：政治权力的合法性依据建立在人民主权论的基础上，管理者的权力来自被管理者，并要受到被管理者的监督。宗教与公共权力相脱离，成为纯粹的私人事务，主要解决民众的精神问题。当然，宗教组织也可以表达自己的政治见解，但宗教组织作为众多的社会民间组织之一，必须依照国家有关的法律、法规进行活动，不能以"超人间"

的形式参与政治事务。①

政治与宗教相对独立，这是欧洲启蒙运动以来无数思想家、政治家为之奋斗的结果。其思想源于对欧洲中世纪几百年"政教依赖"时代封建专制和宗教战争的痛苦反思。他们否定了国王的权力来自上帝的"神意"说，建立了政治权力来自人民的"民意"说。人民主权理论的两大根本依据，就是启蒙思想家提出的"天赋人权论"和"社会契约论"。如斯宾诺莎所言："一个社会就可以这样形成而不违犯天赋之权，契约能永远严格地遵守，就是说，若是每个个人把他的权力全部交付给国家，国家就有统御一切事物的天然之权……这样的一个政体就是一个民主政体。"② 那么，中世纪的教会和君主为什么能侵犯人民的"天赋人权"呢？关键就在于他们假借上帝信仰之由，声称是上帝给了封建君主这样的权力，所以欧洲反封建的斗争矛头，首先对准了封建君主制度的意识形态——基督教。洛克在《论宗教宽容》一书中明确指出："因此，不论是个人还是教会，不，连国家也在内，总而言之，谁都没有正当的权利以宗教的名义而侵犯他人的公民权和世俗利益。"③ 公民保护自己的财产以及思想的自由，是人权中最重要的部分，而基督教会与封建政权相互勾结、相互利用，恰恰是中世纪专制暴政的根源。法国启蒙思想家卢梭指出："当我说一个基督教的共和国时，我已经错了，因为这两个名词是相互排斥的。基督教只宣扬奴役与服从。它的精神太有利于暴君制了，以致暴君制不能不是经常从中得到好处的。"④ 政教相互利用不仅意味着暴政，而且还必然导

---

① 当然这是一种理想状态，即使最发达的欧美国家也未必能够完全做到。但是毕竟政教分离被写进了宪法，凡是违反这一根本法律的行为，都会受到社会各种势力的谴责和抵制。2002年6月26日，在加州旧金山的美国第九巡回法庭就无神论者迈克尔·牛窦（Michael Newdow）的诉讼案作出了一项判决：向美国国旗表效忠的誓词中的"在上帝之下"一语违反了宪法；禁止在公立学校中宣读效忠誓词。（参见王忠欣《从誓词风波看美国的政教关系》，《中国宗教》2002年第6期。）

② ［荷］斯宾诺莎：《神学政治论》，温锡增译，商务印书馆1982年版，第216页。

③ ［英］洛克：《论宗教宽容》，吴云贵译，商务印书馆1981年版，第25页。

④ ［法］卢梭：《社会契约论》，州长治译，载《西方四大政治名著》，天津人民出版社1998年版，第415页。

致信仰不同宗教的民族之间的战争。洛克又说:"基督教世界之所以发生以宗教为借口的一切纷乱和战争,并非因为存在着各式各样的不同意见(这是不可避免的),而是因为拒绝对那些持有不同意见的人实行宽容(而这是能够做到的)。"①

欧洲启蒙运动时期的思想家激烈地抨击作为封建专制制度思想基础的基督教,提出必须进行"政教分离"的社会革命。洛克提出了"政教分离"的原则,他说:"我以为下述这点是高于一切的,即必须严格区分公民政府的事务与宗教事务,并正确规定二者之间的界限。如果做不到这点,那么那种经常性的争端,即以那些关心或至少是自认为关心人的灵魂的人为一方,和以那些关心国家利益的人为另一方的双方争端,便不可能告一结束。"② 政教分离的实质精神,并不仅仅是宗教组织或人员从政府中分离出来,因为欧洲中世纪两者在大多数时候也并没有完全结合在一起。政教分离的核心内涵是,"严格区分公民政府的事务与宗教事务",即政府不得以保护信仰的借口干涉公民的信仰自由,而教会也不得以维护教义的名义干涉社会的世俗事务。

有趣的是,社会上启蒙思想家反对政治与宗教相互依赖、相互利用的呼声,正好与教会内部进行宗教改革的呼声彼此重叠了。经过对中世纪长期政教冲突、两败俱伤的反思,中世纪宗教改革家加尔文认为:人应当受双重权力的约束,一个是精神上的,一个是政治上的。这是两个不同的世界,"分别由不同的王依据不同的法律进行治理"。"教会不得行使官吏固有的权力,官吏也不得染指教会应履行的职责。"③ 在加尔文看来,理想的政教关系应当既不是两者的彻底分离,也不是两者的相互混合,而应当是两者在分权基础上的合作。教会与政府分权的依据,是两者不同的运行规则。"法律是沉默的官吏,官

---

① [英]洛克:《论宗教宽容》,吴云贵译,商务印书馆1981年版,第47页。

② 同上书,第5页。

③ John Calvin, *Instiutes of the Christian Religion*, The Westminster Prese, Philadelphia, 1960.

吏是活的法律",政府应当按照法律的规定工作,法律是世俗政府存在的基础。而教会的出发点则是人们的心灵,教会的职责是拯救信徒的灵魂,宗教组织存在的基础是对上帝的信仰。其实在基督教创教时期,就存在这种政教二元的说法,耶稣表述得很明确:"把恺撒的事情交给恺撒,把上帝的事情交给上帝。"早期教皇吉莱希厄斯一世（Delasius I）形象地将其比喻成不能用一只手掌握和使用的两把宝剑,"既然上帝赋予了我们和身体分离的灵魂,那么教会与国家就应彼此独立地存在,因而皇帝行使精神权力与教皇控制世俗的事务都是不正确的。上帝将其分离的东西,没有人可以将其合二为一。"①

教内、教外两股改革思潮的合流,促成了欧洲的社会变革。但是由于历史文化的影响,大多数启蒙思想家并没有走向无神论,而是主张建立一种新型的、有利于人类精神生活的宗教。卢梭朦胧地提出了一个设想,建立"公民宗教"（Civil Religion）。他说:"每个公民都应该有一个宗教,宗教可以使他们热爱自己的责任,这件事却是对国家很有重要关系的。……因此,就要有一篇纯属公民信仰的宣言,这篇宣言的条款应该由主权者规定;这些条款并非严格地作为宗教的教条,而只是作为社会性的感情,没有这种感情则一个人既不可能是良好的公民,也不可能是忠实的臣民。它虽然不能强迫任何人信仰它们,但是它可以把任何不信仰它们的人驱逐出境;它可以驱逐这种人,并不是因为他们不敬神,而是因为他们的反社会性,因为他们不可能真诚地爱法律、爱正义,也不可能在必要时为尽自己的义务而牺牲自己的生命。"② 在他看来,没有宗教信仰的人,就是一个没有道德的人,一个不遵守法律的人,也就是一个无恶不作的人。所以公民都应当信仰宗教。但是这个宗教不是中世纪那种排他的基督教,而是经过宣言重建的"公民宗教","公民宗教的教条应该简单,条款很少,

---

① 转引自 [英] 莱斯利·里普森《政治学的重大问题》,华夏出版社2001年版,第140页。
② [法] 卢梭:《社会契约论》,州长治译,载《西方四大政治名著》,天津人民出版社1998年版,第415页。

词句精确，无需解说和注释。全能的、睿智的、仁慈的、先知而又圣明的神明之存在，未来的生命，正直者的幸福，对坏人的惩罚，社会契约与法律的神圣性，——这些就是正面的教条。至于反面的教条，则我把它只限于一条，那就是不宽容；它是属于我们所已经排斥过的宗教崇拜的范围之内的。"①

以欧美为中心的西方世界，经过市场经济和民主政治几百年的发展，经过大批政治家、宗教家的共同努力，"公民宗教"的理想部分地变成了现实。西方大多数国家都在宪法中规定了"政教分离"的原则，如美国宪法第一修正案规定："国会不能立法建立一个国教，或禁止宗教的自由实践。"这既防止了基督教再度成为国家政治意识形态，也有效地保证了各种宗教发展的自由。在今日的美国，既存在着以基督新教、天主教、犹太教为主干的主流信仰，也允许世界上各种宗教在美国自由传播。包括各种新兴宗教，在美国民政部登记注册的宗教就有百万之多。但是在西方国家，并没有因为实行政教分离制度，宗教就丧失了政治的功能。在政治生活中宗教作为政治文化的重要组成部分，仍然发挥着不可替代的重要作用。

第一，基督教成为西方民主政治合法性的文化基础。前边我们已经说到，"天赋人权"和"社会契约"是人民主权论的意识形态基础，天赋人权在欧洲启蒙运动中是一个不证自明的公理，但是如果追问一下，这个天是什么呢？它如何能够给人人身、财产、思想自由的绝对权利呢？洛克等人的原意是指人的"自然状态"，但是在基督教文化背景下，人们很习惯地就回到宗教中去寻找答案，这个"天"只能是上帝。美国开国元勋之一的汉密尔顿就说："人类的神圣权利……是由上帝亲手写在人性的全部篇幅上，宛如阳光普照，决不能被凡人的力量消除或遮蔽。"② 在美国的《独立宣言》中开篇就写

---

① ［法］卢梭：《社会契约论》，州长治译，载《西方四大政治名著》，天津人民出版社 1998 年版，第 416 页。

② 转引自［美］梅里亚姆《美国政治学说史》，朱曾汶译，商务印书馆 1988 年版，第 50 页。

道:"我们认为下面这些真理是不言而喻的:人人生而平等,每一个人都从造物主那里被赋予他们若干不可剥夺的权利,其中包括生命权、自由权和追求幸福的权利。"这句话如果拿掉"造物主",一切权利的存在都动摇了。基督教"上帝面前人人平等""个人管个人,上帝管大家"的观念,成为"法律面前人人平等",反对专制统治最有力的证据。而公民向政府让渡权力的"契约观念",则显然是从基督教上帝与犹太人立约的意识中引申出来的。没有上帝的神圣性,也就没有了法律和契约的权威性。这一点在非基督教文化的中国,就特别能够体会出来,人权和法律的权威性,都是可以怀疑的。

第二,宗教成为世俗伦理的超验依据,对于社会政治的稳定产生积极的作用。道德伦理是规范社会成员行为的重要手段,其本质是要求个体成员为了社会整体的利益,对自己的行为进行必要的约束和牺牲。当然道德规范会在行为主体心中造成一定的紧张关系,因此就需要对道德信条的必要性进行说明,使行为的主体能够心悦诚服地实践道德。同时也需要为道德实践者提供一种心理的补偿机制,使他们感到自己所付出的代价是合理的、有益的。在西方文化的语境中,这一切都是通过基督教文化实现的。教会通过反复的灌输,将道德的源泉归之于上帝,将道德的约束力建立在"末日审判"的基础上。他们宣传,人的祖先亚当和夏娃犯了原罪,所以人从一出生就是有罪的,一切善良的美德都来自全能的上帝。在《圣经》中,基督教宣扬末日审判说:经过千禧年,人类社会就会到达末日,一切生灵都将毁灭。这时上帝将降临大地,一切死去的人都会复活,接受上帝的末日审判,生前为善者将跟随上帝上天堂,作恶者将被打入地狱。这既是对作恶者的一种警示,也是对从善者的一种补偿。天堂、地狱是来自宗教的超验预设,但是善恶的标准则来自现实的政治导向。故主流的宗教伦理,总是与主导的政治发展方向一致的,引导信徒对主流政治体制认同。正如美国当代教育家卡扎米亚斯所说:"统治者大量依靠教士为他们服务,来做他们自己的随从不能做的事情。教士被雇佣担任过去伟大思想家的思想解释者和政治传统的保卫者。"①

第三，基督教的某些宗教仪式，成为当代西方国家政府权力合法性的政治符号。法国学者维克托尔在1835年发表的《美国的民主》一书中指出："宗教本身在美国主要是一种共同的见解，而不是作为一种神启的教条发挥作用。"② 他虽然没有使用"公民宗教"这个词，但是共同信仰而不是神启教条的论断，切中了公民宗教的实质。1967年，美国社会学家贝拉（Roben N. Bellah）发表了《美国的公民宗教》一文，他指出："在一套信仰、象征和礼仪中所表达的公共宗教信仰维度就是我所说的美国的公民宗教。"③ 在当代美国政治文化中，公民宗教成为其精神象征。它是全体国民多种信仰的基础，不是一种灵性的宗教，而是一种秩序的宗教；不是个人灵魂救赎的宗教，而是一种政治的宗教。美国总统要按着《圣经》宣誓就职，公民要在法庭上对《圣经》起誓不做伪证，教堂成为社会俱乐部和公共活动场所，要"在上帝名义下"对国旗宣誓效忠，连美元上都写着："我们信仰上帝。"总之，公民宗教这种经过改造的基督教，成为美国民众政治凝聚力的核心，是一切政治家获得权力合法性的保证。

第四，宗教组织积极参与政治活动，是一支重要的政治力量。西方当代民主政治的实践说明，即使宗教组织也没有完全与政治脱离。宗教不但在政治思想上发挥着重要的基础作用，而且宗教组织也积极参与政治选举。在美国大选的政治版图上，宗教组织的作用是任何政党候选人都不能轻视的。在近几届的美国总统大选中，新教保守主义的抬头是一个引起国际关注的现象。无论共和党的候选人还是民主党的候选人，都必须极力拉拢基督教联盟的支持。④ 自1977年以后，以

---

① [美] 卡扎米亚斯等：《教育的传统与变革》，福建师范大学教育系译，文化教育出版社1981年版。

② [法] 维克托尔：《论美国的民主》（下卷），董果良译，商务印书馆1993年版，第527页。

③ [美] 贝拉：《美国公民宗教》，第33页，转引自董小川《儒家文化与美国基督新教文化》，商务印书馆1999年版，第140页。

④ 参见刘澎《宗教右翼与美国政治》，《美国研究》1997年第4期。

色列左翼的工党和右翼的利库德集团，都无法获得议会的半数席位，无论谁要执政，都必须联合宗教政党。① 在标榜"脱亚入欧"的日本，以宗教组织创价学会为背景的公明党，发扬了日莲宗"王佛冥合"的传统，积极参与政治活动，是议会中的第三大党团，在日本政界占有举足轻重的地位。② 台湾"解严"以后，佛教在政治生活中发挥了重大的作用，佛教组织"万佛会"在1990年组建了"真理党"直接参与政治活动。同时他们还利用在教徒中的崇高威望为某些候选人助选，因此各党派的候选人，每逢选举年都要到寺庙中来"拜票"。③ 类似的例子不胜枚举，那么这与中世纪宗教对政治的干预有何不同呢？笔者认为最根本的差异在于，在当代世界政治领域中，宗教已不再作为国家的政治意识形态，不再是政治权力合法性的主要基础。宗教只能作为众多社会团体中的一员，在世俗法律规定的原则下参加政治活动，不能再以超验的神权代理人的身份凌驾于政治权力或其他政治组织之上了。总之，相互独立的政教关系，应当说是一种相对理想的状态，宗教与政治各自找到了适合自己的位置，发挥着合作、互补的作用。

第五，西方民主国家的政教关系，也绝非尽善尽美的理想状态，④ 宗教歧视、宗教干政的事件时有发生。尽管西方的政治家极力标榜宗教信仰自由，但是在基督教徒占绝对多数的情况下，其他宗教实际并不能与之平起平坐。美国基督教保守主义，多次试图修改《宪法第一修正案》，为基督教进入公立学校、政府大楼、公园、传播机构大开方便之门。⑤ 特别是在"9·11"事件以后，穆斯林受歧视的现象特别严重。同时，基督教保守势力的兴起，使"文明冲突论"大行其道，以推销美国传统价值观念为口号的对外战争，得到了相当一

---

① 参见黄陵渝《论以色列的政教关系》，《宗教研究》2005年第3期。
② 参见何劲松《创价学会与政治》，《世界宗教研究》1996年第2期。
③ 参见唐蕙敏《当代台湾佛教与政治》，《台湾研究》1999年第2期。
④ 参见李世友《浅析美国宗教与政治的"完美"结合》，《宿州师专学报》2003年第2期。
⑤ 参见刘澎《美国的政教关系》，《美国研究》2000年第3期。

些信徒无条件的支持，使世界上其他国家的人民深感威胁，担心又是一场"十字军东征"。西方宗教保守主义的发展，又从反面刺激了以"基地"组织为代表的伊斯兰教原教旨主义思潮的发展，宗教极端主义、民族分裂主义、国际恐怖主义的活动越演越烈。这恰恰说明，政教关系的变动、适应、研究都远远没有完成。

二 中国式的"政教关系"

要搞清楚中国政教关系史的性质与特点，首先必须说清楚儒教的性质问题。但是从近代以来，儒教是否为宗教的问题，一直争论不断。问题的核心，就是中国古代汉语中的教化之"教"，怎么变成了汉译西文的宗教之"教"。本节就是试图追本溯源，从儒教的形成来探讨儒教是否为宗教的问题，以便讲清楚中国政教关系的特点。

1. 政教溯源——从神治到教化

当代中国学术界使用的"政教关系"概念，基本上是近代西方的舶来品，指政治与宗教的关系。其中"政"字与中文差异不大，但是"教"字与西方的"教"相距甚远。中文"宗教"一词，"宗"指宗庙，"教"言教化。将英文的 Religion 译成宗教，本是日本人的译法，又返销中国，便与中国传统的"政教"一词有了较大差异，近代又用这样的观念理解西方以基督教为主的宗教与政治的关系，则更是谬之千里了。但是据民国年间著名的天主教爱国思想家马相伯先生的研究："Religion, 华语无相当之译，译所谓教，乃 the performance of our love and obedience towards God, 人对造物主尽其天职，以爱敬顺事之谓。"[①] 可见西方的"宗教"主要是一种以对神敬畏、爱戴和顺从为宗旨的组织，原本并无教化百姓的意义。如何将 Religion, 译成了宗教，再由宗教这一西洋概念影响了我们对中国自古以来就存在的儒教

---

① 马相伯：《书〈请定儒教为国教〉后》，朱维铮编《马相伯集》，复旦大学出版社1996年版。

的认识,则是本节研究的课题。

"政教"一词开始出现在战国时代,主要包含在《管子》《荀子》《晏子春秋》《战国策》《礼记》《周礼》等著作中。《管子·侈靡》中有一段话,将"政教"一词中教化的意义讲得最为明白:"政与教庸急?管子曰:夫政教相似而殊方,若夫教者,标然若秋云之远,动人心之悲……荡荡若流水,使人思之。"在中国古文中,政与教经常连用,意义近似。但《管子》对其进行细致分析,其意义还是存在细致的差别。教化的作用如同秋天的浮云,使人感到悲伤;如同潺潺的流水,在潜移默化中使人思考,改变人的思想和行动。所以治国之策,教化重于行政命令。《管子·法法》又说:"官职法制政教失于国也,诸侯之谋虑失于外也,故地削而国危矣……官职法制政教得于国也,诸侯之谋虑得于外也,然后功立而名成。"国家兴亡的原因之一,就是政教得失于国。政治依赖于教化,教化推行政治,所以两者几乎可以说是两位一体,政教存则国存,政教失则国亡。因此,从动态的角度看,政教之"教"是一种教化行为,从静态的角度看,政教之"教"就是一种国家意识形态。从这种意义上也可以说中国古代实行政教合一制度,其本质就是政治与教化的合一。战国时期各派的政治家,都非常重视国家的政教。荀子谈《王制》,根本的原则就是"本政教,正法则"。因为对于民众而言:"政教习俗,相顺而后行。"(《大略》)晏婴在总结齐桓公建立霸业的经验时说:"昔者先君桓公之地狭于今,修法治,广政教,以霸诸侯。"(《晏子春秋·内谏上》)

春秋战国时代的思想家对政治教化的高度重视,根本的原因就在于当时政教关系的彻底转变。三代以上,神道治国,古代国家宗教在政治意识形态中占有不可动摇的绝对统治地位。而春秋战国以后,古代国家宗教瓦解,诸子百家蜂起,他们用不同的方式消解了传统宗教。诸侯治国依靠周游列国的各家名士,所以治国方略也必然地从"神治"转到了"人治"的轨道上来。三代以上实行"神治",占卜、祭祀、巫术、祈请等宗教活动、仪式就是治国的重要手段。殷周时代"学在官府",可那只是对贵族子弟的小范围教育,提不到对广大民众的教化。对于那些文化水准极低,对于氏族血缘组织有高度依赖性的宗族成员来说,有对祖先和天神的崇拜就已经足够了。春秋以降,面对着脱离了宗族组织严密控制,而且文化程度日益提高的民众,儒家"移孝作忠"的"德治主义"需要教化,法家的"尊君重法"的"法治主义"也需要教化。墨家的"兼爱明鬼"的"新天治主义"离不开教化,道家"无为而治"的"自然主义"其实也离不开教化。当然教化不等于不要鬼神,强大的传统势力使各种宗教活动仍然在社会上流行,但时代的主题词已经开始从鬼神、祭祀转变为政教、教化。

尽管诸子百家都很重视教化,但是在秦汉时期天下一统的政治实践中,教化的功效却大相径庭。在汉代政治统治和政治管理的实践中,儒家的教化论逐渐显示出优越性,受到帝王的青睐。孔子开创的民间学术——儒学,也逐渐地变成了国家意识形态——儒教。

2. 汉武帝的"独尊儒术"和儒教的形成

秦王朝依法家思想立国,实行"以法为教",汉初为了"与民休息",实行黄老的"不言之教"。但这两种"教化"方法都存在严重的弊端,不能成为长久之计。汉武帝采纳了董仲舒"罢黜百家,独尊儒术"的建议,大兴礼乐教化,最终促成了儒教的形成,并从根本上奠定了中国 2000 多年君主专制社会政教关系的基础。

汉王朝建立,自高祖皇帝始,时时以秦朝前车之鉴为训,不断调整自己的治国政策。从秦至汉,最根本的转折就表现为以法立国变成了以儒立国。汉初几位著名儒生起到了重要的推动作用,"教化"就是其中讨论的重点问题。汉初儒生陆贾认为:"秦非不欲治也,然失之者,乃举措太众、刑罚太极故也。"(《新语·无为》)贾谊也认为,秦朝的覆亡在于:"繁刑严诛,吏治刻深,赏罚不当,赋敛无度。"(《新书·过秦中》)秦王朝法网不可谓不严,官吏不可谓不强,但是短短十几年就亡国了,关键的原因在于他们不知道,"治以道德为上,行以仁义为本"(《新语·本行》)。那么王国如何行德政呢?其根本方法就是推行教化。陆贾认为:"故曾、闵之孝,夷、齐之廉,此宁畏法教而为之者哉？故尧、舜之民，可比屋而封，桀、纣之民，可比屋而诛，何者？化使其然也。"（《新语·无为》）再严苛的"法教"也不能使人产生孝悌之心、廉洁之行，因为道德是靠教化培养出来的，不是靠法律惩罚出来的。所以教化是推行仁政必不可少的工具。

董仲舒是汉初著名的儒家学者，他主张变法、更化，用积极有为的儒家思想替代消极无为的黄老之术。在这样一场国家意识形态转换的过程中，董仲舒特别重视教化问题，将教化当成推行仁政的根本手段。董仲舒提出："教，政之本也，狱，政之末也，其事异域，其用一也，不可不以相顺，故君子重之也。"（《春秋繁露》卷三）这段话，可以看成董仲舒教化论的总纲，他一下就把"教"对于"政"的关系提到了"本"的高度。礼乐教化是执政的根本，刑狱惩罚则是政治的末节，政治合法性的建设要高于暴力的镇压。可以说董仲舒的这个观点，是孔子"为政以德"思想的继承与发扬。

董仲舒在回答汉武帝策问的第一策中，便明确地阐述了教化的意义及推行教化的具体方法。他说："古之王者明于此，是故南面而治天下，莫不以教化为大务。立大学以教于国，设庠序以化于邑，渐民以仁，摩民以谊，节民以礼，故其刑罚甚轻而禁不犯者，教化行而习俗美也。圣王之继乱世也，埽除其迹而悉去之，复修教化而崇起之。教化已明，习俗已成，子孙循之，行五六百岁尚未败也。"（《汉书·董仲舒传》）为了"兴教化"，董仲舒提出了一项最具根本性的措施，即"教统于一"。他在回答汉武帝"天人三策"的奏章结尾处指出："《春秋》大一统者，天地之常经，古今之通谊也。今师异道，人异论，百家殊方，指意不同，是以上亡以持一统；法制数变，下不知所守。臣愚以为诸不在六艺之科孔子之术者，皆绝其道，勿使并进。邪辟之说灭息，然后统纪可一而法度可明，民知所从矣。"（《汉书·董仲舒传》）要想使儒家学说在汉代变成国家的教化之道，就必须使其他各家学说"皆绝其道，勿使并进"。儒学是否获得"一统"地位，是区分儒学作为社会意识还是作为政治意识形态的根本标志。一个社会可能存在着多种意识形态，但是作为为社会经济基础服务的政治意识形态，只能有一种。在君主专制社会里，这一特点更是突出。只有维持了意识形态的垄断权力，才能"上有所持"，"下知所守"，保证政治权力的稳定。董仲舒的这一建议，对于汉武帝最终决策"罢黜百家，独尊儒术"具有极为重要的作用。

由于汉武帝采纳了董仲舒的建议，"罢黜百家，独尊儒术"，不仅标志着中国思想史上百家争鸣时代的结束，而且也标志着儒学从春秋时代百家中的一家，变成了汉代以后"独尊"于一的儒教。以笔者的观点看，儒学与儒教的差异，就在于传播方法的不同。思想通过教育的方法延续，而教化则通过灌输的方法进行。教化不仅仅是知识的传播问题，更重要的是统一民众思想、树立社会目标、确立是非标准的社会导向。所以说教化具有极大的强制性、唯一性，只有在政治意识形态上"罢黜百家"之后，才会有"儒教"出现。

3. "儒教"与"宗教"

（1）儒教的名称及其内涵

从实质意义上说，中国儒教诞生于汉武帝"独尊儒术"以后，但是"儒教"这一名词，出现则相对较晚。汉武帝时代的著名历史学家司马迁作《史记·游侠列传》，其中提到："鲁朱家者，与高祖同时。鲁人皆以儒教，而朱家用侠闻。"显然这里所说的"儒教"，不是一个专有名词。"儒"指春秋时期产生的儒家学说，而"教"则是一个动词，指鲁国人皆以儒家思想进行教育。所以不能望文生义地认为，当时就已经有了"儒教"的提法。不过汉武帝之后虽无儒教的说法，可是将儒家视为国家唯一的教化工具，时人多称其为"德教""礼教"。如董仲舒在《春秋繁露》卷十二说："天出阳为暖以生之，地出阴为清以成之，不暖不生，不清不成，然而计其多少之分，则暖暑居百而清寒居一，德教之与刑罚犹此也。故圣人多其爱而少其严，厚其德而简其刑，以此配天。"扬雄在《法言·义疏》第十一中说："川有防，器有范，见礼教之至也。"仲长统在《昌言》中说："德教者，人君之常任也，而刑罚为之佐助焉。"此处的"德教""礼教"，都是指以儒家为核心的教化体系，这一点在历史上没有任何异议。儒家理解的教化，当然就是教之以德、教之以礼，所以在"儒教"的名词产生后，"德教""礼教"的概念仍然被使用。

真正与"德教""礼教"意义、范围大体相当的"儒教"概念，出现在东汉末年文学家蔡邕（132—192）为汉桓帝朝太尉杨秉撰写的碑文中，他称颂杨秉："公承凤绪，世笃儒教，以《欧阳尚书》《京易》诲授。四方学者，自远而至，盖逾三千。"（《全后汉文》卷七十五）魏晋南北朝以后广为流行的"儒教"概念出现在汉末，是有其内在原因的。因为中国历史上的"儒教"是相对于"佛教""道教"而言，故有"三教"之称。可见"儒教"是在与其他二教的比较中产生的一种称谓，出现在佛教传入、道教创生的东汉末年，应当是顺理成章的。在汉代政教关系上，"教化"论是其主流，殷周以来的"鬼治主义"逐渐让位于以教化为手段的"人治主义"。人们不仅如此看待已经登上意识形态宝座的儒学，而且也这样看待并要求佛、道这两种新的社会文化体系，故形成了中国文化史上的所谓"三教"关系。

（2）汉代教化论视野下的佛教、道教

汉代佛教传入、道教生成的内在根源在于儒教本身的某些精神缺失，而佛教、道教的定型与发展则是在儒教观念的笼罩下完成的。儒教在中国根深蒂固的历史传统和帝王立于"一尊"的特殊地位，使佛教和道教只能在辅助教化的轨道上发展，并不断按照统治者教化的需要改造自身，成为具有典型中国特色的宗教。从另一个角度说，汉代从教化论的角度对佛教、道教的理解，也就规定了中国政教关系的基本走向。

佛教是一种产生于印度的世界性的宗教，创始人释迦牟尼本是古印度东北部一个小国迦毗罗卫国的王子，因感到众生生、老、病、死的苦难不得解脱，遂出家修道，寻求解脱之途。经过长时间的苦苦摸索，释迦牟尼终于在菩提树下证得"圣果"。他反观人类的"十二因缘"，发现了人类的"五蕴"之苦，并为人类指出了摆脱轮回之苦，求得"涅槃"正果的"八正道"。"佛"（Buddha）的本意就是解脱，谁求得了精神上的解脱谁就成佛了，所以从原始意义上讲，佛教是一种追求解脱之道。① 根据专家的研究，佛教大约是在两汉之际由西域的僧人和使节传入我国的，首先在民间传播，以后逐渐影响到社会上层。中国人最早将佛教称为"佛道"，认为是一种像黄老方术那样"白日飞升""长生不老"的"道"，同时也是像周孔之道那样"居家可以事亲，宰国可以治民，独立可以治身"（《弘明集》卷一《牟子理惑论》）的治人、治国之"道"。因此佛教初传中国，人们都将其称为"佛道"。

当佛教逐渐在社会上扩大传播，并引起社会上层注意后，在当时政教关系浓重的"教化"氛围的影响下，佛教徒使用教化的概念向统治者解释自身存在的社会价值，世人开始从教化的观点理解佛教。如三国时期西域僧人康僧会所译《六度集经》说佛祖："以五戒、六度、八斋、十善，教化兆民，灾孽都息，国丰众安，大化流行，皆奉三尊。德盛福归，众病消灭，颜影炜炜，逾彼桃华。"（《六度集经》卷八）他把佛祖传播教义的过程，解释成了教化民众的过程。只要接受了佛教五戒、六度、八斋、十善的教化，就可以获得"灾孽都息，国丰众安"的社会功效。吴月支优婆塞支谦译《梵摩渝经》说："即寻世尊处内禅定，周旋教化，拯济众生。"（《大藏经》第一册）如此解释佛教的功能，颇有些儒家"内圣外王"的影子。晋人宗炳作《明佛论》说："教化之发，各指所应……至若冉季、子游、子夏、子思、孟轲、林宗、康成、盖公、严平、班嗣、杨王之流。或分尽于礼教，或自毕于任逸，而无欣于佛法。"（《弘明集》卷二）他向怀疑佛教理论与儒教、道教社会教化功能相互矛盾的人指出，在治理乱世的功能上，儒家的"礼教"、道家的"任逸"，都"无欣"于佛法，佛教也有佛教的特殊作用。在以后所出的经典中，用"教化"说明佛教的越

---

① 按照《美国传统英汉双解学习词典》，佛教 Buddism 的解释是：The doctrine, attributed to Buddha, that suffering is inseparable from existence but that inward extinction of the self and of worldly desire culminates in a state of spiritual enlightenment beyond both suffering and existence。（译成中文即：佛教；佛教教义，认为生存与痛苦是不可分割的，但在超越这两者的精神开悟状态下，可以将我执和世俗的欲望彻底消除。）

来越多，说明在中国的社会文化环境中，人们更看重的是佛教"教化众生"的社会功能。

晋代人开始大量使用"佛教"的称谓代替"佛道"，成为其正式名称。官方的正史《晋书》最早出现"佛教"的字眼，说何充"崇信佛教"（《晋书》卷七十六）。从这一名称的变化看，"佛道"突出的是"觉悟（Buddha）之途"，而"佛教"突出的是"教化之功"。如孙绰在《喻道论》中所说："佛者梵语，晋训'觉'也。'觉'之为义，'悟物'之谓，犹孟轲以圣人为先觉，其旨一也。应世轨物，盖亦随时，周孔救极弊，佛教明其本耳，共为首尾，其致不殊，即如外圣有深浅之迹，尧舜世夷。"（《弘明集》卷三）觉悟之途讲的是佛教的内在属性，教化之功讲的则是佛教的社会功能。从名称的翻译开始，佛教就进入了中国化的进程，中国人开始赋予它更多的社会的职责与功能，使其必须在辅助教化的轨道上发展。

道教是中国土生土长的宗教，道教的产生既是汉末社会矛盾尖锐、自然经济崩溃、政治腐败的产物，也是汉代以来文化领域浓郁民间宗教氛围的产物。东汉时期出现的《太平经》《老子想尔注》都是早期的道教经典，对道教的诞生有催化作用。这两部书都多次提到教化的思想，《太平经》卷一说："君圣师明，教化不死，积炼成圣，故号种民。种民，圣贤长生之类也。长生大主号太平真正太一妙气、皇天上清金阙后圣九玄帝君，姓李，是高上太之胄，玉皇虚无之胤。"老子李耳是道教的始祖，《太平经》认为他是由于"教化不死，积炼成圣"，圣君明师教化百姓，还可以积累长生功德，这也是道教长生理论中的政治文化本色。《老子想尔注》说："上圣之君，师道至行以教化。天下如治，太平符瑞，皆感人功所积，致之者道君也。"作者认为，最好的君主称为"道君"，他们以"道"教化天下，使天下大治，符瑞呈现，乃民心感动天意所致。

经过长时间的准备，终于在汉末形成了以张角、张梁、张宝为代表的太平道和以张陵、张脩、张鲁为代表的五斗米道。道教在公开发动起义以前，也是以教化世人的形式隐蔽传教。《三国志·吴书·孙坚》载："中平元年，黄巾贼帅张角起于魏郡，托有神灵。遣八使，以善道教化天下，而潜相连结，自称黄天泰平。三月甲子，三十六万，一旦俱发，天下响应。"道教号称可以用符水治病，用老子的无为之道教民，可以减少社会的矛盾。教化论的旗号麻痹了一些统治者，使道教积蓄了巨大的能量，一旦发动起义，就给予东汉王朝以致命的打击。在太平道被镇压、五斗米道被收编以后，道教开始了从民间宗教向官方宗教的转化，当时的道教徒们，更是利用教化论为自己存在的合理性进行证明。此后出现的道教经典大谈教化论。《云笈七签》卷二十八《治部》载："第一云台山治，在巴西郡阆州苍溪县东二十里，上山十八里方得，山足去成都一千三百七十里。张天师将弟子三百七十人住治上教化，二年白日升天。"张天师是由于教化而飞升。正由于道教的大师们努力宣扬道教具有"以道化民"之功，逐渐到得了统治者的认可，成为中国正宗大教之一。正是在重视教化的大背景下，儒、佛、道三家的关系变成了"三教"的关系。

（3）对儒教现代学科归属的认识

以上我们简单考察了秦汉以来教化理论的演变，儒教的形成，佛、道二教称谓的定型。从中可以反映中国人在儒家思想的熏陶下形成的宗教观，即高度重视宗教的社会及政治功能。基于对于佛、道二教的认识，唐宋以后，中国人对于陆续传入的伊斯兰教、基督教等，都统称之为"教"。并自然地用对各种具体宗教个案的观念，来接受西方宗教学上具有普遍意义上的"宗教"概念，于是有了萨满教、巫教、原始宗教、民族宗教、国家宗教等概念。但是这时"宗教"的概念，已经逐渐脱离中文"宗"即"宗庙"、"教"即"教化"的原始意义。人们望文生义地认为"宗"是"宗奉"、"教"是教团，宗教就是宗奉某种神灵的社会团体。再用这样理解的宗教概念反观儒教，就出现了儒教是不是宗教的问题。

"儒教"一词在汉代就产生了，当时的人们非常明确地指谓以儒家文化为核心的教化体系，并无"儒教"是宗教还是哲学、伦理的分殊。唐朝国子博士弘文馆学士司马贞作《史记》之《索隐》，在注释《孔子世家》的"孔子"一词时指出："教化之主，吾之师也。为帝王之仪表，示人伦之准的。自子思以下，代有哲人继世象贤，诚可仰同列国。前史既定，吾无间然。又孔子非有诸侯之位，而亦称系家者，以是圣人为教化之主，又代有贤哲，故亦称系家焉。"在正统的儒家学者看来，孔子不是天上的神仙，而是人间的贤者，是"教化之主，吾之师也"。① 这与近代之后从西方传来的"宗教"（Religion）一词，内容并不相同。如《美国传统英汉双解学习词典》在注释 Religion 时给出了五条说明，都不含有教化的意义。② 宗教信仰的核心是对超自然力量的相信或尊敬，孔子不语"怪力乱神"，不谈死后鬼神，很难等同于宗教。尽管儒教在中国的君主专制社会里发挥了与欧洲中世纪基督教一样的社会作用，对于儒生而言，儒教的确是基于孔子教诲而形成的一套信仰、价值观和行为。可是在中国的帝制时代，却没有独立于国家机构以外的儒教组织。把儒教等同于信仰超验世界，并具有教主、教皇、教团组织的宗教，这是长期受儒家理性主义精神教育的当代知识分子很难接受的。

但是事情也不仅仅这样简单。孔子在"删诗书，定礼乐"时，对古代的宗教文化遗产采取了"敬而远之"的态度，进行了理解性继承。尽管儒家学者对古代宗教的祭祀礼乐进行了理性化的解释，

---

① 随着两汉今文经学中谶纬巫术的泛滥，的确也有神化孔子的现象，但这并不是儒家学者的主流，受到古文经学的抵制，在汉代以后便湮没不彰了。

② (1) Belief in and reverence for a supernatural power or powers regarded as creator and governor of the universe.

宗教信仰：对超自然的力量或被当成是造物主和宇宙的主宰的力量的相信或尊敬。

(2) A personal or institutionalized system grounded in such belief and worship.

宗教：以这样的信仰和崇拜为基础的人格化和制度化了的体系。

(3) The life or condition of a person in a religious order.

宗教生活：在宗教制度下的一个人的生活和状况。

(4) A set of beliefs, values, and practices based on the teachings of a spiritual leader.

宗教信仰：基于精神领袖的教诲的一套信仰、价值观和行为。

(5) A cause, a principle, or an activity pursued with zeal or conscientious devotion.

虔诚：以狂热或全神贯注的奉献来追求的一个事业、原则或活动。

但毕竟将其保存在儒家的《诗》《书》《易》《礼》《春秋》五经中，成为汉代以后教化民众的主要教材。特别是在儒家"神道设教"的思想的影响下，古代国家宗教的各种礼乐仪式都得到了恢复和整饬。因此说儒教中完全没有宗教的成分，也并不符合历史的客观面貌。①

自19、20世纪之交，以康有为为首的"孔教派"提倡将儒教宗教化、国教化以来，中国的思想界对儒教是不是宗教的问题，进行了长达一个世纪的争论，但是问题仍然没有得到解决。笔者认为，关键就是儒教之"教"与宗教之"教"，从词源到内涵，都是错位的，致使儒教是不是宗教这样一个"伪问题"，②长期困扰我们的学术界。正如谢扶雅所说："自海通以后，西学东渐，译名之最不幸者，莫过于宗教二字矣。考今日西方所用 Religion 一语，与我国所谓宗教者，实大有出入……（宗教）既不足以概无神之佛教，及介乎有神无神之间的儒教，亦未能包括宗教的神契经验及伦理行为。"③ 在现代汉语中，"教"有几重含义，可以是教育、教化，也可以是近代从西文翻译出来的宗教。如果将这个"教"字相对于英文的 ism，倒还比较贴切，英文中犹太教是 Judaism，佛教是 Buddhism，道教是 Taoism，基督教和伊斯兰教也可以写成 Christianism 和 Islamism。相应地，将儒教译成 Confucianism 也是顺理成章的。因为在英文中，ism 本来就具有论、主义、宗教等几层含义，是一个意义广泛的词。除了宗教，还可以泛指一切的理论、学说体系，如唯物主义（materialism）、唯心主义（mentalism）、社会主义（socialism）、马克思主义（Marxism）等，所以称儒教为 Confucianism，我们也可以译成孔夫子主义。可是以儒教、佛教、道教之"教"字对译 Religion，再用这个概念判断儒教是不是宗教，问题就出来了。当代学者葛兆光称之为"穿一件尺寸不合的衣

---

① 笔者与牟钟鉴老师合著的《中国宗教通史》，将儒教中的宗教性成分称为"宗法性传统宗教"，对其属性和功能进行了详细的分析。
② 葛兆光：《穿一件尺寸不合的衣衫》，《开放时代》2001年第11期。
③ 谢扶雅：《宗教哲学》，山东人民出版社1998年版，第204页。

衫"，仔细分析，这件衣衫虽用的是中国布料，却是由日本裁缝剪裁的。中国人硬是要穿，难免出现衣不适体的尴尬。其实康有为在20世纪之初就已经注意到这一点了，他说："中国数千年之言儒释，只曰教而已矣，无神人之别也。夫今人之称宗教者，名从日本，而日本译自英文之厘离尽Religion耳。在日人习二文，故以佛教诸宗加叠成词，其意实曰神教云尔。然厘离尽之义，实不能以神教尽之，但久为耶教形式所囿，几若非神无教云尔。夫教而加宗，义已不妥，若因佛、耶、回皆言神道，而谓为神教可也，遂以孔子不言神道，即不得为教，则知二五而不知十者也。"① 康有为指出，"宗教"是日本人用"佛教诸宗加叠成词"，再返销中国。商务印书馆的《辞源》追溯此词的出处：宗教：佛教以佛所说为教，佛弟子所说为宗，宗为教的分派，合称宗教，指佛教的教理。《景德传灯录》卷十三《圭峰宗密禅师答史山人问之九》："（佛）灭度后，委付迦叶，辗转相传一人者，此亦盖当代为宗教主，如土无二网，非得度者唯尔数世也。"《续传灯录》七《黄能慧南禅师》："老宿号神立者，察公倦行役，谓曰：'吾位山久，无补宗教，敢以院事累君。'"现泛称对神道的信仰为宗教。② 上述两段文献都说明，以中国传统的"教"字译西文Religion，突出了其"神道"的含义，而忽视了其他方面更主要的含义。康有为提议将孔教立为国教，并没有强调儒教就是一种基督教式的宗教，而是强调孔子虽不言神道，但仍不失为教化中国千百年之"教"，应当受到举国的尊奉，以便与西方强势的基督教文化相抗衡。

康有为倡立孔教论有很强的政治实用目的，其社会价值此处暂不加以评论，可我们要说明的是，此说一出，却使中国的学术界在儒教是否为"宗教"这一"伪问题"上花了整整一个世纪的时间。问题尽管是"伪问题"，但是争论却实实在在地将中国文化自身的价值及中国文化应当如何因应西方文化的冲击等"世纪性问题"的研究不断推向高潮。在20世纪90年代以前，对于问题的回答基本都是二元对

---

① 康有为：《孔教会序》，《孔教会杂志》1913年第2号。
② 《辞源》第2卷，商务印书馆1978年版，第815页。

立的，或曰儒教是宗教，或曰儒教是哲学。但似乎这两种结论都与历史的本来面貌有距离，因此辩论的双方谁也不能说服谁。问题的症结有三。

第一，近代以来，我们是在用古希腊思辨哲学和古希伯来一元神论的宗教体验来评价中国古代的儒教。使得孔夫子、董仲舒们没有被进行区分，我们去越俎代庖，难免将古人打扮得面目全非。客观地说，这是自1840年以来，中国处于弱势地位不得已的一种文化选择。当我们浑身上下都是"洋货"的时候，我们的脑袋里也自然充满了"洋词"。离开了宗教、哲学、伦理、科学等洋词，我们几乎就不会思维了。可是用这些范畴考察儒学，我们就不难发现，哪一个范畴都不能单独将儒学的内涵包括无遗。说儒教是不是宗教有争议，说儒学是不是哲学同样也存在问题。当代中国哲学界，不也在为"中国哲学的合法性"问题而斗争吗？

第二，宗教是一种具有强烈价值色彩的意识形态，讨论儒教是不是宗教的问题，离不开评价者对于宗教本身的价值判断。正如当代学者郭齐勇所说："我国知识精英处于救亡图存、求富求强的心结，几乎全都接受了近代西方的启蒙理性，并使之变成20世纪中国强势意识形态。这就包括了对宗教的贬斥，以及人类中心主义、科学至上，乃至以平面化的科学、民主的尺度去丈量前现代文明中无比丰富的宗教、神话、艺术、哲学、民俗等。其解释学框架是单线进化论，如孔德（A. Comte）的'神学——形上学——科学'的三段论，特别是已成为我们几代人心灵积习的'进步——落后'的二分法。其'成见'正是以'排斥性'为特征的（排斥宗教、自然等）寡头的人文主义。"① 在20世纪崇尚科学与民主、批判宗教与封建的社会大潮中，当时的学者为了给中国自古以来安身立命的儒学找到一块赖以生存的土地，他们千方百计地论证儒学不是宗教，可谓煞费苦心。如蔡元培的"以美育代宗教"、梁漱溟的"以道德代宗教"、冯友兰的"以哲学代宗教"、胡适的"以进化论信仰代宗教"等等。21世纪的中国思

---

① 郭齐勇：《当代新儒学对儒学宗教性问题的反思》，《中国哲学史》1999年第1期。

想界，当然不应停留在那个时代的水平上。

第三，没有搞清楚在中国文化史上的"教化"如何变成了"宗教"。第一、第二两点前辈学者已经进行了深刻的研究，本书着重探讨第三点。如果搞清楚儒教的来源，是不是可以使我们换一种思维方式，将"非此即彼"变成"亦此亦彼"。儒教中主导的成分是孔子开创，并被主流儒家学者发扬的理性化的儒学；也包含儒家学者从古代继承下来，并经过世俗化处理的国家宗教，亦可称为宗法性传统宗教。[①] 同时，这两方面也有相互交叉之处，即在儒家学理中，也包含着超越性的认识；而秦汉以后的国家宗教祀典，又充满了人文主义、理性主义的解释。另外，在历史的发展过程中，儒教中哲学与宗教的比重也不是一成不变的。汉代宗教性的成分多一点，宋明时期哲学的成分多一点。但无论那一个时期，儒教也没有变成单纯的哲学或宗教。所以儒教既不能等同于完全意义上的宗教，也不能完全否认其中含有一定的宗教性。美国当代宗教学家史密斯（W.C.Smith）区分了"宗教"与"宗教性"，前者指静态结构、客观制度，后者指传统、信仰，特别是某一信仰群体中的成员在精神上的自我认同。春秋战国以后，三代的国家宗教瓦解了，不复作为具有"静态结构、客观制度"的宗教存在。但作为一种传统、信仰，宗法性传统宗教依然作为儒教中一种"宗教性"的成分长期存在。这就是中国儒教的真实面貌，也是中国人精神结构的特殊性。不能简单地照搬基督教的模式在儒教中寻找教主、教皇、教士；也不能因抵触基督教模式而简单宣布儒教是一种单纯的哲学。

正确理解儒教的属性，对于我们研究中国政教关系史具有头等重要的意义。一方面，由于儒教包含一定的宗教性成分，所以在儒教成为古代国家的政治意识形态以后，它不会像近代西方民主国家那样实行彻底世俗主义的法制政治，历代统治者会毫无顾忌地利用一切可以利用的宗教工具神化自己的政权；另一方面，中国也不会允许各种宗

[①] 关于宗法性传统宗教，参见牟钟鉴、张践《中国宗教通史》，社会科学文献出版社2000年版。

教染指国家政治意识形态，像古代中东国家那样出现"神权政治"，或像欧洲中世纪那样出现"国教统治"。至于中国古代国家究竟属于"政教合一"还是"政教分离"，则涉及政教关系的层次与类型问题，我们在上一节已经讨论过了。

第二章 上古时代的政教关系

一 中国早期国家宗教的一般特点

人类学、民族学、宗教学的研究证明，宗教发源于人类的旧石器时代晚期，远远早于古代国家。不过从政教关系的角度出发，对没有政治权力的时代，不必作为政教关系的起点，所以我们把研究的初始点设置在中国早期国家的古代宗教，时间大约相当于"三皇五帝"时代。古代国家宗教属于原生性宗教，具有原生性宗教的一般特点。

第一，信仰观念的自然性。中国古代宗教源远流长，其中许多观念一直可以上溯到原始社会的先民中。在人类的童年时期，由于对自然界的认识和改造能力都十分低下，人在自然的面前就显得非常渺小，逐渐产生出对自然物和自然力的敬畏感、依赖感和神秘感，于是自然崇拜发生了。人们把自然界的日月山川、风雨雷电、飞禽走兽当成了神灵加以膜拜，祈求各路神仙给自己好运道。进入阶级社会以后，随着地上王权的不断增加，天神在自然之神中的地位越来越突出，逐渐从自然神中的一员变成了百神之长，成为至上神。

第二，宗教内容的宗法性。祖先崇拜是原始宗教中又一基本观念。人类自身繁衍的艰难、祖先创业的困苦，就成为祖先崇拜产生的基础。从原始人类遗址中出土的丰臀巨乳的裸体女神，到古典文献中的英雄史诗，反映了祖先崇拜发展的历程。这一点是中国古代宗教与世界其他国家古代宗教的共同点,而建立完善的宗庙祭祀系统,则是中国的特殊点。中国古代国家(夏商周三代)从氏族制度中脱胎而来,非但没有抛弃血缘组织的外衣,而且还把血缘网络改造成了社会的组织机构。为了保证血缘宗法关系的稳定和明确,逐渐形成了严格明细的祖宗祭祀制度,并将其和天神崇拜相结合。

第三,多神宗教的融合性。图腾崇拜是原始宗教发展过程中必然经历的一个阶段,是自然崇拜和祖先崇拜的结合物。当人们尚处于自然异己力量的压抑下,对周围与之密切相关的动植物充满了恐惧、依赖之情时,他们很自然地将某种动植物当成自己氏族的保护神,甚至说成是自己的祖先。图腾崇拜盛行于母系氏族时代,所以在仰韶文化遗址的发掘中,出土的彩陶上有鹿、鸟、鱼、蛙、龟等图形,在红山文化胡头沟出土了玉龟、玉鸟、玉鹗。原始人将它们带进墓地,至少说明这是他们的崇拜对象。在古代传说中也有许多半人半兽的英雄,如华夏始祖伏羲和女娲,就是人身蛇尾。黄帝与炎帝大战,就曾统率过由虎、罴、貔、貅、熊、豹组成的大军,可能说的是与以这些动物为图腾的氏族结成了同盟。随着华夏民族的壮大与发展,逐渐出现了两种想象的动物成为整个民族图腾,这就是龙和凤。在自然界本不存在龙和凤,关于人们观念中龙、凤的起源,专家们进行了长时期的考证,最后得出比较一致的见解,即虽然在现实生活中龙和凤也有其近似的原形,但它们毕竟是经过了人类思维加工的产物,可能是在民族融合的过程中,将许多不同氏族的图腾合并的产物。例如,龙是鹿角、蛇身、鱼鳞、鹰爪、猪嘴、马鬃的合体,是以这些动物为图腾的氏族在融合过程中,综合描绘的结果。而凤则是鸡、燕、孔雀合并的结果,与龙的出现有相似的经历。在华夏民族统一体比较稳固以后,龙、凤形象就成为最高统治者的象征。以龙、凤这两种虚拟的动物为民族的象征,从一个侧面也反映了华夏民族形成中的特点,即它本身就是通过众多民族逐渐融合形成的。

第四,宗教功能的政治性。宗教本来属于人类的一种文化产品,其基本属性是文化的,政治性仅仅是宗教的一种功能。不过在不同的社会发展阶段中，宗教功能的政治性表现程度不同。在实行政教分离政策后，宗教的政治作用越来越低，文化功能越来越强。但是在实行政教合一的中世纪，宗教的政治功能就非常显眼。而在原始宗教几乎等同于原始文化的远古时代，政治功能的作用就表现得更为突出。例如，在属于龙山文化的良渚文化遗址中，就出现了一个反山大墓，不仅陵墓体积巨大，而且墓主人陪葬品极多。其中一件玉钺极为引人注目，在当时的新石器时代的后期，玉石仍然极为珍贵，将其磨成锋利的玉钺，不仅杀伤威力巨大，而且极为难得，故成为王权的象征，所以玉钺也成为重要的宗教祭祀用品。到了私有制进一步发展的"五帝"时代，宗教的政治辅助功能更强。《韩非子·十过》："昔者黄帝合鬼神于西泰山之上，驾象车而六蛟龙，毕方并辖，蚩尤居前，风伯进扫，雨师洒道，虎狼在前，鬼神在后，螣蛇付地，凤凰覆上，大合鬼神，作为《清角》。"在韩非的笔下，黄帝一副帝王的尊严，乘帝辇、驭蛟龙、臣仆开道、军士护卫。然而凭借历史的记忆，韩非所使用的文字，仍把宗教的内容表现得淋漓尽致。到了颛顼帝的时代，"帝颛顼高阳者，黄帝之孙而昌意之子也。静渊以有谋，疏通而知事；养材以任地，载时以象天，依鬼神以制义，治气以教化，絜诚以祭祀。北至于幽陵，南至于交阯，西至于流沙，东至于蟠木。动静之物，大小之神，日月所照，莫不砥属。"（《史记·五帝本纪》）虞舜时代，"于是帝尧老，命舜摄行天子之政，以观天命。舜乃在璇玑玉衡，以齐七政。遂类于上帝，禋于六宗，望于山川，辩于群神……"（《史记·五帝本纪》）通过上述分析，作为政教关系源头的"五帝"时代，宗教服务于政治的特征就十分明显。

二 "绝地天通"改革对于中国政教关系的重大影响

在中国从早期国家的酋邦时代向成熟国家进化的过程中，有一个事件影响巨大，这就是古书上记载的"绝地天通"。《尚书·吕刑》

记载:"若古有训,蚩尤惟始作乱,延及于平民……皇帝哀矜庶戮之不辜,报虐以威,遏绝苗民,无世在下。乃命重、黎,绝地天通,罔有降格。"由于《尚书》成书较早,其中有些文字古奥,意义不明。如谁是"皇帝"?是泛指的上帝还是五帝之首的黄帝?如果没有重、黎"绝地天通",人将与神如何沟通?这些问题不仅今人难以理解,即使到了战国已经很成问题了。据《国语·楚语下》记载,楚昭王问他的大夫观射父,什么是绝地天通?他甚至天真地问:如果没有重、黎"使天地不通","民将能登天乎"?观射父回答说:"及少昊之衰也,九黎乱德,民神杂糅,不可方物。夫人作享,家为巫史,无有要质。民匮于祀,而不知其福。蒸享无度,民神同位。民渎齐盟,无有严威。神狎民则,不蠲其为。嘉生不降,无物以享。祸灾荐臻,莫尽其气。颛顼受之,乃命南正重司天以属神,命火正黎司地以属民,使复旧常,无相侵渎,是谓绝地天通。"绝地天通事件对于中国政教关系史,其影响主要有以下几点:

第一,通过"绝地天通"的宗教改革,政府控制了神权,剥夺了普通群众与神沟通的权力。观射父所说"九黎乱德"以后"民神杂糅,不可方物。夫人作享,家为巫史"的状态,倒是原始社会的常态。在人类没有进入阶级社会以前,巫师并不是某些人的专利。只要在精神上有"领神"的能力,就有可能成为巫师。这一点可以从当代宗教学者对萨满教的研究中得到充分的说明。[①] 但是经过了"绝地天通",由于特权阶层保护自身特殊利益的需要,部落的首领剥夺了人民通神的权力,实际也就剥夺了人民掌握神权、控制公共权力的能力,从而使自身逐渐凌驾于社会之上,从社会的公仆变成了社会的主人。原始社会的"自然宗教"就逐渐变成了阶级社会的"人为宗教"。

---

① 孟慧英指出:"萨满领神,根据笔者在民间调查中核证,有泛指和狭指两说……所谓狭指是专门指称萨满候选人刚刚被神灵选中的特殊时期和状态,由于被神灵侵染,被选中者常常表现为身体或精神方面的疾病,主要是神经错乱。"(《尘封的偶像》,北京出版社2000年版,第48页。)

第二，通过"绝地天通"的宗教改革，部落首领逐渐与巫师分离，巫、觋等职业巫师成了帝王的臣仆。在原始社会，作为社会唯一知识分子的巫师，实际控制着社会的发展进程，因此人类学家在对古老非洲、美洲的田野调查中，经常发现巫师转化为国王的先例。① 但是通过绝地天通改革，政治职务与宗教职务分离，南正重、火正黎是颛顼帝的臣子，颛顼"乃命南正重司天以属神，命火正黎司地以属民"，分别主管宗教与政治事务。职业巫师的地位因此下降了。殷墟出土的甲骨文中记载的"暴巫""焚巫"，就是对巫师魔法失灵的一种惩罚。这种古老的祈雨方法，源自原始社会，先民们依据一种简单的逻辑，既然巫师有通神的能力，是上帝的仆人，那么让他们在烈日下受折磨，就会引起上帝的怜悯，降下甘霖。在原始社会王经常就是巫，他们也会因祈雨失灵而受罚；但是到了文明史时代，主持"暴巫"仪式的是圣王，被"暴巫"仪式折磨的则是那些可怜的巫师了。如甲骨文中："今日烄从雨。"(《续》4.18.1)"其烄高，又雨。"(《粹》657)"于甲烄凡——于癸烄凡。"(《鄴三》48.3)"烄"是一个象形文字，表现一个巫师在火上被焚烧，"高""凡"则是巫师的名字。各种宗教活动的实际主持人是国王，而不是操作宗教仪式的巫师。巫师要对自己的宗教活动结果负责，甚至付出生命的代价。

第三，通过"绝地天通"的宗教改革，政治权力凌驾于宗教文化之上，宗教必须服从政治。《礼记·祭义》说："昔者，圣人建阴阳天地之情，立以为易。易抱龟南面，天子卷冕北面，虽有明知之心，必进断其志焉，示不敢专，以尊天也。"《礼记》一书出于战国末期儒家学者之手，当时社会战乱不止，儒家为了"救世"建立了一种理想的社会模型，即没有私有财产、没有剥削压迫、没有战争和犯罪的"大同"世界。传说中三代以上的三皇五帝之世，就是这种理想世界。理想世界的标准之一，就是王权不再独尊，受到社会贤达，包括宗教巫师的限制。这里所说巫师"抱龟南面"而立，"天子卷冕北面"而对，颠倒了现实世界的君臣关系，突出了原始社会巫师们的崇高地

---

① [英]弗雷泽：《金枝》，徐育新等译，中国民间文艺出版社1987年版，第254页。

位。《礼记》的内容虽然有理想化的成分，包含了儒家"屈君以申天"的希望，但却是以原始社会的传说为依据的，说明当时宗教巫师尚有很大的权力。一旦帝王与巫师的关系变成了派遣与服从，王者事事"不敢专"的情况就不复存在了。《国语·鲁语》记载："昔禹致群神于会稽之山，防风氏后至，禹杀而戮之。"从防风氏的名称看，他应当是一位风神，或者是一位与风有关的大巫师。根据《封由记》《述异记》《会稽记》等文献记载，防风氏在东南地区受到民众的普遍崇敬，防风庙在吴越地区广泛存在，可见他是东南地区的一位宗族领袖。但禹却可以借口他大会迟到而杀死他，可见政治权力的巨大。至此，宗教已经失去了对政治的制约能力，只能变成政治权力的臣仆。

第四，"绝地天通"不仅推动了宗教自身形态的变革，也有助于人类社会的进化。从社会经济发展的角度看，在"绝地天通"以前，"夫人作享，家为巫史，无有要质。民匮于祀，而不知其福。蒸享无度，民神同位"。人人具有"通神"的权力，那么很多人就会把大量的时间放到对神灵祭祀上，即所谓的"蒸享无度"。这如同吸毒一样，就会把人的精神引导到一种虚幻的美妙境界，既虚度时光，又浪费了大量的劳动资源。不仅如此，频繁的祭祀活动还会导致大量物质财富的浪费，致使"民匮于祀"，人民生活匮乏。限制民众祭祀神灵的权利，无疑有助于社会生产力的提高。在原始社会几百万年中，人类的进化是非常缓慢的，而进入文明社会五千年，人类则实现了突飞猛进的发展。所以通过"绝地天通"的形式实现体力劳动与脑力劳动的分工，将社会公共权力集中到少数贵族手中，其进步意义要远远大于社会公平损失的负面价值。

第五，通过"绝地天通"的宗教改革，原始宗教变成了人为宗教，从民众自发的文化，变成了社会的意识形态。在观射父的笔下，"绝地天通"是一幅人神各安其位、宗教仪式规范、天降祥瑞保佑、百姓福乐安康的理想画卷。在其中，宗教专属成为造成这一片祥和景象的关键因素，他说："古者民神不杂。民之精爽不携贰者，而又能齐肃衷正，其智能上下比义……"宗教的专属就会造成人民思想的统一，对统治者推崇的神灵精信不二，齐肃衷正，自然在政治上就会出现"上下比义"的情况，自觉地统一行动，这是进入文明社会必不可少的环境。《尚书·洪范》将治国纲领概括为九条，其中"五、皇极：皇建其有极，敛时五福，用敷锡厥庶民"。这个建"皇极"就是统一思想，没有统一的思想，就不能管理众多的人民。在当时的条件下，统一思想主要是统一宗教观念，"会其有极，归其有极。曰皇极之敷言，是彝是训，于帝其训。凡厥庶民，极之敷言，是训是行，以近天子之光。曰天子作民父母，以为天下王"。中国能够在青铜时代进入文明社会，通过统一宗教观念是建立国家意识形态关键的步骤。这也许就是中国从都邑邦国进入早期国家的路径，在政教关系上表现出的特色吧。

三　夏商周三代的宗教变迁

与世界上各古老文化相比，中华文化的产生和延续有一个得天独厚的优越环境。同埃及文化囿于尼罗河流域，巴比伦文化囿于两河流域，周边则是不适合人类生存的沙漠相异，中华文化的滋生地不是依托一个江河流域，而是拥有黄河流域和长江流域两个大区段广袤的平原地区。因此中华文明比埃及文明、巴比伦文明有更优越的自然环境，有更为广大的发展空间。在远古时代，中国境内就有分布广泛的人类活动。从考古发掘看，从旧石器时代的元谋遗址、蓝田遗址、北京人遗址、山顶洞人遗址等，到新石器时代的良渚遗址、仰韶遗址、河姆渡遗址、龙山遗址、红山遗址等，充分说明了中国先民在这片丰腴的土地上茁壮成长。特别是长江黄河之间广袤的平原地区，有利于建立集中统一的国家政权。

大约在公元前3000年至前2000年之间，中国已经进入了早期国家——"三皇五帝"时代。中国最早的古代国家出现在公元前21世纪的夏王朝，传说舜把政权禅让给了禹，禹也准备把江山禅让给另一位贤能之人益。不过当时的人民认为益不够贤良,反而投靠了大禹的儿子启,于是中国政治开始实现了从"公天下"到"家天下"的转变。中国史学界一般认为,从夏王朝建立开始,中国社会正式进入了私有制社会,阶级和国家政权出现。不过由于夏王朝的文字记载没有发现,出土文物也不够丰富,所以关于夏王朝社会生活的描述一直处于西周之后的传说阶段。

关于商代的社会发展水平,目前发掘的考古资料证明,在盘庚迁殷以前,商都曾多次迁移,估计当时尚处于一种游牧与农业相结合的生产方式。而盘庚迁殷(今河南安阳)以后,271年的时间内殷都没有再出现迁徙,说明已经进入了比较稳定的农业社会。自1898年开始,大约15万片甲骨卜辞出土,这些绝无掺假和造伪,也不会包含后人错误记忆和解读的第一手史料,将殷人的世界真实地展现在我们的面前。今天我们阅读殷墟出土的甲骨卜辞后最深刻、突出的印象,就是殷人对上帝信仰的虔诚。十几万片甲骨卜辞,主要记载着殷王向上帝贞问的各种事由。不论是自然气象、年成收获、战争胜负、建邑迁都,从殷王的口气中我们可以深切地感到,他们对上帝的决定能力是坚信不疑的。对于中国殷代这样一个早期国家来说,国家政治组织几乎完全建立在宗法血缘组织之上。在这样一种文化背景下,祖先崇拜特别发达是必然的。陈梦家在谈到殷代的各种崇拜时说:"祖先崇拜的隆重,祖先崇拜与天神崇拜的逐渐接近、混合,已为殷以后的中国宗教树立了规范,即祖先崇拜压倒了天神崇拜。"[①]

公元前1046年,中国历史上发生了一次重大的历史事件,武王伐纣,以周代殷。在中国历史上王朝的更替非常频繁,但是20世纪初期,中国著名学者王国维似乎就已经感到中西文化的差异,提出了一个惊世骇俗的论断:"中国政治与文化之变革,莫剧于殷周之际。"[②]尽管王国维对此进行了精辟、深刻的论证,但是一个世纪以

---

① 陈梦家:《殷墟卜辞综述》,中华书局1988年版,第561—562页。
② 王国维:《殷周制度论》,《王国维文集》第四卷,中国文史出版社1997年版,第42页。

来，学者们还是多有疑问，难道殷周之变剧于春秋战国吗？中国当代学者邹昌林先生给出的解释让人信服，他指出："由于各民族在前轴心时代的基础不同，因此，各民族在轴心时代的文化亦有着重大的差别。……由于在欧洲，没有一个前轴心时代，而中东地区的古代文明，在民族冲突中，大多成了死文化，因此，前轴心时代的影响微小而不重要。但是，这一经验，却不能取代一切民族的实际。……中国更是如此，虽然轴心时代诸子百家非常活跃，儒、道、墨、法、阴阳各家学说影响深远，但前轴心时代，即三代的礼乐文化却没有消失。……在一定程度上，也还经常向前轴心时代回复。"[1] 就以日后成为中国文化主流的儒家学说而言，其创始人孔子就一再说，自己是"述而不作"、"吾从周"，表明自己的学说对于前轴心时代古代礼文化的继承性。在巴勒斯坦的"先知运动"中，突出了上帝创造世界的概念；在印度佛陀通过对传统婆罗门教的否定，创立了以业报和转世为中心的佛教哲学；在古希腊，通过苏格拉底、柏拉图、亚里士多德等哲学家的思考，实现了人类的一种理性否定性的突破。相反，中国先秦诸子的文化创新，则是一种以延续为主的突破。对前轴心时代文明实行"断裂性"发展或"连续性"发展，就成为中西方文明差异的重要原因。

西周文化对于中国轴心时代的重大影响，主要在于周公对古代宗教的伦理性变革。从殷墟出土的卜辞看，殷人眼中的上帝是一个喜怒无常、狂躁暴戾的君主，他对于人间的支配是没有原则性的，所以人们只能匍匐在上帝的脚下，通过丰厚的祭品换取上帝的保佑。在大量的甲骨卜辞中，没有任何具有道德属性的字眼，例如殷王的谥号，都是用干支表示的祭日，不像周王的谥号具有文、武、成、康等具有道德评价性质。周公看到殷人自称"天命不僭"，但是因为殷纣王暴虐百姓、屠戮群臣，结果被周武王推翻了，说明上帝不会永远保佑某一家一姓的王朝。那么天是根据什么原则对地上的君王采取"佑"或"不佑"的行为呢？周公提出了一个重要的标准——"以德配天"，只

---

[1] 邹昌林：《中国古代国家宗教研究》，学习出版社2004年版，第33页。

有那些具有道德的君主和王朝，才能得到上天的保佑。那么什么是"德"？周公又具体提出了"德裕乃身""敬德保民""明德慎罚""无逸""勤政"等等。① 这说明在周公的时代，中国古代宗教已经开始实现了宗教伦理化，即在宗教中植入了人文主义的因素。这些思想对于轴心时代儒家政治思想的发展，产生了重要的定位作用。西周时期出现的占卜书《周易》成为儒家、道家哲学思想共同的思想资源。记载商末周初政治事件、文告、演讲的《尚书》，成为中国历史上最主要的政治学著作。西周时期成型的文学经典《诗经》成为先秦诸子共同引用的文化典籍，也决定了中国文学的发展方向。而这一切，都与没有自身坚实的前轴心时代的古希腊不同。

根据经典文献和考古遗迹发掘，中国的夏商周三代与世界上大多数国家一样，流行着发达的国家宗教。从最早的文字甲骨文的记载中，我们看到了商朝的国家宗教。至上神"上帝"或称为"帝"，是宇宙间一切事物的主宰，决定着万物的生存与人世的兴衰。但是中国的上帝与西方基督教的上帝不同，他不是唯一神，而是一个统率神灵群体的主宰。如陈梦家先生指出："卜辞中的上帝或帝，常常发号施令，与王一样。上帝或帝不但施令于人间，并且他自有朝廷，有使、臣之类供奔走者。"② 商代宗教中的上帝，统率着天神、地示、人鬼三大类神祇，数量繁多，各司其职，形成了一个与地上王国相对应的彼岸世界。武王伐纣，以周代商，虽然至上神的名称从"帝"改成了"天"③，但是多神信仰的特色并没有变化。反映周代祭祀制度的《周礼》《仪礼》《礼记》三书，对祭祀的仪式、规范、政治意义都做了清晰的说明。

西周天子经常举行的祭天仪式是郊祀，每年举行一次，因仪式要在冬至日于京城的南郊举行，故此得名。关于郊祀的具体仪式，《礼

---

① 参见牟钟鉴、张践《中国宗教通史》上卷，中国社会科学出版社 2007 年版。
② 陈梦家：《殷墟卜辞综述》，中华书局 1988 年版，第 572 页。
③ 从西周开始，"上帝"的名称虽然继续使用，但是周人更多的是将至上神称为"天"，而且天神的人格性减少了，自然性增多了，更为理性化和伦理化。参见牟钟鉴、张践《中国宗教通史》（上），社会科学文献出版社 2000 年版，第 113—122 页。

记·郊特牲》做了详细的记载:"郊之祭也,迎长日之至也,大报天而主日也。兆于南郊,就阳位也。扫地而祭,于其质也。器用陶匏,以象天地之性也。于郊,故谓之郊。牲用骍,尚赤也;用犊,贵诚也。"周人祭天定在南郊,以就阳位。日期选在冬至日,因为这一天"一阳复始",日影开始变长。天属阳性,地属阴,太阳乃至阳,所以郊祀报天之日以太阳为主。祭祀天神使用最高的祭品——太牢,即赤色公牛犊。到了祭天那一天,天子穿上黑色的裘服参加典礼,因为黑色代表北方,北方象征着天道。天子头戴十二根旒的冕,乘坐插十二根旗的辇,以象周天之数。到达祭祀天神的圜丘之后,天子祭过象征天神的苍璧,点燃堆放在圜丘上的柴垛,焚烧苍璧和牺牲的青烟直达天穹,表示天神接受了地上君王的祭品,天子以此向臣民显示自己的政权得到了天神的认可。除了祭祀天地,还祭祀日月、山川、岳镇、海渎等自然诸神,形成一个天人合一的体系。不过祭祀者的身份与祭祀的对象是有严格规定的,《礼记·王制》规定:"天子祭天地,诸侯祭社稷,大夫祭五祀。天子祭天下名山大川:五岳视三公,四渎视诸侯。诸侯祭名山大川之在其地者。"按照西周宗族内部的祭祀规定,只有嫡长子才有祭祀祖宗的权力。周天子是天之长子,故将垄断祭天仪式当成在全国行使权力的象征。诸侯同样也在自己封国内垄断祭祀社稷、名山、四渎的权力。谁僭越了这些规则,就意味着他试图篡夺更大的权力,大逆不道。由于祭祀的范围与权力的范围相当,所以当代学者多把中国古代政教关系的特点概括为"祭政合一"。祭天之权就是行政之权。

中国古代不仅有发达的天神崇拜,还有发达的祖先崇拜。比较宗教学的创始人麦克斯·缪勒指出:"我不想多谈图兰北支和中国人都崇拜祖先的情况,因为崇拜祖先是世界各地自然崇拜的普遍现象。但在中国和亚洲北部祖先崇拜特别突出,这是令人感兴趣的。"[1] 中国人重视祖先崇拜的特点,在甲骨卜辞中就已经明显地表现出来了。根据

---

[1] [英]麦克斯·缪勒:《宗教学导论》,陈观胜、李培荣译,上海人民出版社1989年版,第157页。

陈梦家的研究："卜辞并无明显的祭祀上帝的记录。"[①] 殷人虽然虔信上帝对世人的主宰作用，但是他们都是通过自己的祖先神灵向上帝转达自己的祈愿。他们相信只有商王死后"宾于帝"，灵魂回归帝廷随侍上帝。时王只能通过祭祖把自己的意志转达给上帝。所以商代祭祀祖先的规模庞大，次数频多。

商人的祖先祭祀非常发达，不过商人祭祖虽然规模宏大，次数频繁，但规则却相对简单。周祭、选祭的对象往往变化不定，未成定制。这显然是当时社会宗法制度尚未成熟的反映。周代建立以嫡长继承和五世而斩为基础的宗法淘汰原则。周人祭祀祖先的礼仪可分成凶礼和吉礼两大类。凶礼主要指丧葬礼，表现近祖崇拜。对象为新丧亲人。一般是祖辈与父辈，整个仪式在服丧期间举行。周代丧礼是从商代继承而来的，但进行了重大的改革。周人重人，杀殉逐步减少而代之以俑，随葬品也大为减少，而更重视丧礼的仪式性和情感性，把丧礼变成了一种"慎终追远，民德归厚也"（《论语·学而》）的宗教教育活动。吉礼则是除丧之后的祭祖仪式，表现远祖崇拜。如果说凶礼是"慎终"的话，那么吉礼就是"追远"，缅怀祖先的开创之功。周代不仅建立了完善的祭祖制度，而且通过《仪礼》《周礼》《礼记》等经典，将这些仪式规定下来了，对轴心时代的中国文化的发展产生了重大作用。

周礼中还有一项重要的仪式——祭社稷，社稷祭祀的政治意义可以包括两个方面：其一是敦促朝廷的官员重视农业生产。按照周代的定制，天子每年到社稷坛祭祀三次，"春耕籍田而祈稷"（《毛诗·闵予·载芟》），"秋报社稷"（《诗经·周颂·良耜》）和孟冬之月"天子乃祈来年于天宗，大割饲于公社及门闾"（《吕氏春秋》）。每年的正月上辛日，天子亲自到社稷坛耕耘籍田，为天下做出表率，强调国家对农业的重视。其二是唤起国人对国家领土的责任和情感。天子每逢出征、田猎、巡狩、献俘，也都要在社稷坛举行隆重的仪式。《礼

[①] 陈梦家：《殷墟卜辞综述》，中华书局1988年版，第561页。

记·王制》:"天子将出征,类乎上帝,宜乎社,造乎祢,祃于所征之地。受命于祖,受成于学。出征,执有罪;反,释奠于学,以讯馘告。"这说明出征、巡狩前在社稷坛誓师保卫国家领土,得胜后在社稷坛献上战争中的缴获品,是鼓舞人心的重要手段。于是社稷又成为国家、江山、领土、政权的代名词。故孟子说:"天子不仁,不保四海;诸侯不仁,不保社稷。"(《孟子·离娄上》)"民为贵,社稷次之,君为轻。"(《孟子·尽心下》)

第三章　春秋战国政教关系的嬗变

一　雅斯贝斯的轴心时代理论

1949年，德国哲学家、神学家卡尔·西奥多·雅斯贝斯出版了《历史的起源与目标》一书，提出了著名的"轴心时代"理论。在对世界几大文明古国的对比之后，雅斯贝斯发现："看来要在公元前500年左右的时期内和在公元前800年至200年的精神过程中，找到这个历史轴心。正是在那里，我们同最深刻的历史分界线相遇，我们今天所了解的人开始出现。我们可以把它简称为'轴心期'（Axial Period）。"① 广义地讲，从公元前800年到公元前200年，狭义地讲，就是公元前500年，在这短短的时间内世界范围内发生了一系列重大事件，产生了一大批影响后来几千年人类历史发展进程的思想家，因此他将这个时代称为"轴心时代"。这个时代如果从中国历史看，正好是春秋战国时代。公元前770年平王东迁，西周结束，东周开始，中国开始进入列国纷争、诸侯争霸的时代，直到公元前221年秦始皇统一中国，中华大地再一次进入大一统时代。春秋战国在中国历史上并不仅仅因战乱而著名，关键在于那个时代诞生了一大批影响中国几千年的思想家，决定了中国文化的走向。

---

① ［德］卡尔·雅斯贝斯：《历史的起源与目标》，魏楚雄、俞新天译，华夏出版社1989年版，第7—8页。

雅斯贝斯接着论证说："最不平常的事件集中在这一时期。在中国，孔子和老子非常活跃，中国所有的哲学流派，包括墨子、庄子、列子和诸子百家，都出现了。像中国一样，印度出现了《奥义书》和佛陀（Buddha），探究了一直到怀疑主义、唯物主义、诡辩派和虚无主义的全部范围的哲学可能性。伊朗的琐罗亚斯德传授一种挑战性的观点，认为人世生活就是一场善与恶的斗争。在巴勒斯坦，从以利亚（Elijah）经由以赛亚（Isaiah）和耶利米（Jeremiah）到以赛亚第二（Deutero-Isaiah），先知们纷纷涌现。希腊贤哲如云，其中有荷马，哲学家巴门尼德、赫拉克利特和柏拉图，许多悲剧作者，以及修昔底德和阿基米德。在这数世纪内，这些名字所包含的一切，几乎同时在中国、印度和西方这三个互不知晓的地区发展起来。"① 雅斯贝斯所列举的名字，是人类历史上闪烁最灿烂光芒的思想明星，这是任何学习历史的人都知道的常识，并不新鲜。但是难能可贵的是，雅斯贝斯发现了这些思想伟人之间的联系，即他们都生活在大致相近的500年中，但却分布在当时看来距离遥远、互不相关的三个独立地区，就显得有点新颖和神秘。

更为神奇之处还在于："直至今日，人类一直靠轴心期所产生、思考和创造的一切生存。每一次新的飞跃都回顾这一时期，并被它重燃火焰。自那以后，情况就是这样。轴心期潜力的苏醒和对轴心期潜力的回忆，或曰复兴，总是提供了精神动力。对这一开端的复归是中国、印度和西方不断发生的事情。"② "轴心"的概念取自于车，车轮滚滚，但是其转动始终离不开轴心的规定。人类的历史也是这样，无论后世经过了怎样的发展，人们总是在重复思考、论证着轴心时代先哲们发现、思考的问题，并用轴心时代思想家们提供的精神动力，解决每一个新时代面临的新问题。比如西方中世纪末期，面临基督教政教合一统治的黑暗时代，15世纪之后的启蒙思想家们展开了一项影响

---

① ［德］卡尔·雅斯贝斯：《历史的起源与目标》，魏楚雄、俞新天译，华夏出版社1989年版，第8页。

② 同上书，第14页。

深远的运动——文艺复兴。为什么不叫文艺解放而叫文艺复兴？就是因为那个时代锁定的目标是古希腊、古罗马时期的人性解放、人本主义精神。而当代中国在现代化进程中也面临着社会价值崩溃、道德状态每况愈下的局面，人们也只能到古圣先贤那里去汲取营养，出现了持续的、自下而上的"国学复兴"局面。

雅斯贝斯对轴心时代思想的性质进行了探讨，他指出："这个时代的新特点是，世界上所有三个地区的人类全都开始意识到整体的存在、自身和自身的限度。人类体验到世界的恐怖和自身的软弱。他探询根本性的问题。面对空无，他力求解放和拯救。通过在意识上认识自己的限度，他为自己树立了最高目标。他在自我的深奥和超然存在的光辉中感受绝对。"① 也就是说，在轴心时代人们认识到了个人的局限性与社会整体的存在，开始寻找自我的定位，探索人生的价值和目标。雅斯贝斯所说"在自我的深奥和超然存在的光辉中感受绝对"，就是指在轴心时代，东西方文明几乎同时建构了自己文化体系的终极价值，并以此指引社会的发展。更为重要的是，轴心时代的贤哲们得出的结论，即使到今天仍然是适用的，"这个时代产生了直至今天仍是我们思考范围的基本范畴，创立了人类仍赖以存活的世界宗教之源端。无论在何种意义上，人类都已迈出了走向普遍性的步伐。"② 孔子、释迦牟尼、琐罗亚斯德、以赛亚、柏拉图等思想家，他们已经将人的思想上升到普遍性的高度，为此后的人们处理自己与社会的关系找到了可通之途。轴心时代贤哲对于政教关系的理解，同样也成为中西方社会的指南。

二 轴心时代的中国社会

夏商周三代是中国的青铜时代，根据近代以来考古学的发掘证明，尽管当时的青铜制造工艺已经相当发达了，但是由于青铜资源的

---

① ［德］卡尔·雅斯贝斯：《历史的起源与目标》，魏楚雄、俞新天译，华夏出版社1989年版，第8页。

② 同上书，第9页。

稀缺以及青铜本身质地较软，所以当时的青铜主要用于铸造"兵器"和"礼器"。至于用于农业生产的工具，主要以木、石、骨、蚌器为主。到了春秋时期，人们"美金以铸剑戟，试诸狗马；恶金以铸鉏、夷、斤、斸，试诸壤土"（《国语·齐语》）。所谓美金就是青铜，用于制造刀剑等兵器，所谓恶金就是铸铁，用于铸造犁铧、锄头，用于农业生产。当代考古工作者在江苏、湖南、江西、河南、山西、陕西等地发掘了一定数量的春秋中后期的遗址，发现一批铁制农具。到了战国时期，铁制农具的使用就更加普及了。除了农具的改良，春秋时代的人们还发现，原来仅仅作为宗庙祭祀用的黄牛还可以派上别的用场，"宗庙之牺，为畎亩之勤"（《国语·晋语》）。铁器与牛耕的使用，比起人力用木器、石器的耕作，使生产力发生了巨大的变化，从而从根本上改变了古代社会的面貌。

  铁制工具的发明和应用，对于当时社会的震撼力，不啻近代以来蒸汽机、发电机、原子能、计算机的应用。在青铜时代，个人的生产能力是十分低下的，因此个体的家庭不能离开整个氏族部落独立生存，人们都过着聚族而居的生活。宗法血缘是人类社会最早的组织原则，如恩格斯所说："劳动越不发展，劳动产品的数量，从而社会财富越受限制，社会制度就越在较大程度上受血缘关系的支配。"[①] 宗法制兼备了政治统治权力和血亲道德制约的双重功能。一方面，宗族内部的等级系列和国家的行政系列合而为一，族权与君权结合，同族亲友辈分上的天然差别转化成了政治上支配与服从的关系；另一方面，不同辈分、不同阶层、不同阶级的人们又都出于共同的血缘，使大家可以在共同的祖先神灵面前团结起来。因此这个时代，阶级的差异与矛盾被血缘关系掩盖了，个人与社会整体对立不可能发生，"自身与自身的限度"（雅斯贝斯语）之类的问题更是无从谈起。

  铁制工具的使用表面看来与政治制度无关，却使夏商周三代的宗法封建体制逐渐趋于瓦解，这充分说明社会巨变的根源来自生产工具

---

① 恩格斯：《家庭、私有制和国家起源》，《马克思恩格斯选集》第四卷，人民出版社1972年版，第2页。

的变化。在青铜时代,人们在宗法封国的井田里劳作,《诗经·周颂·载芟》描述了当时人们劳作的场景:"载芟载柞,其耕泽泽;千耦其耘,徂隰徂畛。"井田的中央属于天子的公田,周围则是农夫的私田。农夫首先要到公田里尽"助"的义务,然后才能在私田里为自己生产。当时的人们把为天子、诸侯、大夫服劳役看成是自己作为子弟、晚辈、族人应尽的义务。《诗经·小雅·甫田》:"有渰萋萋,兴雨祈祈。雨我公田,遂及我私。彼有不获穉,此有不敛穧。彼有遗秉,此有滞穗。"宗法血缘关系使人们将社会视为一个整体,公田受损,如同私田遭灾。但是在铁器使用以后,情况开始发生变化。如恩格斯所言:"铁使更大面积的田野耕作、广阔的森林地区的开垦,成为可能;它给手工业工人提供了一种其坚硬和锐利非石头或当时所知道的其他金属所能抵挡的工具。"① 春秋时期的情况正是这样,社会制度的变革首先从荒地的开垦开始。农夫们利用先进的生产工具,很快就可以完成公田里的劳役,原有的私田也不够种了,他们开始开垦井田附近的荒山、森林。这些被开垦的荒地完全属于劳动者所有,故而极大地提高了他们的生产积极性,如《吕氏春秋·审分览》载:"公作则迟,分地则速。"随着个体生产、生存能力的提高,一部分氏族成员"出于野","入于邑",开始摆脱了"量地以制邑,度地以居民"(《礼记·王制》)的公社生活,成为脱离宗法氏族组织的自由民。

社会生产方式和生活方式的变革,必然要引起经济、政治管理方式的变革。首先在经济方面,一些开明的政治家针对"公田不治"的状况,取消了原有"公田""私田"的区分,实行"履田而税"的政策,即将原有的"贡""助"制度,变成了"税""赋"制度。齐国的"相地而衰征"(《国语·周语》)、晋国的"作爰田"(《左传·僖公十五年》)、鲁国的"初税亩"(《左传·宣公十五年》)等等。国家对私田征税,实质上是承认了私田的合法性,从而根本上动摇了宗法分封制度的基础——井田制。相应地,面对日益增多的脱离了宗族体制的自由

---

① 恩格斯:《家庭、私有制和国家起源》,《马克思恩格斯选集》第四卷,人民出版社1972年版,第159页。

民，原有的宗法政治制度开始瓦解，向地域政治管理制度过渡。三代政治管理是以宗法分封为基础的，每一个诸侯国就是一个宗族集团。国人对于卿大夫，卿大夫对于诸侯，诸侯对于天子，都既是血缘关系，又是政治关系。但是对于那些脱离了原有宗族周游列国的"士""氓"而言，宗法管理已经无效，只能进行属地管理。商鞅则是秦国改革的设计师，根据《史记·秦本纪》和《商鞅列传》，其变法的主要内容包括：(1) 实行父子分居制度，促进个体家庭的形成。这条政策的推行，使大家族迅速地瓦解。(2) "开阡陌封疆"，废除井田制度，实行彻底的土地私有制度。井田制是宗族政治的经济基础，井田制的废除使原来束缚在井田内的劳动者得到了解放。(3) 重农抑商，奖励耕战与军功，促使一些社会下层的"贤者"有机会上升到统治阶层中来，改变了原有的社会等级秩序。(4) 废除"世卿世禄"制度，限制宗室贵族的政治、经济特权，消除社会对人的身份等级限制，促使社会从宗法社会向公民社会转化。(5) 否定分封制度，建立以郡县制为基础的国家行政体制，加强君主专制制度，突出了皇权的地位。变法的结果，除皇室以外的族权与政权脱离，改变了西周封建制度下宗统与君统相一致的状况。商鞅变法从政治、法律上肯定了从春秋时期开始的社会变革，有力地推动了中国社会从分封建国制向中央集权的郡县制过渡。

所以，春秋战国时代，郡县制开始出现，逐步代替了原有的分封制。秦国经过商鞅变法，政治体制的改革最为彻底，《史记·商鞅列传》载："于是以鞅为大良造。……而集小都乡邑聚为县，置令、丞，凡三十一县。"郡县的官员不再实行世袭制，而是由皇帝直接任命，定期轮换，防止了地方的割据和分裂，中国政治制度发生了一次根本性的转变，从古代国家的宗法分封制变成了成熟国家的君主专制制度。

三 中国哲学思想的启蒙

1. 先秦时期宗教思想的动摇

公元前770年周平王东迁，标志着西周的结束，东周的开始。实行了将近300年的西周封建制度走到了尽头，诸侯们众叛亲离，王室成为名义上的"天下共主"，失去了对全国政治的主导能力。诸侯争霸，战乱不已，中国进入了分裂的春秋时代。从文化层面上看，春秋时代最大的变化就是曾经在夏商周三代作为社会唯一意识形态的古代宗教瓦解了。古代宗教的瓦解不仅表现在制度层面上的"礼崩乐坏"，组织层面上的巫觋社会地位下降和学术下移，更重要的则是对古代宗教观念的怀疑。

中国古代宗教信仰的核心是天神崇拜，但现实与宗教理论的矛盾使人们越来越感到天神可疑。古代宗教宣扬天地为民父母，"降福穰穰"，养育万民，可现在为什么"天降丧乱，饥馑荐臻"（《诗·云汉》）。天神本应耳聪目明，无所不知，大公无私，扬善惩恶，可现在为什么要"舍彼有罪，既伏其辜；若此无罪，沦胥以铺"（《诗·雨无正》），专门降罪无辜呢？天子本为天之嫡长子，统领万邦，可现在天下混乱，诸侯侵夺，"昊天不平，我王不宁"（《诗·节南山》），为什么天并不佑王呢？由怀疑天神进而怀疑祖神，"群公先正，则不我助，父母先祖，胡宁忍予"（《诗·云汉》），祖先之灵为什么要看着子孙受难而不拯救呢？由怀疑转而诅咒，"昊天不傭，降此鞠讻；昊天不惠，降此大戾"（《诗·节南山》），老天真是不公平啊，降大灾来害人民；老天真是不恩惠，对人民如此乖戾。"疾威上帝，其命多辟"（《诗·荡》），上帝虽然很威武，力量强大，但你的命令多是错误的。"浩浩昊天，不骏其德"（《诗·雨无正》），这就如同说老天爷你真缺德，从而根本否定了天神的道德属性。由诅咒又转而思考，"如何昊天，辟言不信？如彼行迈，则靡所臻"（《诗·雨无正》），为什么老天不听良言，专行暴虐呢？你这样行动迟缓又能有什么作为呢？"民今方殆，视天梦梦"（《诗·正月》），人民正在受难，老天昏昏如睡梦，天神的主宰能力何在？思考中生出了一种对天命神权的否定，并导致无神论思想的产生。

如果说《诗经》用一种艺术的语言，反映了民间百姓的情绪，那么《左传》《国语》等著作，则记录了一些开明的政治家和思想家对春秋时代政教混乱进行的理性思考。依照西周的政教传统，祭天、祭祖、祭神是为了获得民众的福祉。周景王二十一年，将铸大钱以增国库，并打出了维持宗庙祭祀的幌子。单穆公坚决反对，并说了一番道理："夫有和平之声，则有蕃殖之财。于是乎道之以中德，咏之以中音，德音不愆，以合神人，神是以宁，民是以听。若夫匮财用，罢民力，以逞淫心，听之不和，比之不度，无益于教，而离民怒神，非臣之所闻也。"（《国语·周语下》）按照单穆公的思想，宗庙礼乐是为了"以合神人"，如果以财政匮乏为由加重人民的负担，实呈一己之淫心，只能造成"民离神怒"的结果，使国家失去政治的合法性。到了春秋晚期，无神论的思想倾向更加明显，如齐国的宰相晏婴就是一个突出的人物。齐景公有疾，命令祝史为其向上帝祈祷，但是景公的病反而越来越重。齐景公听了大臣的逸言，准备杀掉主持祭祀的巫师。宰相晏婴说："'君以祝为有益乎？'公曰：'然。''若以为有益，则诅亦有损也。君疏辅而远拂，忠臣拥塞，谏言不出。臣闻之，近臣嘿，远臣喑，众口铄金。今自聊摄以东，姑尤以西者，此其人民众矣，百姓之咎怨诽谤，诅君于上帝者多矣。一国诅，两人祝，虽善祝者不能胜也。且夫祝直言情，则谤吾君也；隐匿过，则欺上帝也。上帝神，则不可欺；上帝不神，祝亦无益。愿君察之也。不然，刑无罪，夏商所以灭也。'"（《晏子春秋·内谏上》）从晏子的这段话看，他并不相信鬼神的存在。他对齐王说：您相信祝祷有益，但是诅咒也会有损。"一国诅，两人祝"，"虽善祝不能胜也"。况且，向上帝祈祷应当直言实情，如果隐瞒君主的过失，则是欺骗上帝。上帝如果神明，则不可欺；上帝如果没有神明，那么祈祷也没有用。晏子通过严谨的逻辑推导，实际否定了上帝的存在。

周惠王十五年，史官史嚚曰："虢其亡乎！吾闻之国将兴，听于民；将亡，听于神。神聪明正直而壹者也，依人而行。虢多凉德，其何土之能得。"（《左传·庄公三十二年》）他已经明确看到，国家的兴衰在于民而不在于神。随国的大夫季梁，则更进一步，直接指出"夫民，神之主也，是以圣王先成民而后致力于神"（《左传·桓公六年》）。季梁虽然还肯定神的存在，但是他已经认识到，民是神之主，换言之，是人造了神，而不是神造了人。上述这些春秋思想家等关于神人关系的思考，直接启迪了先秦诸子关于政教关系的思考。

2. 儒家的宗教思想与政治思想

"儒"本是从专为统治者主持宗教仪式的巫觋中转化出来的，这一职业使孔子比较熟悉周礼，了解古代宗教。孔子生活的时代诸侯混战，民不聊生。孔子对社会抱有强烈的忧患意识和高度的历史责任感，他希望国家安定，人民富庶。他的宗教观和政治思想一样，都服务于"治国平天下"这个最高理想。

在天人关系上，孔子承认主宰之神"天"的存在，可是孔子把宗教问题哲理化了，他说："天何言哉？四时行焉，百物生焉，天何言哉？"（《论语·阳货》）孔子把商周以来那个活灵活现的上帝变成了一条看不见、摸不着的自然规则——天命。同时孔子又对"天"的作用加以限制，其主宰作用仅限于生死寿夭、富贫贵贱和事业成败的范围内，而在修身、为政上面，自我努力则起决定性作用，即使在事业上，也要先尽人事而后听天命。

与高度理性化的天命观相联系，在形神关系上孔子怀疑鬼神的存在。"季路问事鬼神，子曰：'未能事人，焉能事鬼。'曰：'敢问死？'曰：'未知生，焉知死。'"（《论语·先进》）孔子对人死后的世界给予了不可知的回答，"子不语怪力乱神"（《论语·述而》）。

不论孔子对古代宗教观念、宗教信仰持什么态度，对各种祭祀活动他却积极参加、大力提倡，他主要从一种政治实用的角度来看待宗教。在政治上孔子主张恢复西周宗法制度，从维护宗法血缘制度的考虑出发，孔子从不公开否认鬼神的存在。因而尽管他对鬼神心存疑虑，但对祭祖的宗教仪式的重要性却是毫不怀疑的。"所重：民、食、丧、祭"（《论语·尧曰》），除了吃饭，丧祭便是最大的事情。他把宗教祭祀活动当成是宣扬孝道、团结宗族的极好机会。从巩固宗法等级的角度考虑，孔子认为不仅要搞宗教祭祀活动，而且必须严格遵守其中的礼仪规范。他认为社会如此混乱就是由于一部分人违反周礼，犯上作乱引起的。所以他把严格执行古代宗教中的一切礼节当作培养人民等级观念的重要事情。

孔子一方面怀疑鬼神的存在，另一方面又主张搞宗教祭祀活动，因而难免陷入"执无鬼而学祭礼"（《墨子·公孟》）的尴尬处境。为了摆脱这种两难局面，孔子建立了"务民之义，敬鬼神而远之"（《论语·雍也》）的宗教观。教人们以虔诚的心情去从事宗教活动，但不必刨根问底地思考鬼神是否存在的问题。"祭如在，祭神如神在。子曰：'吾不与祭，如不祭。'"（《论语·八佾》）孔子强调宗教活动参与者的主观感受和心理满足，并不去探究祭祀对象的真假有无。人信神有神便有，不信神有神便无，极大地突出了宗教活动中的主体作用，鬼神的主宰地位让位给了人。孔子"敬而远之"的态度从根本上规定了中国政教关系的发展方向。

首先，对鬼神"敬"的态度，使儒家大多数成员并未走上反对传统宗教的道路，而是促使传统宗教向礼仪化、世俗化的方向转化。春秋战国时期"礼崩乐坏"，疑天、怨天思潮遍及各地，骂天辱神者也大有人在，但传统宗教并没有彻底消亡，而是转型发展，这是和儒家子弟收集整理、坚持弘扬分不开的。不过经过孔门弟子整理的"三礼"，已经充满了儒家的人文主义精神，人道胜于天道。所以，后世许多人不再把它看成宗教，而把它视为纯粹的礼俗。

其次，对鬼神"远之"的立场，使儒学本身与传统宗教相区别。宗教立足于情感，而哲学诉诸理智。儒家虽然也讲天，但消除了人们对天的亲近感、依赖感，这些情感恰恰是宗教赖以存在的基础。孔子从政教关系的角度要求执政的"务民"者与鬼神保持一定距离，用一种冷静、理智的态度思考宗教的社会作用，以便合理地利用它们。这在一定意义上也是古代的一种政教分离原则。

再次，孔子对鬼神存而不论的存疑主义态度，使无神论也成为儒家的一种传统。大多数学者的无神论立场虽不坚定，但是能够抵制各种迷信、巫术活动，使国家意识形态在理性化的方向上发展，佛教、道教、伊斯兰教和基督教都无法取得"国教"的身份，从而确保了儒学的"独尊"地位。少数思想家的无神论立场比较彻底，激烈抨击各种有神论的观点，在社会上也未受到严重迫害，形成了中国人与世界上众多全民信教民族的重大心理差异。

最后，对鬼神、来世"存而不论"的方式，把人们的注意力引向了现实的社会和人生。无论何种宗教，其本质都是相信并向往彼岸世界的，而孔子强调"未知生，焉知死？"不以彼岸为终极关怀。他建立了以"仁"为核心的哲学体系，"约礼入仁"，把宗法礼教的依据，从对天神、祖神的迷信，转向了对人际亲情的反思。孔子对"仁"的论述很多，但是最核心的意义，就是他自称"一以贯之"的"忠恕之道"。朱熹在注释《中庸》时说："尽己之心为忠，推己及人为恕。""忠恕之道"表面上看就是将心比心，以己推人的心灵换位思考，但是其本质则是对自我与他人、与社会关系的一种反思。这种反思把人类的思维水平提升到了哲学层面，产生了"己所不欲，勿施于人"的道德伦理"黄金规则"。在"忠恕之道"的统领下，儒家教育人在为家、国、天下尽义务的过程中来超越生死，实现生命的价值。"立德、立功、立言"的三不朽精神构成了儒家的生命价值观，实现了终极价值的"内在超越"。

将社会治理的依据从天国搬到人间之后，孔子说："为政以德，譬如北辰，居其所而众星共之。"（《论语·为政》）执政者本人的道德品质，是政治合法性的主要依据，有德之人，自然如北斗居于天枢，众星围绕。孔子反对单纯地实行法治，他说："道之以政，齐之以刑，民免而无耻；道之以德，齐之以礼，有耻且格。"（《论语·为政》）如仅仅以政治的手段引导，以刑法约束，百姓即使不犯罪，可他们并没有道德羞耻之心。如果以道德引导百姓，用礼乐加以约束，那么人民不仅不会犯罪，而且具有道德的自觉。所以孔子的"德治"与"礼治"是互为表里、相得益彰的，并且"德治"首先是对执政者的道德约束。"季康子问政于孔子，孔子对曰：'政者，正也，子帅以正，孰敢不正？'"（《论语·颜渊》）在孔子看来，如果执政者都能够遵守道德和礼乐，那么百姓自然会遵守，社会上的混乱就会结束。

中国前轴心时代的夏商周三代，属于以宗法血缘网络组织社会的宗法宗族社会。① 春秋战国时代虽然聚族而居的宗法宗族组织瓦解了，个体家庭出现，但是多数家庭仍然生活在农村公社中，各个家庭之间保持着密切的联系，宗族组织虽不再充当国家政治组织的角色，但作为一种民间自治组织仍然广泛存在。维持这样的宗法社会的伦理原则就是"孝"。孔子开创的儒家学说高度重视孝道，同时将其引申到整个社会。孔子说："弟子入则孝，出则弟，谨而信，泛爱众而亲仁。行有余力，则以学文。"（《论语·学而》）"出则事公卿，入则事父兄。"（《论语·子罕》）他把以孝为核心的家族伦理与其他社会伦理结合了起来。把在家爱戴父兄之心用于社会就是"仁者爱人"，将在家尊长敬兄之情用于官场就是"克己复礼"，这就是所谓的"移孝作忠"。在孔子的思想体系内，"亲亲"与"尊尊"的原则是并行不悖的。

孔子的得意弟子曾参充分发挥孔子的这个思想，试图协调宗法家族伦理和中央集权社会的矛盾。他说："事父可以事君，事兄可以事师长；使子犹使臣也，使弟犹使承嗣也。"（《大戴礼记·曾子立事》）在封建社会，父就是家庭里的君主，君主则是一国的家长，其管理子弟和臣下的原则是一致的。"是故未有君而忠臣可知者，孝子之谓也；未有长而顺下可知者，弟弟之谓也。"（《大戴礼记·曾子立孝》）在家庭内部推行孝悌之道，就可以为国家培养忠臣顺民。将作为家庭伦理的孝道应用于国家政治领域，很容易就变成君主集权制度论证的工具。因此中国秦汉之后形成的中央集权的君主专制制度、儒家重视忠孝的观念，也自然演变成了"三纲"学说。

先秦儒学的"大一统"思想，也对中国后世政治的发展产生了关键性的影响。孔子认为春秋时期的动乱，就是由于周天子权威下降造成的。他说："天下有道，则礼乐征伐自天子出；天下无道，则礼乐征伐自诸侯出。"（《论语·季氏》）因此他心目中的和谐世界，是政治

---

① 参见拙作《宗教·政治·民族》，中国社会科学出版社2005年版，第9—12页。

上统一的世界。孔子在他整理鲁国历史的《春秋》一书中，寄托了他对于和谐社会的全部理想。孔子说："元年春，王正月"（《春秋·襄公元年》），《春秋公羊传疏》解释说："何言乎王正月？大一统也。"孔子希望强调周天子颁布月令的权力，强化王权对国家政治的主宰能力。到了战国时代，国家走向统一的社会呼声更高。梁襄王问孟子："天下恶乎一？"孟子回答："定于一"，梁襄王再问："孰能一之？"孟子回答："不嗜杀人者能一之。"（《孟子·梁惠王上》）战国后期的大儒荀子不仅提出"令行于诸侯之国谓之王"，"天下为一"（《荀子·正论》）的战略构想，而且提出了"法后王，一制度，隆礼义而杀诗书；其言行已有大法矣"（《荀子·儒效》）的具体主张，成为汉代"罢黜百家，独尊儒术"的先声。

儒家政治学本身的丰富内容本书不进行深入的分析，我们重点阐述其政教关系理论。从政治与宗教相互关系的角度看，梁启超先生指出："儒家此种政治，自然希望有圣君贤相在上，方能实行，故吾侪可以名之曰'人治主义'。"① 从今天民主政治的立场看，这种"人治主义"自然是落后的，因为传统的君主政体无法保证担任君、相之人一定是有德之人。但是如果与三代建立在神权政治基础上的"神治主义"相比，春秋时代的"人治主义"则是一个进步，使中国帝制时代的政治始终是在以人为本的理性主义轨道上运行，没有因为宗教信仰的差异而导致政治的冲突，更没有宗教的战争。如中国当代著名学者范文澜先生所说："孔子首创儒学。儒学最根本的政治思想是德治（王道）。能行德治的人才能受天命为天子。天与民同心，天命是民心的反映。"②

3. 墨子的宗教思想和政治思想

墨子和儒家孔子所处社会、文化环境完全相同，但"孔子墨子俱

---

① 梁启超：《先秦政治思想史》，商务印书馆1923年版，第130页。
② 范文澜：《儒家谈德治》，载《中国通史》第二册，人民出版社1978年版，第155页。

道尧舜，而取舍不同"（《韩非子·显学》），形成对立的学派，宗教观上的情况也是如此。孔子崇拜周公，因为周公制礼作乐明确人们的身份等级。恢复周礼符合孔子所代表的贵族统治集团的利益，但却不符合墨子所代表的小生产者的利益，因而墨子虽也尊尧、舜、禹、汤、文、武为圣人，却从不提周公。在宗教观上墨子打出了"背周道而用夏政"的旗帜，主张用原始宗教、鬼神巫术来代替周代等级森严的宗法宗教。墨子的宗教观以"明鬼"为旗帜，以"兼爱"为其实质。

墨子也是从治理国家、恢复社会秩序的角度来看待宗教的。他说："国家淫辟无礼，则语之尊天事鬼"（《墨子·鲁问》），用重振宗教的办法来治理国家。他认为当时的社会所以会混乱到如此程度，就因为人们不信鬼神所致。墨子认为宣扬有鬼论可以使人民相信鬼神是天的使者，具有赏善惩恶的无限威力，即使是"深溪博林，幽闭无人之所"，鬼神亦无所不在，监视人们的言行，使人不敢为非作歹。因此统治者只要大力宣扬"明鬼"的主张，用宗教教育人民，便可以"兴天下利，除天下害"，实现国家安定、人民团结的理想。

鬼神的意志和力量不过是它的创造者的意志和力量的颠倒、夸张的反映形式，墨家与儒家所代表的阶级利益是相互对立的，因而他们的宗教观所反映的实质内容也是根本对立的。墨子把许多小生产者的社会要求都说成了"天志"，希望统治者采纳、推行。墨子将他一切社会政治主张都抹上了宗教的色彩，用他自己的话讲："子墨子置天志以为法仪，若轮人之有规，匠人之有矩也"（《墨子·天志下》），直言不讳地承认宗教是他手中的工具。墨子的宗教观是传播"兼相爱""交相利"的工具，反映了广大下层人民的利益，与古代宗教所反映的等级宗法精神是南辕北辙的。所以，墨家虽然是古代宗教的积极鼓吹者，实质上也是在对古代宗教的瓦解起促进作用。

墨子政治学说的核心观念"兼爱"，是"天志"的最集中表现。既然当时的社会混乱是起自"不相爱"，那么解决的办法就是"兼以易别"，以兼爱代替分别。墨子说："然则奚以为治法而可？故曰莫若法天。天之行广而无私，其施厚而不德，其明久而不衰，故圣王法之。既以天为法，动作有为必度于天，天之所欲则为之，天所不欲则止。然而天何欲何恶者也？天必欲人之相爱相利，而不欲人之相恶相贼也。奚以知天之欲人之相爱相利，而不欲人之相恶相贼也？以其兼而爱之，兼而利之也。"（《墨子·法仪》）墨子认为要恢复天下的秩序，就必须"法天"，圣人的言行都是效法天的。那么天喜欢什么，反对什么呢？墨子认为天意喜欢人们相爱、相利，反对人们相恶、相贼。那么又怎么知道天是主张兼爱的呢？因为天对世间的万物兼而爱之，兼而利之，兼而食之，是公正无私的。所以墨子得出一个结论："顺天意者，兼相爱，交相利，必得赏。反天意者，别相恶，交相贼，必得罚。"（《墨子·天志上》）墨子反复地论证，尧舜禹汤文武等圣人，都是服从天意的，以兼爱之心行政于天下，故得天之赏，国家强盛，人民富足，社会安定。而夏桀、商纣等暴君，都是违反天意的，以相恶之心行政于天下，故遭到天罚，灾害频繁，人民困苦，战乱发生。

　　墨子提倡反映下层民众利益的"尚贤"说，他把尚贤也说成是天的意志。"故古圣王以审以尚贤使能为政，而取法于天。虽天亦不辩贫富、贵贱、远迩、亲疏、贤者举而尚之，不肖者抑而废之。"（《墨子·尚贤上》）墨子反对上层统治者对人民群众的残酷剥夺，反对诸侯之间的兼并战争，他把这也说成是天意。"天之意不欲大国之攻小国也，大家之乱小家也，强之暴寡，诈之谋愚，贵之傲贱，此天之所不欲也。"（《墨子·天志中》）"兼爱"说中极端平均主义，不利于巩固上层统治者的特殊利益，所以墨家在秦汉大一统王朝建立以后被"罢黜"也就在情理之中了。另外，墨家的组织形式，也不符合中国专制社会的要求。当代学者谭家健曾说："墨家学派并不是一个松散的学术派别，而是一个具有相当严密的组织纪律的政治团体。"[①] 墨家学派的活动方式俨然是一个具有宗教色彩的准军事集团。中国专制社会的一项重要原则，就是不允许在宗法家族和国家机器以外，还有其他社会组织存在，这叫"无偏无党，王道荡荡"。反对非法组织活动，

---

① 谭家健：《墨子研究》，贵州教育出版社1995年版，第16页。

是墨家中绝的更为根本的原因。

4. 道家的宗教思想和政治思想

先秦道家的代表人物是老子和庄子。他们的宗教观有一个共同倾向，即抬高自然的、形而上学的哲学本体"道"，压低社会化的、人格化的神"天"或"上帝"。中原的宗法性宗教主要旨趣都集中在人文问题上，只关心社会伦常，"六合之外，圣人存而不论"（《庄子·齐物》），缺少探索自然奥秘的兴趣。江汉流域的荆楚地区文化开发得较晚，是在中原文化扩张的影响下急速进入文明时代的。面对中原文明所带来的一系列消极结果，他们怀念昔日与自然同一的混沌生活。因而，他们对以周礼为代表的等级伦理持批判态度。在思想上偏重于探讨世界万物的起源、构成、人与自然的关系。他们对自然的事物歌颂备至，而对现实的人伦日用、政治生活采取轻蔑态度，宣传人类回归自然。所以他们把自然的规则"道"称为宇宙的主宰。"道"从"道路"之"道"引申而来，是一种"视而不见""听而不闻"的自然规则。老子把规则从具体事物中抽象出来，变成一个超绝时空的本原。老子说："有物混成，先天地生，寂兮廖兮，独立而不改，周行而不殆。可以为天下母，吾不知其名，字之曰道。"（《老子》第五章）道至高无上，自本自根，不仅宇宙万物，就是"天""帝"也是它的派生物。"道冲而用之或不盈，渊兮似万物之宗……吾不知谁之子，象帝之先。"（《老子》第四章）庄子也说："夫道有情有信，无为无形……神鬼神帝，生天生地。"（《庄子·大宗师》）由于道是天地神鬼的派生者，是道赋于它们神性，所以掌握了最高规则的道也就是认识了鬼神的本质，"能无卜筮而知吉凶"（《庄子·庚桑楚》）。进而道家反对社会上流行的各种宗教迷信活动。老子说："以道莅天下其鬼不神，非其鬼不神，其神不伤人。"（《老子》第六十章）庄子则用寓言故事的形式讽刺了社会上流行的占卜、算命等巫术活动。道家抬高自然、压低鬼神的思想给后世许多无神论者以启发。

道家试图用哲学理论否定古代宗教、超越古代宗教，但在他们的体系中还是借用了古代宗教中天、命、鬼、神等观念，他们宣扬清静无为，有强烈的避世倾向，其"静观""玄览""抱一"的修养方法颇接近宗教的内修方式，其"谷神不死""长生久视之道"等说法包含了神仙思想。由于有这些宗教的因素，汉代以后，老庄的道家被发展成了道教。道家与道教有着原则性区别，但又有千丝万缕的联系。

老庄代表的楚文化与孔孟代表的周文化有着完全不同的旨趣，这一点在政治思想上体现得极为明显，他们对以周礼为代表的等级伦理采取批判的态度。如老子所说："大道废，有仁义；智慧出，有大伪；六亲不和，有孝慈；国家昏乱，有忠臣。"（《老子》第十八章）"故失道而后德，失德而后仁，失仁而后义，失义而后礼。夫礼者，忠信之薄，而乱之首。"（《老子》第三十八章）在儒家看来，西周的礼乐文明就是人类社会生活的最佳状态，而道家则认为，世界的混乱就是由于礼乐而起。因为礼乐的背后，是人被分成了若干的等级。有了差异就难免有竞争，有竞争就会导致许多的苦难。

"道"虽然不可闻见，不可言说，但是人们从万物演化的过程中可以观察到，"道"的本质就是自然、无为，这也是"道法自然"的含义。道虽然是万物的本源、主宰，但是它对万物却是"生而不有，为而不恃，长而不宰"（《老子》第五十一章），道对天地万物实行的是"无为而治"。可"无为"并不是无所作为，而是一种高级的治理，"天之道不争而善胜，不言而善应，不召而自来，繟然而善谋"（《老子》第七十三章）。所以天道实际上是"无为而无不为"，表面看来什么也没有做，但是天地间一切事物又都是按照道的规则在行动、变化，无不在道的治理之中。将"道"的原则应用于人类社会，国家的管理者应当向"道"学习。老子说："道常无为而无不为。侯王若能守之，万物将自化。化而欲作，吾将镇之以无名之朴。镇之以无名之朴，夫亦将无欲。无欲以静，天下将自定。"（《老子》第三十七章）如果君王谨守自然无为之道，万物将自然服从治理，天下自然安定无事。

道家"自然无为"的政治思想虽然对儒家维护宗法等级制度的礼

乐教化体系持批判态度，但是在中国后来 2000 多年的君主集权社会里，道家的无为政治却成为儒家的有为政治的一种必不可少的补充。每当社会处于因人事问题造成的各种严重危机时，统治者就会采用无为的政治手段，缓和社会矛盾，恢复社会经济。可以说，儒道互补是中国古代政治学的主旋律。

5. 法家的宗教思想和政治思想

受欧洲人本主义思想的影响，雅斯贝斯在论证轴心时代的思想家时，故意漏掉了当时产生重大影响，并对秦汉王朝的建立具有关键作用的法家。在先秦诸子中，只有法家是旗帜鲜明地反对宗教的。他们不仅否定宗教信仰，而且反对一切宗教活动。法家之所以能够采取如此坚决的无神论立场，是由于他们在当时激烈的社会变革中是激进派，坚决主张打破宗法血缘制度，这一点是儒家无神论者不可比拟的。法家由管仲开其源，中经商鞅、慎到、申不害的发展，由韩非集其大成。法家主张以法治国，"以吏为师，以法为教"，"法后王"，把全体人民的思想都集中到君主个人意志上来。因而除了政令和法律以外，他们排斥一切意识形态，宗教也不例外。法家的宗教鬼神观包括以下内容：

第一，否定天神权威，把天看成自然界。管仲说："天不变其常，地不易其则，春夏秋冬不更其节，古今一也。"（《管子·形势》）显然在他眼中天只是按一定规则运行的自然界，并不神秘。商鞅说："天地设而民生"（《商君书·开塞》），天地是人类生存的自然环境。韩非则说："天有天命，人有人命"（《韩非子·扬权》），天有天的规律，人有人的规律，两者互不相干。"非天时，虽十尧不能冬生一穗"（《韩非子·功名》），不论什么圣贤也不能违背自然规则。韩非主张发挥人的主观能动性，认识自然规则——天道，并用以改造自然。他说："循天则用力寡而功立。"（《韩非子·用人》）总之，法家所理解的天与古代宗教之天是根本不同的。

第二，法家坚决否定鬼神迷信。韩非是一个无神论者，他幽默地说：画鬼容易画马难。因为他相信鬼并不存在，画成什么样子都无可对证。韩非还运用当时社会已有的医学和生理学知识，分析了鬼神思想产生的原因。墨子说世界上许多人说见过鬼的形象，听过鬼的声音。韩非指出："人处疾则贵医，有祸则畏鬼"（《韩非子·解老》），鬼神不过是人在重病时头脑里出现的一种幻象而已。韩非还探讨了鬼神观念产生的社会根源，"内无座疽瘅痔之害，而外无刑罚法诛之祸，其轻恬鬼神也甚。"（《韩非子·解老》）阶级的压迫、社会的动荡不安也是鬼神观念产生的温床。"上不与民相害，而人不与鬼相伤。"（《韩非子·解老》）消除了统治的腐败，神对人的压迫便也可以清除了。相反，如果统治者不能正确认识自然与社会运行的规律，内则骄奢淫逸，外则装神弄鬼，国家必然危亡。"用时日，事鬼神，信卜筮而好祭祀者，可亡也。"（《韩非子·亡征》）

第三，反对各种宗教巫术活动。战国末年，神仙方术之学盛行，许多方术之士以献长生不死药或教长生不死术来骗取君主钱财。韩非机智幽默地批驳了他们的谎言。据说有人要教燕王"不死之术"，燕王十分高兴，马上派使者去学。可是使者未到，术士自己却先死了，其骗术暴露无遗。韩非写道："不能自使其无死，安能使王长生哉？"（《韩非子·外储说左上》）韩非还反对占卜龟筮之术，自古以来人们便相信这是了解神意的好方法，韩非却不信这一套。他以燕赵两国的一次战争为例。战前，两国的巫师都算出大吉，结果却是赵胜燕负，这怎么能解释得通呢？所以韩非总结说："故曰：龟策鬼神，不足取胜。"（《韩非子·饰邪》）

第四，战国时期，一批具有法家思想倾向的政治家，以实际行动沉重打击宗教势力，这是理论家们"批判的武器"力所不及的，魏国的西门豹便是其中的杰出代表。西门豹为邺令期间，召集当地长老，"问民所疾苦。长老对曰：'苦为河伯娶妇，以故贫。'"（《史记·滑稽列传》）可见宗教迷信活动已经成为影响当地人民生活安定、富裕的重要障碍。河伯娶妇当天，西门豹亲自前来参观，他借口新娘长得不漂亮，要求另选。并派巫师弟子、巫师、当地长老及当地官员到河里去给河伯送信，让河伯不要着急。西门豹这一招吓坏了当地的长老、官员，他们连忙下跪求饶，并保证不敢再用"河伯娶妇"的办法聚敛钱财，伤害百姓了。西门豹惩治了迷信势力以后，又发动了人民修了12条大渠，防涝排灌，人民大得其益。战国末，随着法家思想影响的扩大，统治者对包括宗教在内的旧思想、旧风俗进行了一次大扫荡。法家思想在促使旧事物衰亡、新事物产生方面具有不可磨灭的贡献。不过法家对宗教等传统文化的批判过于简单，主要是借助行政力量强行禁止。但是宗法制度并没有消失，在社会生活的各个方面仍然发挥着重要作用，所以古代宗教也不会消亡，它改变形态以适应新的环境。

春秋战国政治思想的特点是从"神治"逐渐走向"人治"，但是"人治"亦有多种，"法治"即是其中之一。如慎到说："法非自天下，非从地出，发于人间，合乎人心而已。"（《慎子逸文》）慎到的这个观点，给法家的政教关系思想一个明确的定位。法家政治思想的核心"法"，不是天上掉下来的，不是地下长出来的，而是发自人间，彻底否定了神为人立法的可能性。正如美国汉学家 Derk Bodde 氏指出：在中国从没有任何人曾经暗示过，任何成文法，哪怕是最好的成文法由神创造的。[①] 其后的法家代表人物，基本都坚持了这一思想路线，以"法治"替代"神治"。

"以法治国"是法家政治学的基础，也是法家思想的精华所在。商鞅说："国之所以治者三：一曰法，二曰信，三曰权。法者，君臣之所共操也；信者，君臣之所共立也；权者，君之所独制也。"（《商君书·修权》）国家要想得到治理，根本在于法治，君臣共同遵守。而要君臣共同守法，又必须守信用。权力则必须由君主所独掌，法律必须由君主制定。商鞅主张尊君，主张君主独揽行政大权与最高立法权。"权势者，人主之所独守也。故人主失守则危"（《管子·七主七臣》），这些思想都被历代统治者所接受并发扬光大，造成了中国君主

---

① 转引自蒋重跃《韩非对传统观念文化的批判》，《辽宁大学学报》（哲学社会科学版）2000年第2期。

专制主义中"王权至上"的传统。

总之回顾轴心时代最著名的思想家的政教思想，可以说他们基本都是从人间的立场上，找到解决轴心时代个人与社会、国家与家庭关系的基本方法。虽然他们的思想在当时都有所偏失，但是在其后的秦汉帝国社会大一统的条件下，这些充满哲学智慧的思考汇聚融合，就成为中国2000年君主集权社会的意识形态。

四　儒家学者对古代宗教的传承与改造

儒家的开创者孔子以古代文化的集大成者自居，号称"祖述尧舜，宪章文武"，特别重视对周礼的继承。但是孔子又对古代宗教中的鬼神观念持一种存疑的态度，"子不语怪力乱神""未知生，焉知死"，所以也招致其他学派对儒学"执无鬼而学祭礼"的批评。如何化解这个矛盾呢？孔子以后的儒家学者们，沿着孔子对古代文化理解性继承的立场，完全从理性主义、人文主义的角度，解释古代宗教遗留的所有观念、仪式和活动，使之向"人文的宗教""伦理的宗教"发展。

按照中国当代宗教学家吕大吉先生的见解："宗教是关于超人间、超自然力量的一种社会意识，以及因此而对之表示信仰和崇拜的行为，是综合这种意识和行为并使之规范化、体制化的社会文化体系。"① 宗教的基本要素包括内在要素和外在要素两个方面。其中，内在要素又可分为：（1）宗教的观念和思想；（2）宗教的情感和体验。宗教的外在要素可以分为：（1）宗教的行为或活动；（2）宗教的组织和制度。本节就是按照宗教的内外要素的关系，分析战国时期的儒家学者是如何将古代宗教人文化的。

第一，是对宗教观念的人文化解释，当时最主要的宗教观念包括两个方面，一是天神，二是鬼神。就第一个方面而言，儒家学者对天神进行了自然主义解释。自殷周以来，天神或曰上帝就是君临天下的最高神灵，但是天神毕竟是从自然之天发展来的，保持着某些自然属

---

① 吕大吉：《宗教学通论新编》，中国社会科学出版社1998年版，第79页。

性。战国时期的儒家学者，努力张扬天的自然性，尽量减少其人格性的色彩。《周易·序卦》说："有天地，然后万物生焉。盈天地之间者唯万物。"《礼记·哀公问》说："孔子曰：天地不合，万物不生。"天地并不神秘，就是我们日常生活中所见到的自然界。天地相交而万物生，这是一个自然的过程，《周易·序卦》又说："有天地，然后有万物。有万物，然后有男女。有男女，然后有夫妇。有夫妇，然后有父子。有父子，然后有君臣。有君臣，然后有上下。有上下，然后礼义有所错。"儒家之所以把天地作为礼乐之本，并非由于天地是什么神秘的主宰，而仅仅是因为天地是万物的起源，蕴含着社会运行的规则。《礼记·哀公问》又载："公曰：'敢问君子何贵乎天道也？'孔子对曰：'贵其不已。如日月东西相从而不已也，是天道也；不闭其久，是天道也；无为而物成，是天道也；已成而明，是天道也。'"儒家继承古代宗教，把天作为最高的范畴，就因为天代表着一种万物及人类不得"不已"的规则，这就是天道，如日月自东向西不停地旋转，如无为而万物自成。《礼记·郊特牲》说："天垂象，圣人则之。郊所以明天道也。……万物本乎天，人本乎祖，此所以配上帝也。郊之祭也，大报本反始也。"儒家所以崇尚天，主张君主必须祭祀天，也是在表示人类应当遵从天道，按照自然及人类社会的规则执政。这就像在家庭内部要尊重父亲，按照父亲的旨意办事一样。我们知道，天神是中国古代宗教中的主神，战国时期的儒者上述的解释，可以说已经在不否定西周礼乐仪式的前提下，最大限度地将天神"解咒""祛魅"了，为古代宗教的人文化、理性化创造了条件。

就第二个方面而言，儒家学者对鬼神的观念也进行了人文化理解。西方宗教学家泰勒认为：灵魂观念的出现是宗教的真正起源。[①] 故对于一种宗教来说，神灵观念是其超验成分的核心部分，失去了鬼神观念，宗教也就失去了存在的基础。儒家从其创始人孔子开始，就对鬼神观念持一种存疑的态度，但是又主张严格按照周礼的规

---

① ［英］爱德华·泰勒：《原始文化》，连树声译，上海译文出版社1992年版，第416页。

范举办各种祭祀活动难免使人怀疑其学说的诚实性。孔子时代学说初创，可以只对少数学生语焉不详，但是日后社会影响逐渐扩大，为了使执政者采纳其学说，儒家的后学必须对鬼神的存在与否及其性质给予明确的回答。《易传·系辞上》说："精气为物，游魂为变，是故知鬼神之情状。"对此高亨先生解释说："精气犹灵气也。灵气不附于实物，而自成为灵物，是为神。游魂离去人身，而成为人之变化，是为鬼。'圣人'明乎此，故知鬼神之情状。"① 在这里，《易传》的作者虽然还把灵魂看成人的身体以外的独立存在，承认灵魂可以脱离身体而存在，但是他们强调游魂也是一种物质性的气体，只不过比其他气体更为精细而已。这样的思想，在当时的社会文化环境中，已经是把人的理性能力发挥到了极高的程度，尽力用现实世界的存在去解释超验的神秘世界，在相当程度上除去了鬼神神秘的外衣。《礼记》的作者，不仅坚持鬼神是气之变化，而且对宗教祭祀的社会政治意义也做了尽可能的理性化解释。《礼记·祭义》载："宰我曰：'吾闻鬼神之名，而不知其所谓。'子曰：'气也者，神之盛也；魄也者，鬼之盛也；合鬼与神，教之至也。众生必死，死必归土：此之谓鬼。骨肉毙于下，阴为野土；其气发扬于上，为昭明，焄蒿凄怆，此百物之精也，神之著也。因物之精，制为之极，明命鬼神，以为黔首则。百众以畏，万民以服。'"在《论语》中是子路问鬼神之事，这里换成了宰我。在《论语》中孔子仅仅使用"未知""焉知"的反问句回避了正面的回答，而在《礼记》中，作者利用当时的社会文化知识，进行了完全理性化的说明，由此也可以看到儒家思想的进化。当时的中医学已经有了一定程度的发展，根据医生对人的生命现象的观察，生命的存在是与呼吸的存在相联系的，所以口中的"气"也就是人的"神"。中医还将人的视听思虑能力称为"魄"。故陈澔注《礼记·祭义》说："如口鼻呼吸是气，那灵处便是魂；视听是体，那聪明处便是魄。"众生皆有死，人死后灵魂随气升上天空，而胆魄则随肉体回归地下。鬼的称谓即是说其归也。圣人将鬼神的观念相结合，成为教化的根本。

---

① 高亨：《周易大传今注》，齐鲁书社1979年版，第512页。

"焄蒿、凄怆"是人死后精气与万物相感的形状，也就被人视为神秘。圣人根据这些神秘的现象制定教义，成为百姓的规则。百姓畏惧鬼神，故服从教化。可以说《礼记》作者的思想是对荀子"君子以为文，百姓以为神"的继承和发挥。不过荀子的思想基础是无神论，故其所主张的礼乐总是让人感到不真实。而在《礼记》的体系中，则在不违反儒家理性主义的原则下，肯定了鬼神的存在，但又把鬼神视为一种物质性的"气"。这样，既破除了传统宗教中鬼神观念的神秘性、超验性，又保留了传统宗教仪式的神圣性、庄严性。儒家这种建立在理性主义基础上的鬼神观念，也就是中国所特有的"人文宗教""道德宗教"的秘密所在。秦汉以后中国历代的国家宗教，其祭祀仪式具有十足的宗教特色，其政治作用与基督教、伊斯兰教无异，但是其所造成的宗教体验却与世界上其他民族迥异其趣。由这种非人格性的气化鬼神观，人们得以超越生死的畏惧，建立精神的寄托，并由此形成整个文化体系的终极依据。这也是近代以来大多数知识分子承认儒家发挥了宗教作用，但是难以接受儒家是一种宗教的原因所在。

第二，对宗教情感的人文化解释。中国古代宗教，最主要的仪式就是祭祀，故必须对祭祀的性质进行合理的说明。春秋以前，祭祀的性质非常明确，就是为祖先的神灵奉献食物、衣服及各种日常用品，以便换得祖先神灵的保佑。但是在春秋战国时期高度发达的人文主义思潮中，儒家学者已经把鬼神解释成了精气，那么奉献各种祭品的意义何在呢？《礼记》的作者完全从祭祀者主观心理方面，解释了祭祀礼仪的性质。《礼记·祭统》说："凡治人之道，莫急于礼。礼有五经，莫重于祭。夫祭者，非物自外至者也，自中出生于心也；心怵而奉之以礼。是故，唯贤者能尽祭之义。"治理国家根本的政治措施在于复礼，而礼的根本又在于宗教性的祭礼。但是祭礼并非祭祀外在的神灵，而是出于祭祀者本人的心理需要。"心怵"指祭祀者对于祖先怀念思虑之情，这种情怀只有在祭祀仪式上才能得到释放和满足，故曰唯有贤者才能完全把握祭祀的意义。在这种主观心理性质的祭祀仪式上，祭品是否丰盛，鬼神是否来享是次要的，祭祀参加者的心情和态度则变成了主要的。《祭统》又说："身致其诚信，诚信之谓尽，尽之谓敬，敬尽然后可以事神明，此祭之道也。"通过祭祀活动，主要是为了培养人们的诚信、恭敬的品质，有了对神的敬意才能够侍奉神明，这是祭祀之道的实质。除了祭祀自己直接的祖先，本宗族的英雄也是祭祀的重要对象，《礼记·祭法》："夫圣王之制祭祀也：法施于民则祀之，以死勤事则祀之，以劳定国则祀之，能御大菑则祀之，能捍大患则祀之……非此族也，不在祀典。"这实际上是对古代宗教中圣贤崇拜的理性化解释，那些被世代祭祀的圣贤，如伏羲、神农、燧人、有巢、社稷、烈山、尧、舜、禹、汤、文、武、周公等，都是因为他们有功于族人，所以世代香火不绝。后代祭祀他们，并非因为他们是何方的神圣，而是由于他们是本民族的英雄。

第三，是对宗教活动的人文化解释。中国古代宗教的主要活动形式，一为祭祀，二为占卜，是中国人通神的主要方式。对于龟卜和筮占，古代统治者信之极笃，殷墟出土的大量甲骨卜辞就是明证。但是随着春秋时期古代宗教的瓦解和王权的下移，人们对占卜的性质也进行了理性的思考。《礼记·曲礼上》："龟为卜，策为筮，卜筮者，先圣王之所以使民信时日、敬鬼神、畏法令也；所以使民决嫌疑、定犹与也。故曰：'疑而筮之，则弗非也；日而行事，则必践之。'"以烧龟甲的方式贞问上帝曰"卜"，以筮草占卜吉凶谓"筮"。占卜仪式未必真有神灵在其背后指点迷津，圣人不过是为了使民众相信统治者确定的正朔，敬畏鬼神，服从法令。陈澔注释这段话时说："敬鬼神者，人谋不足，而犹求于鬼神，知有所尊，而不敢必也。"当人们所掌握的信息不足以判断行动的方向时，求助于鬼神可以消除心中的疑虑，不敢肆意妄为。所以说在有犹豫时进行占卜，可以使行动无非。对于占卜的结果，必须坚定地付诸实践。《礼记》的作者能从人们的心理需求解释占卜活动的必要性，可以说是春秋以来理性精神的成果。《易传》的作者更进了一步，把《易经》的形成看成是圣人观察天地间客观事物的结果。《周易·系辞下》："古者包牺氏之王天下也。仰则观象于天，俯则观法于地，观鸟兽之文，与地之宜。近取诸身，远取诸物。于是始作八卦。以通神明之德，以类万物之情。"八卦从何而来？是圣人观察天地自然万物及自身，发现了其中的规律。这里所说的"神明之德"，可以说就是"万物之情"，并无神秘之处。《易传》的作者又说："易与天地准，故能弥纶天地之道。仰以观于天文，俯以察于地理，是故知幽明之故。原始反终，故知死生之说。"（《周易·系辞上》）正是由于《易经》是圣人观察天地万物变化的结果，所以能够"弥纶天地之道""知幽明之故""知死生之说"。那么《易经》能够占卜吉凶，预决生死也就不神秘了，不过是圣人观察、思考的结果。进而，《易传》的作者将"神"的概念也进行了理性化的解释，"极数知来之谓占，通变之谓事，阴阳不测之谓神。夫易广矣大矣"（《周易·系辞上》）。筮占之所以能够根据象、数的变化预决吉凶，就因为其把握了阴阳不测的规律。所谓的"神"，其实也就是万物阴阳变化背后的、不可见的、人们不能掌握的规则。故"子曰：知变化之道者，其知神之所为乎"（《周易·系辞上》）。掌握了变化之道，也就是"知神"了。如此解释，一切神秘的活动都将不再神秘，变成了人类理性可以掌控的事物。

第四，是对宗教组织的人文化解释。夏商周三代盛行的古代宗教，不仅有复杂的宗教观念和仪式，而且还有庞大的宗教职业队伍，即古代典籍中记载的卜、祝、宗、史。《礼记》作者说："故政者君之所以藏身也。是故夫政必本于天，殽以降命。命降于社之谓殽地，降于祖庙之谓仁义，降于山川之谓兴作，降于五祀之谓制度。此圣人所以藏身之固也。故圣人参于天地，并于鬼神，以治政也。"（《礼记·礼运》）政治是国君的藏身之本，而政治必须依赖于天神的授命。君主是否得到了天命，又具体表现在是否可以祭祀社稷、祖庙、山川、五祀等宗教活动中。所以说"参于天地，并于鬼神"就是圣人的政治。这里，《礼记》非常明确地说明了宗教祭祀仪式对于政治权力合理性的论证作用。不过，由于上面论述已经说明，在《礼记》的语境中，天地、鬼神都是经过了人文思潮的洗礼，所以"政必本于天"并非对于宗教组织、人员的依赖，而是帝王对宗教观念、活动的利用。《礼记·郊特牲》说：

"礼之所尊，尊其义也。失其义，陈其数，祝史之事也。故其数可陈也，其义难知也。知其义而敬守之，天子之所以治天下也。"帝王尊重礼仪，是重视礼仪所反映的"义"，而非礼仪之"数"。那些仪式性的内容，是由"祝""史"们去操作的，不过是政治的文饰而已。这些礼仪之"数"是很难搞清楚的，也没有必要搞清楚。君主们只要谨守礼义即可，这才是治国的根本。余英时先生指出："中国人对此超越源头只做肯定而不去穷究到底，这便是庄子所谓'六合之外，圣人存而不论'的态度。"[①] 正因为中国儒家对天命神权只肯定不深究的态度，使得儒教的宗教性没有进一步深化发展的余地。

可以说通过《礼记》《易传》作者的充分解构，中国古代国家宗教被世俗化了，已经变成了高度理性化的"道德宗教"，笔者与牟钟鉴老师合著的《中国宗教通史》将其称之为"宗法性传统宗教"。其神灵体系淡化而且模糊，其礼仪活动完备而且神圣，不过其中已经缺少神学内涵，逐渐变成了君主政治的象征符号。其占卜活动照常进行，但已经变成了政治决策时的心理安慰和神学工具。有这样一套神学体系作为政治权力的合法性依据，中国帝制时代的君主们既可以获得充分的神圣性，又不必对宗教组织或职业宗教人员有所依赖，使政权高高地凌驾于教权之上。

---

① 余英时：《从价值系统看中国文化的现代意义》，载《内在超越之路》，中国广播电视出版社1992年版，第10页。

第四章 秦汉时期政教关系初具雏形

一 秦汉之际的思想转型

秦王朝从商鞅变法开始，就一直用法家思想治国。公元前221年，秦始皇"奋六世之余烈，振长策而御宇内"（贾谊：《新书·过秦论》），完成了统一中国的大业。从一定意义上说，秦始皇统一中国，是秦孝公采用商鞅变法政策的胜利，也是商鞅变法精神在全国的普及。从客观效果的角度看，秦国的以法治国适应了战国时代诸侯争霸的时代要求，形成了强大的国力，完成了统一全国的伟业。

法家治国的基本思路是，利用人逐利的本性进行胁迫和诱导，通过"奖励耕战"的具体措施达到"富国强兵"的目的。《韩非子·八经》说："凡治天下，必因人情。人情者，有好恶，故赏罚可用；赏罚可用则禁令可立而治道具矣。"人有趋利避害之情，故人主可以利用赏、罚"二柄"以立威势。只要"势行教严"，臣民虽反感但不敢违背，不满而不敢非议，所以严厉管教是教民向善的最好办法。秦王朝建立之后，有儒学博士建议秦始皇恢复西周的封建制，其初衷是为了缓和社会上的尖锐矛盾，有利于王朝的长治久安。但是宰相李斯认为儒家所主张的封建制不利于国家的统一，坚持秦朝立国的郡县制原则上符合历史发展的规律，是正确的主张。但是他进而主张："'臣请诸有文学《诗》《书》百家语者，蠲除去之。令到满三十日弗去，黥为城旦。所不去者，医药卜筮种树之书。若有欲学者，以吏为师。'始皇可其议，收去《诗》《书》百家之语以愚百姓，使天下无以古非今。明法度，定律令，皆以始皇起。"(《史记·李斯列传》)"以法为教""以吏为师"的教化方法，表面看来实现了全国思想上的统一，人民在严刑峻法面前噤若寒蝉，缄口不言。但是须知，法律制裁与道德教化在社会上发挥的作用是不一样的，法律对于罪犯只能"禁之于后"，但是却不能"预之于前"。以法律代替教化，实际上是不要教化。没有精神内核的"以法为教"使秦王朝丧失了政治的合法性依据，这是其致命的缺失。①

汉高祖刘邦从反抗秦王朝暴政的农民起义中起家，又经过几年的楚汉战争，终于建立了汉王朝。汉王朝继承了秦王朝的基本政治制度——中央集权的郡县制，另一方面也在治国方法上采取了一些调整。汉初自惠帝至武帝之间约70年时间，黄老思想一直是占主导地位的统治思想。据《史记·曹相国世家》记载，惠帝时宰相曹参曾请教道家学者盖公如何治国："盖公为言：治道贵清静而民自定，推此类具言之。参于是避正堂，舍盖公焉。其治要用黄老术，故相齐九年，齐国安集，大称贤相。"关于黄老之术的性质，其实质是一种道家与法家相结合的"黄老刑名之术"。在中国政治思想史上，道家的"无为而治"和法家的"严刑峻法"貌似统治手段的两个极端，但是从思想发展的过程看，其内部又有本质的关联性。战国时期的法家学者，基本都是用道家的"天道自然"思想来否定西周以来的礼乐文化，为自己的变法主张进行论证，韩非的《解老》和《喻老》就是典型。

当代学者金春峰曾经指出："黄老思想，正如帛书所表明，本身就是一种法家思想。它对政治、人生、社会、社会秩序，不诉诸于道德说教和宗法情谊；不乞求理性的自觉，而完全求助于暴力和物质手段的奖罚，认为唯有法律、吏治、强力，才是巩固统治，建立社会秩

---

① 参见拙作《中国古代政教关系史》，中国社会科学出版社2012年版，第345—349页。

序的可靠手段。"① 从某种意义上可以说，汉初的政治家吸取了秦王暴政亡国的教训，减轻了对民众的压迫，但是他们仍然没有认识到通过教化，进行政治合法性建设对于巩固政权的重要性。

汉王朝建立，自高祖皇帝始，时时以秦朝前车之鉴为训，不断调整自己的治国政策。从秦至汉，最根本的转折就表现为以法立国经过黄老无为而治，最终实现了以儒立国。汉初几位著名儒生起到了重要的推动作用，"教化"就是其中讨论的重点问题。汉初儒生陆贾认为："秦非不欲治也，然失之者，乃举措太众、刑罚太极故也。"(《新语·无为》) 贾谊也认为，秦朝的覆亡在于："繁刑严诛，吏治刻深，赏罚不当，赋敛无度。"(《新书·过秦中》) 秦王朝法网不可谓不严，官吏不可谓不强，但是短短十几年就亡国了，关键的原因在于他们不知道，"治以道德为上，行以仁义为本"(《新语·本行》)。那么王国如何行德政呢？其根本方法就是推行教化。陆贾认为："故曾、闵之孝，夷、齐之廉，此宁畏法教而为之者哉？故尧、舜之民，可比屋而封，桀、纣之民，可比屋而诛，何者？化使其然也。"(《新语·无为》) 再严苛的"法教"也不能使人产生孝悌之心、廉洁之行，因为道德是靠教化培养出来的，不是靠法律惩罚出来的。所以教化是推行仁政必不可少的措施，甚至是根本性的措施。

二　独尊儒术与儒教的形成

董仲舒是汉初著名的儒家学者，他主张变法、更化，用积极有为的儒家思想替代消极无为的黄老之术。在这样一场国家意识形态转换的过程中，董仲舒特别重视教化问题，将教化当成推行仁政的根本手段。董仲舒提出："教，政之本也，狱，政之末也，其事异域，其用一也，不可不以相顺，故君子重之也。"(《春秋繁露》卷三) 这段话，可以看成董仲舒教化论的总纲，他一下就把"教"对于"政"的关

---

① 金春峰：《汉代思想史》，中国社会科学出版社1987年版，第53页。

系提到了"本"的高度。礼乐教化是执政的根本,刑狱惩罚则是政治的末节,政治合法性的建设要高于暴力的镇压。可以说董仲舒的这个观点,是孔子"为政以德"思想的继承与发扬。

董仲舒在回答汉武帝策问的第一策中,便明确地阐述了教化的意义及推行教化的具体方法。他说:"古之王者明于此,是故南面而治天下,莫不以教化为大务。立大学以教于国,设庠序以化于邑,渐民以仁,摩民以谊,节民以礼,故其刑罚甚轻而禁不犯者,教化行而习俗美也。圣王之继乱世也,埽除其迹而悉去之,复修教化而崇起之。教化已明,习俗已成,子孙循之,行五六百岁尚未败也。"(《汉书·董仲舒传》)董仲舒为汉武帝进行分析,他身居天子之高位,控制着行政的资源,且有爱民、好士之心,但是为什么社会上没有出现祥和的氛围呢?关键就在于教化未行。在董仲舒看来,以儒家思想教化民众,就如同建立了一道扬善防恶的堤坝,自然就会引导社会和谐发展。与秦王朝的"严刑峻法"相比,"明教化"才是江山永固的百年大计。"兴教化"的具体措施就是"立大学以教于国,设庠序以化于邑",形成遍布全国的儒学教育网络。通过潜移默化的感染,使之变成民众的习俗。

"兴教化"光有学校教育是不够的,还必须恢复文、武、周公建立的,但在春秋战国以后破败不堪的礼乐祭祀体系。董仲舒又说:"明主贤君,必于其信,是故肃慎三本,郊祀致敬,共事祖祢,举显孝悌,表异孝行,所以奉天本也;秉耒躬耕,采桑亲蚕,垦草殖谷,开辟以足衣食,所以奉地本也;立辟雍庠序,修孝悌敬让,明以教化,感以礼乐,所以奉人本也;三者皆奉,则民如子弟……"(《春秋繁露·立元神》)明君建国,必须严肃地对待三种"为政之本"。其一是郊祀、宗庙的祭祀礼仪,这是奉天之本;其二是躬耕籍田,鼓励农桑,这是奉地之本;其三是设立学校,教化孝悌之义,这是奉人之本,此三本建立,就会国泰民安,国君可以高枕无忧矣。教化为什么必须是"本于三"而不是"本于一"呢?由于当时社会生产力还不很发达,可以到学校读书的人很少,所以学校教化只能对少数士大夫阶层发挥作用。而对于占人口数量绝对多数的农民来讲，那些形象、生动的礼乐仪式，可以发挥圣贤书本不能发挥的作用。关于传统礼乐在教化中的作用，董仲舒认为："故君子未尝不食新，新天赐至，必先荐之，乃敢食之，尊天敬宗庙之心也，尊天，美义也，敬宗庙，大礼也，圣人之所谨也，不多而欲洁清，不贪数而欲恭敬。君子之祭也，躬亲之，致其中心之诚，尽敬洁之道，以接至尊，故鬼享之，享之如此，乃可谓之能祭。"（《春秋繁露·祭义》）祭祀是通过洁净、虔诚的祭祀礼仪，来表达君子的"心中至诚"。这种"至诚"的情感，才是治国安邦的根本。可以说，董仲舒的祭祀理论，并没有超出传统儒家"神道设教"的范围。

  与先秦时期的原始儒学相比，汉代的儒学已经不再是所谓的"纯儒"，而是融合了阴阳、道、法、名、墨诸家的"杂儒"。从历史主义的观点看，恰恰是汉儒的和而不同、兼收并蓄，才使得儒家能够真正成为国家意识形态、民族的共同伦理、时代精神的精华。阴阳五行思想是中国古老的辩证法学说，在《周易》《尚书》等经典中有很多论述。到了战国末期，齐国学者邹衍将阴阳五行的原理与王国政治结合起来，提出了"五德终始说"开始受到列国诸侯的重视，阴阳家开始成为诸子中重要的一家，对秦汉时期的思想都产生了重大的影响。在董仲舒看来，阴阳的关系不仅是相辅相成的，而且存在着主导与服从的关系。阴阳之道的内在秩序规则为阳制约阴，阴配合阳："凡物必有合。……阴者阳之合，妻者夫之合，子者父之合，臣者君之合。物莫无合，而合各有阴阳。阳兼于阴，阴兼于阳；夫兼于妻，妻兼于夫；父兼于子，子兼于父；君兼于臣，臣兼于君。君臣、父子、夫妇之义，皆取诸阴阳之道。"（《春秋繁露·基义》）由阴阳的主从关系，董仲舒认为君臣、父子、夫妇三者的主从关系，是中国帝制社会三条最重要的政治原则。董仲舒把这三种人伦关系称之为"纲"，视为"天"的规定："仁义制度之术，尽取于天。""王道之三纲，可求于天。"（《春秋繁露·基义》）最终将"三纲"的概念正式固定下来的官方文件，是东汉章帝时代统一六经异同的《白虎通义》。《白虎通义·

三纲六纪》:"三纲者,何谓也?谓君臣、父子、夫妇也。……故君为臣纲,父为子纲、夫为妻纲。"在某种意义上说,东汉的白虎观会议与罗马帝国的尼西亚会议相近似,以国家权力的形式统一了学术的争论,将儒教的"三纲"和基督教的"三位一体"在意识形态层面上确定了下来。

为了"兴教化",董仲舒提出了一项最具根本性的措施,即"教统于一"。他在回答汉武帝"天人三策"的奏章结尾处指出:"《春秋》大一统者,天地之常经,古今之通谊也。今师异道,人异论,百家殊方,指意不同,是以上亡以持一统;法制数变,下不知所守。臣愚以为诸不在六艺之科孔子之术者,皆绝其道,勿使并进。邪辟之说灭息,然后统纪可一而法度可明,民知所从矣。"(《汉书·董仲舒传》)要想使儒家学说在汉代变成国家的教化之道,就必须使其他各家学说"皆绝其道,勿使并进"。儒学是否获得"一统"地位,是区分儒学作为社会意识还是作为政治意识形态的根本标志。一个社会可能存在着多种社会意识,但是作为直接为社会经济基础服务的政治意识形态,只能有一种。在君主专制社会里,这一特点更是突出。只有维持了意识形态的垄断权力,才能"上有所持""下知所守",保证政治权力的稳定。董仲舒的这一建议,对于汉武帝最终决策"罢黜百家,独尊儒术"具有极为重要的影响。

由于汉武帝采纳了董仲舒的建议,"罢黜百家,独尊儒术",不仅标志着中国思想史上百家争鸣时代的结束,而且也标志着儒学从春秋时代百家中的一家,变成了汉代以后"独尊"于一的儒教。儒学在春秋时期,诞生于孔子的教育实践中,所以儒学从来都是与教育联系在一起的。但是由于孔孟等儒学大师都是坚持私人办学的身份,所以尽管儒学在当时是社会上的显学,但也只是众多学派之一。儒家大师的教学活动,只是教育而不是教化。"教化"一词,由"教"与"化"两个概念构成。"教"即教授知识,"化"则是习俗的熏陶、感化。教育可以民办,春秋战国时期诸子百家都收徒传道,各成一家之说。但是要想成为社会习俗,则非要政治权力的推行不可。如陆贾说:

"故上之化下，犹风之靡草也。……故孔子曰：'移风易俗。'"（《新语·无为》）教育变成了教化，就具有了一种"上之化下""风之靡草"的含义，具有一定的强制性。对于老师教给的知识，学生可以吸收，也可以拒绝。但是对于国家的教化，百姓只有服从。少数抗拒教化的人，在社会上会被视为异类，遭到舆论的压力和讨伐。如同"木秀于林，风必摧之"，所以教化才能发挥"风之靡草"的作用。以笔者的观点看，儒学与儒教的差异，就在于这种传播方法的不同。思想通过教育的方法延续，而教化则通过灌输的方法进行。教化不仅仅是知识的传播问题，更重要的是统一民众思想、树立社会目标、确立是非标准的社会导向。所以说教化具有极大的强制性、唯一性，只有在政治意识形态上"罢黜百家"之后，才会有"儒教"出现。

近代以来由于中国落后挨打的被动局面，国人在总结历史经验时总是指责董仲舒的儒法混合与汉武帝的"独尊儒术"，认为因此造成了中国思想的禁锢和僵化。但是这样的看法显然是一种割裂历史的浅薄之见，即使西方具有历史主义的客观眼光的学者也不会做出这样的简单结论。例如："根据《中国科学技术史》的作者李约瑟（英国人）的考证，现代世界赖以建立的300项基础性发明或发现中有175项来自中国，更为重要的是这些发明和发现几乎没有一项在西方被独立发明或发现过。把李约瑟所说的中国人领先世界的175项基础性发明或发现按时间顺序进行排列，就会发现这些发明发现有一半左右出现在汉朝，然后随着时间推移而逐渐变少，直到明朝（1584）朱元璋的九世孙朱载堉完成了最后一项重大发现——音乐十二平均律后，中国持续两千多年的发明潮终于停止了。"[1] 也就是说越是在文明社会的早期，中国那种中央集权的大一统帝国，越是适应地域广大的农业社会，无论对于政治的稳定、经济的繁荣还是科技的发达来说都是如此。那些"小国寡民"式的城邦民主制度，无法在广大地理范围内凝聚广大的人民，产生重大的生产力突破。

---

[1] 周建标：《中西文明分水岭的文化学解释》，《重庆交通大学学报》（社会科学版）2012年第3期。

三 汉代帝王对儒教内部的不同意见进行裁决

儒教被定于一尊之后,并非儒生成为治理国家的"哲学王",历代统治阶级都会使用自己手中的现实权力,对儒教中的不同理解进行管理、规范和调整,就如同日后管理其他宗教一样。在独尊儒术以后,汉代政府基本都是按照儒家的政治理想进行教育、选拔人才的,所以儒生逐渐在政府中占有越来越大的比重,对于社会政治问题有了很大的发言权。但是这并不意味着,统治者对儒生的建议言听计从,那实际上等于被剥夺了在国家事务上的最高统治权。在儒家治国思想的影响下,汉代一些君主确实产生了一种被剥夺的感觉。如汉成帝欲封太后之弟付商为侯,尚书郑崇以为"坏乱制度,逆天心",坚持反对,付太后于是既愤慨又大感不解地说:"何有为天子乃反为一臣所专制邪!"(《汉书·郑崇传》)因此无论对于儒教中的理论学说,还是宗教仪轨,汉代帝王不断在进行着规范和调整。汉宣帝时代的"石渠阁会议"和汉章帝时代的"白虎观会议",就是对政治学术理论集中调整的大事件,这两次会议主题都是对儒家经学的规范。"石渠阁会议"由汉宣帝亲自主持,谈论《公羊春秋》与《谷梁春秋》之异同三十余处,最后决定增设《谷梁春秋》博士,说明古文经学的地位开始提高。① "白虎观会议"由汉章帝亲自主持,试图统一今、古文经学的矛盾。当时儒学已经被确定为国家的意识形态,但今文经学家与古文经学家的严重歧异已经影响到思想的统一。今文经学重视阐述圣人的"微言大义",经常离题万里地自由发挥。而古文经学则重视训诂考据,对儒家经书一句话可以考证出几千乃至万言。两种治学方法使学者对经文原意的理解越差越多,如不统一,则儒家思想将失去国家意识形态的地位。会议最后形成了《白虎通义》一书,将儒教的理论用国家认可的方式法典化、仪规化。全书对当时经学上有争议的四十三个问题,分门别类地进行了权威性解释,希望一劳永逸地解决儒

---

① 内容详见范文澜《中国通史》第1编,人民出版社1964年版,第215页。

家思想上的纠纷。特别是白虎观会议对中国帝制社会的基本结构及其运行原则进行了规定："三纲者何谓也？谓君臣、父子、夫妇也。六纪者，谓诸父、兄弟、族人、诸舅、师长、朋友也。故君为臣纲，夫为妻纲。"(《白虎通义·三纲六纪》)"三纲六纪"可以视为中国古代宗法社会运行的根本法典。参加白虎观会议的既有今文经学家，也有古文经学家，他们在学术上的争议不可能因一次会议而消除，但关键是"帝亲称制临决"，所以使这次会议的成果《白虎通义》具有皇帝钦定的性质，作为国家法典颁布全国。这说明汉代的"儒教"已经不是先秦时代的"儒学"，不再是一种自由的学术，而是一种为帝王服务的官方哲学。

儒教中的宗教理论，特别是灾异谴告说，政治影响重大，更是统治者严密注视的领域。董仲舒是汉代"儒学阴阳化"的代表人物，他向汉武帝大谈"白鱼入于王舟，有火复于王屋，流为鸟"等祥瑞之兆，自然会讨得皇帝的欢喜，但是在谈灾异时，就要看是否符合皇帝的需要了。《汉书·董仲舒传》载："仲舒治国，以《春秋》灾异之变推阴阳所以错行……先是，辽东高庙、长陵高园殿灾，仲舒居家推说其意，中稿未上，主父偃候仲舒，私见，嫉之，窃其书而奏焉。上召视诸儒，仲舒弟子吕步舒不知其师书，以为大愚。于是下仲舒吏，当死，诏赦之。仲舒遂不敢复言灾异。"由于董仲舒的倡导，汉儒以阴阳灾异推断国事之风甚盛。当时汉武帝正在发动对匈奴的连年战争。这场战争从历史的角度看意义深远，但是身处战争中的人们却要为此付出深重的代价。国家连年加税加赋，征发兵役，使人们感到生活水平较之文景之世有所降低，故社会上流言横行，借阴阳灾异劝汉武帝改变国策的也不少。汉武帝巧妙地借助主父偃的嫉妒和吕步舒的误会，使董仲舒等擅长阴阳五行学说的儒生们缄口不言，又不会影响儒教作为国家意识形态的权威。有些儒生没有董仲舒那样崇高的威望，但又往往想借阴阳灾异说得到帝王的重视。当他们所言与统治者的利益相悖时，其命运就危险了。《汉书·五行志中》载："昭帝时，上林苑中大柳树断仆地，一朝起立，生枝叶，有虫食其叶，成文字，曰'公孙病已立'。昌邑王国社有枯树复生枝叶。"儒生眭孟根据阴阳灾异说推断:"石柳皆阴类,下民之象,而泰山者代宗之岳,王者易姓告代之处。今大石自立,僵柳复起,非人力所为,此当有从匹夫为天子者。"汉武帝在晚年曾经废黜并逼死太子,但太子有一褓褓中的婴儿流落民间。眭孟借口一些自然界的怪异现象要求汉昭帝逊位,这无异于与虎谋皮。当时昭帝尚幼,但是大将军霍光秉政,已经形成了一个既得利益集团,他们当然不会因出现一些"怪异"的现象(很可能还是人为的)而轻易放弃已经到手的权力,结果眭孟因此掉了脑袋。

四 儒教决定了中国政教关系的基本走势

很长一段时期以来,学者们在进行中西政教关系比较研究时,总是惊异于中西方的"巨大差异"。在西方,存在着具有重大影响的基督教,它不仅是一切世俗政权的精神庇护者,而且罗马教廷势力强大,经常达到与世俗王权相抗衡的程度。而在中国,一切宗教都必须恭顺地匍匐在王权的脚下,没有任何宗教势力可以与封建帝王相抗衡。从而似乎可以得出一个结论:中国从春秋战国开始,就进入了政教分离的世俗国家状态,中国人在两千年前就完成了宗教神权束缚下的思想启蒙。然而如果我们认真研究中国古代文献就会发现事情绝非如此简单,秦汉以后历史文书中大量记载的"奉天承运""天子感生""天人感应""灾异谴告""纬书图谶"等现象说明,显然中国古代的政权也是依赖某种超验的神意来支撑的,中国帝制时代的政治也不完全是世俗政治。出现这种问题的原因,是因为忽视了对中国历史上影响巨大的儒教进行研究。

关于儒教是否为宗教的问题,从利玛窦入华传教以后,就一直是一个争论的问题,而近年来随着我国学术界不断解放思想以及对宗教性质认识的不断深入,儒教问题再度成为学者关注的焦点。在儒教是否为宗教的争论中,不同的意见大致可以分成四类:第一,肯定儒教是宗教。即认为儒教是一种有教主、有教徒、有经典,有彼岸世界,在中国历史上发挥了与西方的基督教一样作用的宗教。第二,完全否定儒教是宗教。自近代以来,持这种见解的学者在大陆学术界是主流。从梁启超开其源,到梁漱溟的"以伦理代宗教"、冯友兰的"以哲学代宗教"、蔡元培的"以美育代宗教",强调儒教的实质是一种世俗的学问,宗教文化在中国始终不是社会的主流。第三,承认儒学具有宗教性。当代新儒家在与西化派的文化争论中,在与西方文化的对比中,逐渐承认儒家文化也有超越性的一面,如牟宗三、唐君毅等。第四,认为儒学不是宗教,但中国传统社会中始终存在着一种国家权力认同的正宗大教——宗法性传统宗教。此说是大陆学者牟钟鉴先生与笔者在《中国宗教通史》中提出的,① 其后也得到了一些学者的赞同。

儒教的超验性问题,集中反映在儒家学者对"天人关系"的论述上。司马迁将"究天人之际,通古今之变"当成中国哲学的基本问题,这个"天人之际"的主要部分不是今人所理解的人与自然的关系问题,而是人与上帝、人与天神、人与超验世界的关系问题。孔子说:"获罪于天,无所祷也。"(《论语·八佾》)"畏天命,畏大人,畏圣人之言。"(《论语·季世》)孟子说:"天降下民,作之君,作之师,惟曰其助上帝宠之。"(《孟子·梁惠王下》)尽管孔孟对"天"还进行了大量理性化、人文化的解释,尽管儒学的主旨并不在彼岸世界方面,但难道就可以因此而否认儒家"天"的超验意义吗?儒门后学,董仲舒自不必谈,就是二程、朱熹、王阳明,他们对"天"的理解也明显地包含着超验性。

在承认儒教中存在超验因素的情况下,就有一个如何处理这些超验因素的问题。从历史的角度看,儒教是一个整体,其中入世的"学"和出世的"教"是合为一体的,当时也没有一种强加于我们的观念要我们用哲学和宗教这两个观念去对其进行区分。然而,今日的中国学术界已经进入了全球化系统,是世界文化中的一个重要组成部

---

① 参见牟钟鉴、张践《中国宗教通史》,中国社会科学出版社1997年版。

分。在这样一个全球化的背景下传承传统文化、弘扬传统文化,都需要有一种世界上能够被普遍接受的话语系统。尽管我们可以对西方人规定的现行话语系统说三道四,但只要离开了这个话语系统,我们自己也会发现我们将处于"失语"状态。我们除了继续争论儒教是宗教还是哲学,也想不出其他的办法进行交流。

出于笔者研究政教关系的立场,个人认为还是将儒教分成儒学和宗法性传统宗教两个部分更为有助于问题的深入展开。从广义的角度看政教关系问题,其本质就是一个政治与宗教的关系问题。牟钟鉴指出:在中国宗教史上,存在着官方信仰、学者信仰与民间信仰相脱节的现象。① 张立义指出:中国儒教存在着道、政、俗三层次的分殊。② 也就是说,在中国古代社会里,中国士大夫的精神生活是依靠儒学的"道统"来解决的。然而在民间的百姓中,很少有人能够搞懂理学家那套身、心、性命之学,解脱之途只能是依赖对"天神"和"祖先"的崇拜,甚至到佛、道等其他宗教中去寻求解脱。至于政治的层面,统治者论证政权合理性的依据,主要不在于"理先气后"或"理后气先"的争论,而在于谁主持"奉天承运"的"祭天"仪式。西方一些著名学者早就注意到这种脱节或分殊的情况,如黑格尔就曾说过:"中国人有一个国家宗教,这就是皇帝的宗教,士大夫的宗教。这个宗教尊敬天为最高的力量,特别与以隆重的仪式庆祝一年的季节的典礼相联系。……与这种自然的宗教相结合,就是从孔子那里发挥出来的道德教训。"③ 显然,在黑格尔的心目中,孔子所开创的儒学和自古就流行下来的宗教是两个东西。当然,孔子和其他儒家学者研究的主要兴趣在此岸的世界,他们研究出了大量的政治伦理是中国政治的指导思想,而且也确实在中国政治史上发挥了主导作用。但如果泛泛地将儒教称为"人文的宗教",很容易将此岸世界与彼岸世界相混

---

① 牟钟鉴、张践:《中国宗教通史》,社会科学文献出版社2000年版。
② 《20世纪中国儒教的展开》,《宝鸡文理学院学报》2001年第4期。
③ 黑格尔:《哲学史演讲录》第一卷,生活·读书·新知三联书店1956年版,第125页。

淆。相反，将儒教分成儒学和宗法性传统宗教两部分，更有助于说明儒教的超验部分如何深刻地影响着中国古代政治。

人类文明的历史至今仍然在阶级社会中发展，因此，政治权力的运行主要表现为政治统治。一个政权的合法性，不仅需要武装的、经济的力量来保卫，更需要社会文化心理的条件来证明。如果一个政权始终与对立利益集团的成员处于强烈对抗的状态，即使暴力工具再强大，也很难长久维持。在千百年的历史实践中，宗教就是论证政权合法的一种最重要的工具。中国自从进入了文明社会，君主就处于至高无上的地位。那么，他的地位是从哪里来的呢？他为什么应当统治天下大多数人民呢？君权神授论自始至终都是政治合理性最基本的论据。中国是一个多民族、多宗教的国家。同时，在占中国人口大多数的汉族广大民众中又存在着多神信仰。但是，在论证政权的合理性方面，在宗法性传统宗教中信仰的至上神——"上帝"或曰"天"，始终占据着主要的地位。而其他宗教的各位主神，则只能在部分时间、地点或场合起到政治合理化的论证作用。

春秋战国时期，传统宗教的地位受到了很大的冲击，孔子虽然对天神尽量作了人文化、理性化的解释，但他从来没有怀疑过主宰之天的存在，也没有否定过君权神授论。他说："巍巍乎，唯天为大，唯尧则之。"（《论语·泰伯》）"道之将行也与？命也；道之将废也与？命也。"（《论语·宪问》）儒家的亚圣孟子则更为直接地肯定了君权神授论。《孟子·万章上》载："万章曰：'尧以天下与舜，有诸？'孟子曰：'否。天子不能以天下与人。''然则舜有天下，孰与之？'曰：'天与之。'"后代的儒家，基本继承了孔孟的传统，用天命神权理论为王权进行辩护。其中，董仲舒生活在传统宗教整顿、复兴的西汉王朝，他对君权神授论进行了最为透彻的论证。他说："天者，百神之大君也，王者之所最尊也。"（《春秋繁露·郊语》）"受命之君，天意之所予也，故号为天子者，宜事天如父，事天以孝道。"（《春秋繁露·深察名号》）两汉以后，历代王朝无一例外地采纳了宗法性宗教的君权神授理论，作为自己政权合理性的主要根据。一个新王朝的兴起，总是首先找儒生确定自己的王朝秉赋何运，应主何德，应用何色。然后定名号、立郊社，祭祀天神，从而取得天下的认可。皇帝诏书的开头都写着："奉天承运皇帝诏曰……"以天神的名义将自己阶级、阶层、集团的意志诏告天下。所以历代王朝都将南郊祭天、明堂祭上帝、泰山封禅当成最重要的宗教大典。

过去，在论证东汉以后道教生成、佛教在中国大量传播的原因时，经常提到的一个理由是：儒家偏重于世俗政治、伦理的研究，但是在超验的领域却处于缺失状态，所以佛教、道教正好填补了这一空白。其实，道教、佛教填补的仅仅是个人精神生活方面的缺失。在国家政治哲学方面，中国从来不缺少神权方面的依据，宗法性传统宗教始终处于不可动摇的稳固地位，因而其他宗教也就根本不能成为国教。在中国古代的正史（二十四史）中，历朝历代都有《礼典》规定国家祭天、祭祖、祭社稷等大型宗教典礼，这些宗教活动从来是不许佛教、道教等宗教染指的，只能按照儒教中宗法性传统宗教规定的祭祀礼仪进行，哪怕是在崇佛、崇道最厉害的帝王手中。

政教关系问题从狭义的角度讲，则是国家政权与具体宗教组织的关系。在中国历史上，尽管宗法性传统宗教是载入国家祀典的正宗大教，但由于孔子等儒家创始人的改造，其观念变成了一种具有宗法伦理性质的文化信仰，其活动成为政治仪式活动，其人员与儒家学者一身而二任，因此不同于具有出世观念、独立教团的典型宗教。古代中国政府与宗教组织的关系，主要是与佛教、道教、基督教、伊斯兰教等宗教的关系。古代中国实行科举制度，政府的各级官员都是通过学习儒家经典成长起来的，孔子开创的儒学思想成为他们执政的指导方针，包括在宗教管理方面。孔子提出的："未知生，焉知死""祭如在，祭神如神在""务民之义，敬鬼神而远之""神道设教"等观念，成为历代政府管理宗教的指导思想。①

---

① 参见拙作《中国古代政教关系史》，中国社会科学出版社 2012 年版。

五　佛教的传入及其与中国政治的关系

佛教是一种创生于印度轴心时代的世界性宗教，其教主释迦牟尼（公元前565—公元前486）大约在公元前6至公元前5世纪，开始了原始佛教的创教活动，与我国孔子创立儒学大致同时。但是与儒学关注社会伦理与现实的社会政治相反，佛教以了断生死、涅槃解脱为主旨，追求一种超越的精神境界，对现实世界则抱一种超然态，使人们认为佛教与政治无关。然而这只是事物的一个方面，当代著名学者方立天指出："佛教没有统治阶级的支持，就难以生存、流传和发展，这样就有一个依靠统治阶级和争取统治阶级支持的问题，进而也就有一个肯定和赞颂国家政权、最高统治者和'王法'的问题。"[①] 因而佛教从传入中国开始，就与中国政治发生了曲折复杂、时紧时松、影响深远的关系。

佛教传入中国的时间，一般认为是在两汉之际，以大月氏国使节向博士弟子景卢传授《浮屠经》为标志。《三国志·魏书·乌丸鲜卑东夷传》之注引魏国鱼豢《魏略·西戎传》记载："昔汉哀帝元寿元年，博士弟子景卢，受大月氏王使伊存口受《浮屠经》。"这是中国正史上对佛教初传最早的记载，由大月氏国使臣伊存，将《浮屠经》口传给了博士弟子景卢。这一记载说明，佛教的流传已经开始进入士大夫阶层，故而写于青史，并对社会政治也开始产生实际的影响。

其后汉明帝永平年间，"世传明帝梦见金人，长大，顶有光明，以问群臣。或曰：'西方有神，名曰佛，其形长丈六尺而黄金色。'帝于是遣使天竺问佛道法，遂于中国图画形像焉。"(《后汉书·西域传》) 这时的佛教已经引起了最高统治者的注意。皇帝在睡梦中见到了一尊神像，这在那个宗教流行的年代是非常自然的，但是如何解释这是哪路神仙，则群臣的文化积淀就显得非常重要了。大家都说这就是佛，可见统治阶层已经对佛教有了一些基本的了解。在他们的劝导

[①] 方立天：《中国佛教与传统文化》，上海人民出版社1988年版，第228页。

下，汉明帝决定派遣使者出使西域"问佛道法"。史载取回的就是中国第一本佛经——《四十二章经》。《四十二章经》序说："于是上悟，即遣使者张骞、羽林中郎将秦景、博士弟子王遵等十二人，至大月支国，写取佛经四十二章。在第十四石函中，登起立塔寺，于是道法流布，处处修立佛寺。"显然，皇帝的理解和支持，是佛教在中国大发展的重要条件。其他佛教史料还记载，中国使者除了抄经，还请回了第一位外国沙门迦叶摩腾。(《法苑珠林》卷十三)皇帝为了欢迎他们，收藏他们带来的佛经，专门在首都洛阳郊外建立了中国第一座寺院——白马寺。统治阶级的重视和支持，对于扩大佛教的传播产生了很大的作用。

汉明帝的弟弟楚王刘英，则是汉代统治集团中最先信仰佛教的贵族。《后汉书·楚王英传》："英少时好游侠，交通宾客，晚节更喜黄老，学为浮屠斋戒祭祀。"从这段史料看，楚王英将佛教当成与黄老之道一样的神仙方术，用中国古代宗教中最为典型的宗教仪式——祭祀，来向佛祖表达自己的信仰。东汉后期的汉桓帝则是历史记载中第一个信仰佛教的皇帝，《后汉书·西域传》载："后桓帝好神，数祀浮图、老子，百姓稍有奉者，后遂转盛。"从汉明帝正式派遣使者到西域取经开始，大量的西域僧人开始进入中国讲经布道，佛教信仰的影响越来越大。东汉末年，因道教的黄巾起义而造成刘氏统治集团的实际瓦解，中原大地处于军阀混战的状态。徐州牧陶谦手下军人出身的官僚笮融，利用手中的权力，大兴佛事。《后汉书·陶谦传》："初，同郡人笮融，聚众数百，往依于谦。谦使督广陵、下邳、彭城运粮。遂断三郡委输，大起浮屠寺。上累金盘，下为重楼，又堂阁周回，可容三千许人，作黄金涂像，衣以锦彩。每浴佛，辄多设饮饭，布席于路，其有就食及观者且万余人。"笮融利用截断"三郡委输"的钱财，建起了可容纳三千人的佛寺，并在路边举行"饭僧"活动，就食者多达万人。

佛教在国内的大量传播，自然引起了统治者的关注。中原地区是黄巾起义的重要战场，尽管起义遭到了统治阶级的残酷镇压，但是信仰道教的民众还大量存在，所以曹氏父子尽力在魏国，对非国家宗教的各种祭祀活动，都采取严厉断禁的措施（详细情况请见本章的道教部分）。政府"禁断淫祀"的诏令，当然也包括佛教在内。但是随着佛教影响的日益扩大，曹魏的帝王也在逐渐转变自己反对国家宗教之外其他一切宗教的立场。唐代沙门法琳撰《破邪论》说："魏明帝曾欲坏宫西浮图。外国沙门乃金盘盛水置于殿前，以舍利投水，乃有五色光起。帝加叹异，乃于道东作周间百间以为精舍。"（《大藏经》第五十二册《破邪论卷上》）这就如同曹操从最早的"聚禁道士"到向道士学习长生仙方一样，魏明帝也有一个从禁止到逐渐为佛教大师的"异术"所折服，并逐渐放松了严格管理的政策。

孙氏家族统治的江南地区虽非太平乐土，但是比起江北，战争毕竟要少一点，所以当时安士高、支谶、康僧会、支谦等西域高僧，都纷纷避战乱于江南，使佛教在以今日武汉为中心的建业地区快速发展起来。孙策执政时曾诛杀著名道士于吉，对民间宗教管理得比较严厉。但是到了孙权掌权以后，社会局势稳定，对宗教政策也有所放松。从僧祐的《出三藏记集》看，支谦、康僧会等著名的西域僧人都曾到孙权身边活动。"后吴主孙权闻其（支谦）博学有才慧，即召见之。因问经中深隐之义，应机释难无疑不析。权大悦，拜为博士，使转导东宫，甚加宠秩。"（《大藏经》第五十五册《出三藏记集·支谦传》）关于康僧会，《出三藏记集》记载，他到东吴时说："如来迁迹忽逾千载，遗骨舍利神曜无方。"孙权认为夸诞，并对康僧会说："若能得舍利，当为造塔。如其虚妄，国有常刑。会请期七日。"康僧会对其弟子说：佛法是否可以在东吴兴盛，关键在此一举。故在一静室中焚香祈祷，第一个七日没有动静，第二个七日仍然没有动静，康僧会请求孙权再宽限七天，并"誓死为期"。在第三个七天，"忽闻瓶中枪然有声。会自往视，果获舍利。明旦呈权举朝集观，五色光焰照耀瓶上。权手自执瓶泻于铜盘，舍利所冲盘即破碎。权肃然惊起曰：'希有之瑞也'。"春秋战国以后，中国统治者对于超越的鬼神世界采取一种"敬而远之"的态度，既不完全迷信，也不彻底否定。另外，从中国传统的实用理性思维定式出发，中国人相信"眼见为实"。一旦宗教奇迹出现，自然会对其五体投地。两千年后的今天，我们无法考证康僧会究竟使用了一种什么"法术"使帝王折服，但是《出三藏记集》所记载的事实在历史上多次出现，是极可能的。"权大嗟服，即为建塔以始有佛寺，故曰建初寺。因名其地为佛陀里，由是江左大法遂兴。"

东吴的末代皇帝孙皓，与佛教也有一段"奇缘"，据《出三藏记集》载："（皓）虽闻正法，而昏暴之性不胜其虐。后使宿卫兵入后宫治园，于地中得一立金像，高数尺，以呈皓。皓使著厕前，至四月八日，皓至厕污秽像云：'灌佛讫。'还与诸臣共笑为乐。未暮阴囊肿痛，叫呼不可堪忍。"孙皓是一个亡国的昏君，中国历史上不信鬼神的皇帝不少，但是他们在儒家思想的教导下，多少还知道一些不能毁僧谤道，玷污神像。像孙皓这样在四月八日浴佛节那天，在厕所污秽佛像的事情实属罕见。孙皓遭报应一事不知是否真实，据《康僧会传》记载，由于他向孙皓讲解了因果报应的道理，孙皓不得不信服佛法威力无穷。在他叩头谢罪，表示愿意"会受五戒"以后，"旬日疾瘳"。病好了以后，孙皓"乃修治会所住寺，号为天子寺"《出三藏记集》。这件事载之于佛教史籍，对于那些傲慢无礼的帝王，多少有一些警示作用。

三国时期，真正见之于正史的统治者对佛教的迫害，也发生在东吴。《三国志·吴书·孙綝传》载："綝意弥溢，侮慢民神，遂烧大桥头伍子胥庙，又坏浮屠祠，斩道人。"孙綝是东吴的权臣，曾经废除了会稽王孙亮，自立孙休。他"坏浮屠祠，斩道人"的动机不详，陈寿只是说他"侮慢民神"，大约仅仅是由于他个人的骄横暴虐，把佛教等同于一般的杂祠淫祀。因为按照其他史料看，当时佛教人数尚少，也没有什么财产，还达不到影响政权稳定或财政收入的程度。不过拆毁庙宇，杀害僧人，实开中国佛教"法难"之先河。

六　道教的生成及其与中国政治的关系

道教生成的直接政治原因，是东汉末年的政治腐败。中国古代君主专制社会，每逢王朝的末世，政治的腐败都是必然的政治现象。但是像东汉末年那样严重的外戚、宦官当权，并由于士大夫阶层与外戚、宦官冲突造成的党锢事件，则为历史罕见。究其原因，主要是由于汉代君权过于集中，而帝制社会在思想文化、政治制度方面尚不够成熟，缺乏一些必要的约束所致。如白寿彝主编的《中国通史》所说："光武帝建立东汉后，'虽置三公，事归台阁'，朝廷机构设尚书台，总揽行政权柄，丞相（大司徒）一职变成徒具其名的空衔。尚书权重职卑，权力更高度地集中于皇帝，这就为外戚、宦官扩展势力，干预朝政提供了条件。"① 东汉时期的外戚、宦官集团，都是缺乏理论指导和政治理想的统治集团，在他们的统治下，疯狂地攫取社会财富，卖官鬻爵、行贿受贿、兼并土地，致使社会危机不断加深。外戚、宦官集团这种竭泽而渔式的大肆搜刮，最终的苦难都要转嫁到广大农民的头上。年景好时农民尚可勉强度日，一旦发生水旱蝗灾，衣食无着的百姓只能铤而走险，发动起义。根据史书的不完全统计，从汉安帝永初二年（108）至黄巾起义前的汉灵帝熹平元年（172），共发生大小农民起义几十次。② 其中规模大者，起义军队伍达到数万人，官军动用几万人马，费时数年才能将其镇压下去。

东汉末年由于外戚、宦官集团的腐朽统治导致的社会灾难，引起朝廷中一些有识之士的忧虑和思考，致使社会上出现了恢复汉初社会黄老之治的呼声。这一政治统治思想转换的重大动向，成为道教产生的重要思想条件，其中《太平经》为道教奠定了政治基础。《太平经》之所以得名，就因为作者在其中提出了一个太平世界的理想。"太者，大也；大者，天也；天能覆育万物，其功最大。平者，地也，地平，然能养育万物。经者，常也；天以日月五星为经，地以岳渎山川为经。天地失常道，即万物悉受灾。帝王上法皇天，下法后地，中法经纬，星辰岳渎，育养万物。故曰大顺之道。"③ 人类自从进入文明

---

① 白寿彝主编：《中国通史》第 5 卷，上海人民出版社 1995 年版，第 410 页。
② 同上书，第 430—434 页。
③ 王明：《太平经合校》，中华书局 1960 年版，第 178 页。

社会，由于贫富差异而引起的贫困、饥饿、战争就从来没有中断过。但是这并不是人类的本意，无论统治阶级还是被统治阶级，大家共同的理想都是一个人人平等的世界，儒家将其称为"大同"，道家将其称为"太平"。在道家看来，"天之道，其犹张弓！高者抑之，下者举之，有余者损之，不足者与之。天之道，损有余而补不足。"（《老子》第七十七章）《太平经》发挥了这些思想，指出："或积财亿万，不肯救穷周急，使人饥寒而死，罪不除也。〈止〉或身即坐，或流后生。所以然者，乃此中和之财物也，天地所以行仁也，以相推通周足，令人不穷。今反聚而断绝之，使不得遍也，与天地和气为仇。或身即坐，或流后生，会不得久聚也，当相推移。"①《太平经》的思想虽然从本质上看并没有超出儒家政治伦理中"以德配天""天命转移"的观念，仍属于统治阶级思想体系内部自我调整、反馈的机制，但是在汉末这样一个社会矛盾极其尖锐的时候提出来，就完全可能成为促成农民起义的思想火花。

  道教产生的历史背景，是社会生活的极度苦难。除了上述由于统治集团昏庸腐败而造成的横征暴敛以外，自然灾害的频繁发生是道教诞生的温床。天灾之外，大规模瘟疫的几度发生更是道教产生的催化剂。贫寒百姓常年尚不得衣食饱暖，到了饥荒、瘟疫降临，哪有余钱治病？在汉代那样一个宗教氛围浓郁的时代，苦难的民众只有期盼苍天。恰恰就在这时，一位救苦救难的"贤良大师"出现了。《后汉书·黄甫嵩》载："初，巨鹿张角自称'大贤良师'，奉事黄老道，畜养弟子，跪拜首过，符水咒说以疗病，病者颇愈，百姓信向之。"张角乃河北冀州钜鹿人，出身家世不详，仅知道他曾经获得过《太平经》，估计以后便尝试开创道教，刻苦修炼养生、治病的方法。张角太平道治病的方法与《周易参同契》所提倡的"金丹说"不同，只要用"符水"即可。《后汉孝灵帝纪》卷二十四记载："初，角弟良，弟宝自称大医，事善道，疾病者辄跪拜首过，病者颇愈，转相诳耀。"张角等人以治病的形式传教，使广大贫苦的农民迅速团结在了太平道

---

① 王明：《太平经合校》，中华书局1960年版，第242页。

的周围,《后汉书·皇甫嵩传》载:"角因遣弟子八人使于四方,以善道教化天下,转相诳惑。十余年间,众徒数十万,连结郡国,自青、徐、幽、冀、荆、杨、兖、豫八州之人,莫不毕应。遂置三十六方。方犹将军号也。大方万余人,小方六七千,各立渠帅。"十几年的时间,以道教为组织网络的起义军,已经具备了相当的规模。

张角等人经过十余年的艰苦传教工作,已经积累了相当的实力。张角等起义军的领袖,选择光和元年(178)作为起义的时机。他们为自己的起义制造了一句谶语:"苍天已死,黄天当立,岁在甲子,天下大吉。"(《后汉书·皇甫嵩传》)并且,"以白土书京城寺门及州郡官府,皆作'甲子'字"(《后汉书·黄甫嵩》),作为起义的号召。由于事先进行了充分的准备,尽管起义因叛徒的告密而被迫提前,但仍然对朝廷造成了极大的冲击。《后汉书·皇甫嵩传》载:"角等知事已露,晨夜驰敕诸方,一时俱起。皆著黄巾为标帜,时人谓之'黄巾',亦名为'蛾贼'。杀人以祠天。角称'天公将军',角弟宝称'地公将军',宝弟梁称'人公将军'。所在燔烧官府,劫略聚邑,州郡失据,长吏多逃亡。旬日之间,天下响应,京师震动。"道教除了以宗教谶语发动起义外,还用宗教思想教化民众,使他们在起义的过程中英勇奋战,不惧生死。《三国志·魏志·陶谦传》引《吴书》曰:"妖寇类众,殊不畏死,父兄歼殪,子弟群起。"起义军将士奋不顾身的战斗精神,首先由于他们已经被腐朽的专制王朝逼到了"民不畏死"的程度,只有奋勇战斗才可能有一条生路。同时我们也要看到,道教"教化不死"的理论,也对他们产生了巨大的激励作用。

在黄巾起义爆发5个月后,另一支由道教徒组成的农民军在四川揭竿而起。《后汉书·帝纪八》载:"秋七月,巴郡妖巫张修反,寇郡县。"其注引刘艾纪曰:"时巴郡巫人张修疗病,愈者雇以米五斗,号为'五斗米师'。"关于五斗米教起义后的政治活动情况,无论官方的正史,还是道教的传记,记载得都不很清楚,尤其是关于张修与后来以"五斗米教"名义割据汉中的张鲁的关系。《三国志·魏书八·张鲁传》说:"张鲁,字公祺,沛国丰人也。祖父陵,客蜀,学道鹄鸣山中,造作道书以惑百姓,从受道者出五斗米,故世号'米贼'。陵死,子衡行其道。衡死,鲁复行之。"从"三张"的五斗米教被称为"米贼"看,他们也在四川发动了起义,具备了一定的军事实力。《后汉书·刘焉传》载:"沛人张鲁,母有姿色,兼挟鬼道,往来焉家,遂任鲁以为督义司马,遂与别部司马张修将兵掩杀汉中太守苏固,断绝斜谷,杀使者。鲁既得汉中,遂复杀张修而并其众。"张鲁以道教组织获得了权力,故他在自己的势力范围内,也在努力实践道教的政治理想,建立人间的太平世界。《太平经》说:"今天上有官舍邮亭以候舍等,地上有官舍邮亭以候舍等,八表中央皆有之。天上官舍,舍神仙人。地上官舍,舍圣贤人。地下官舍,舍太阴善神善鬼。八表远近名山大川官舍,以舍天地间精神人仙未能上天者。"① 按照《太平经》的设想,张鲁在汉中也建立"亭传义舍",置米肉于其中,使过路人可以自由取食,吃饱为止。对于那些贪婪的人,道教的教义警告他们说:"若过多,鬼道辄病之。"这种亭传、义舍的建立,除了方便路人,更主要的功能应该还是社会财富的平衡功能。由于张鲁在汉中实行政教合一的"道治",使该地区成为汉末军阀混战、赋税激增、小农破产、流民飘落的"乱世"中,一块相对安全、稳定、平静的孤岛。

黄巾起义的发动者张角、张梁、张宝在起义爆发不久就牺牲了,黄巾的主力部队受到了严重的损失。但是太平道组织分布于天下三十六方,反抗的教徒坚持自己的信仰,并不会轻易放弃斗争。反抗的烽火在全国各地燃烧。经过将近一年时间的残酷战争,黄巾起义主力部队遭到了镇压,东汉王朝的政权暂时得以维持。但是在镇压起义中兴起的各路军阀尾大不掉,各霸一方,甚至"挟天子以令诸侯",东汉政权已经名存实亡了,逐渐走向了三国时代。

黄巾起义爆发后,曹操因镇压起义有功,"拜骑都尉","迁为济南相"。山东正好是黄巾军的重要据点,其地民间宗教氛围浓郁,多有

---

① 王明:《太平经合校》,中华书局1960年版,第698页。

各种神庙。曹操到任后,"禁断淫祀。奸宄逃窜,郡界肃然。"(《三国志·魏志·武帝纪》)曹操认识到,民间祭祀是道教的起源,因此打压一切官方宗教之外的宗教活动。由此,"禁淫祠杂祀"成为曹魏政权的一项重要国策,由曹氏子孙世代坚持,甚至可以说成为历朝历代的宗教政策。《三国志·魏书·文帝纪》载:"黄初五年(224)十二月,诏曰:'先王制礼,所以昭孝事祖,大则郊社,其次宗庙,三辰五行,名山大川,非此族也,不在祀典。叔世衰乱,崇信巫史,至乃宫殿之内,户牖之间,无不沃酹,甚矣其惑也。自今,其敢设非祀之祭,巫祝之言,皆以执左道论,著于令典。'"这里所说的各种"不在祀典"的"非祀之祭,巫祝之言",当然首先是指道教,也包括各种民间宗教。

对于汉中的张鲁割据政权,曹操先是施以军事压力,然后招安。建安二十年(215),曹操平定中原后,亲率大军出征汉中。太祖曰:"此妖妄之国耳"(《三国志·魏书·刘晔传》),直接表达了他对汉中道教割据政权的看法,反对这种政教合一的政权。曹操用和平的方法招安了张鲁,解除了国内最大的道教割据政权。为了对宗教领袖表示善意,曹、张两家还结为秦晋之好,"为子彭祖取鲁女。鲁薨,谥之曰原侯,子富嗣。"(《三国志·魏书·张鲁传》)张鲁后裔在归顺曹操后,向教徒发布了一道《大道家戒令》说:"昔汉嗣末世,豪杰纵横。……魏氏承天驱逐,历使其然,载在河洛,悬象垂天。是吾顺天奉时,以国师命武帝行天下。"他们把曹魏代汉说成是天命所归,并且将五斗米教的归顺说成是奉了"国师"之命,是顺天应时。曹操招安张鲁的大团圆结局,并不意味着曹操从此对五斗米道放松了警惕。为了防止五斗米道死灰复燃,曹操采取了两项重要的措施。一是把张鲁带到许昌,放在自己身边严密监视;留夏侯渊、张郃镇守汉中,以便割断五斗米道教徒和领袖之间的联系。二是把一部分教徒迁往内地,分散管理。《三国志·魏书·张既传》云:"从征张鲁……鲁降,既说太祖拔汉中民数万户以实长安及三辅。"张鲁政教合一的政权在汉中统治了三十年,信教者众多,即使其最高领袖归顺了朝廷,其中难免会有不安者。将其中部分人迁往曹魏政权的核心地区，使其处于正统文化的管教之下，慢慢在精神上也归顺朝廷。而对其中的高道则采用了"聚而禁止"的政策。

曹操在收编了张鲁的五斗米道割据政权以后，将大量汉中教徒迁往长安及三辅地区，严密监督，对不服从管理的坚决镇压。但是对于乐于与曹魏政权合作的道士，政府也给予了高官厚禄。这样就在政、教之间形成了一种相互认识的良性互动，道士们将道教活动的重点转向了养生导引、服食辟谷、房中术上了。而这些东西，恰恰是统治者们最欣赏的。曹操早年为"诛除暴虐"而"起义兵"，志在匡扶社稷，救济黎民。"故敢奋身出命，摧锋率众"，置生死于度外。但是到了中晚年，曹操的心灵深处也开始发生了变化，感到了生命的焦虑。如他的《短歌行》所言："对酒当歌，人生几何！譬如朝露，去日苦多。慨当以慷，忧思难忘。何以解忧？惟有杜康。"但是酒对于解除生命忧虑的作用是有限的，短暂的麻痹不能改变生命必然的走向，曹操开始转向道教的养生学。在《步出夏门行》中他写道："神龟虽寿，犹有竟时；腾蛇乘雾，终为土灰。老骥伏枥，志在千里；烈士暮年，壮心不已。盈缩之期，不但在天；养怡之福，可得永年。"曹操本人究竟从道士们那里学到了什么长寿养生之术，史书记载不详，但是我们可以从曹操的诗文中，看到他对道教传说中的神仙们的向往。他说："天地何长久，人道居之短。世言伯阳，殊不知老；赤松王乔，亦云得道。得之未闻，庶以寿考。歌以言志，天地何长久。"(《秋胡行其二》) 魏伯阳、赤松子、王乔都是传说中经过修炼而长生不老的神仙。曹操说他们是否得道不可知，但他们长寿是可信的。所以他也要通过"养怡之福"来使生命延长。据《后汉书·方术传》《三国志·方术传》、葛洪《抱朴子》等书籍记载，曹操曾经向那些被他拘禁的著名道士学习服饵养生和容成御女术。曹魏政权的贵族们，也纷纷向道士学习方术。统治者与道士们，在长寿养生这一点上，找到了共同的语言，从而也找到了道教在与政治合作上的发展方向。

第五章　魏晋南北朝佛、道教的快速发展与三教之争

两晋南北朝上迄晋武帝太康元年（280）灭吴三分归一统，下至隋文帝杨坚开皇九年（589）灭陈重新统一中国，历时三百余年。这是中国历史上一个战乱频繁、社会动荡、民族冲突、民生凋敝的时期。苦难的社会生活成为各种宗教大发展的温床，佛、道二教迅速成长为在中国文化中占有重要地位的大型宗教，正如汤用彤先生所说："人穷呼天，世乱敬鬼，亦为自然现象。"① 自秦汉时期始，中国就进入了以宗法家族为基础的君主专制社会，迅速发展的宗教组织，必然会与控制着社会全部政治、经济、文化资源的专制政权发生矛盾，这是当时政教关系的实质。但在汉武帝实行"罢黜百家，独尊儒术"的意识形态战略以后，中国的政教关系并非如西欧中世纪时期那样表现为"宫廷"与"教廷"的权力斗争，而主要表现为儒、佛、道三教文化上的冲突与融合。

一　佛道二教的快速发展

佛教自两汉之际传入我国，但终汉之世规模和影响都不大。中国统治者及士大夫将佛教视为一种神仙方术，任其自生自长。自魏晋南北朝时期，情况发生了根本性的变化，一时间僧尼成群，寺院遍地，

---

① 汤用彤：《汉魏两晋南北朝佛教史》，中华书局1965年版，第72页。

士人出家，王侯舍身，佛教组织成为一支谁也不能漠视的社会力量。佛、道教能够迅速传播固然有深刻的社会文化背景，两晋南北朝统治者的大力支持，则是佛教迅速发展的重要推动力量。在这方面，南北方的统治者有共同的心理，也有不同的考量。

首先看北方，从两晋时期"五胡"建立的"十六国"，到北朝的北魏、东魏、西魏、北齐、北周，都是由少数民族贵族建立的政权。他们虽然完全效法汉族统治者，以儒教为国家的政治意识形态，努力以华夏圣王的继承者身份自居，但是在他们的内心深处，仍然存在着文化落后的"夷狄"身份的自卑。后赵第二代皇帝石虎的说法最有代表性："朕出自边戎，忝君诸夏，至于飨祀，应从本俗。佛是戎神，所应兼奉，其夷赵百姓有乐事佛者，特听之。"（《晋书·列传六五》）大力扶植佛教，正好可以为他们的政权提供合法性。特别是北朝的帝王不同于南朝的帝王，他们对玄远的佛理没有多少兴趣，他们更热衷于做功德、修福田。所以北朝佛教的特点是大量建造寺院、石窟，大规模举办法事活动，广度僧尼并给他们大量的经济特权。到北周武帝灭佛时，"禹贡八州，见成寺庙，出四十千，并赐王公，充为第宅；三方释子，减三百万，皆复军，还归编户"（《续僧传·静蔼传》）。对于当时全国三千万左右的人口，出家人数三百万已经成为一个严重的社会问题了。

至于南方的王朝，他们崇佛没有对于外来文化的倚重，主要原因还在于"神道设教"的考虑以及在激烈的政治斗争中慰藉自己空虚的心灵。关于第一个方面，刘宋时代宋文帝说："明佛法汪汪，尤为明理，并足开奖人意。若使率土之滨，皆纯如化，则吾坐致太平，夫复何事！"（《弘明集》卷一一）宋文帝的这段话，把华夏帝王重视宗教教化功能的心理讲得非常清楚。至于第二个方面，南朝崇佛最甚的梁武帝个人信仰方面的因素可能更多一些。他青年时代曾经信奉道教，登基第三年便率僧俗两万人举行大法会，宣布自己"舍道归佛"。他讲："老子、周公、孔子等，虽是如来弟子，而化迹既邪，止是世间之善，不能革凡成圣。"所以他才"舍邪、外，以事正内"，并且命令公卿百官，侯王宗族，"宜反伪就真，舍邪入正"（以上均参见唐道宣：《集古今佛道论衡》卷甲）。天监十八年，梁武帝"屈万乘之尊，申再三之敬"，亲受菩萨戒，成了"菩萨皇帝"。他严守戒律，"日一蔬膳，过中不餐"。他不仅自己"永断辛膻"，而且下令天下僧尼一律素食，形成汉地佛教一大特色。甚至他还以杀牲祭祖"无益至诚，有累冥道"为由，改变了历代天子太牢血食祭祖的礼典，直至梁亡。梁武帝利用他的特殊地位，滥支国库钱财，大量布施僧尼，大修寺院。更有甚者，梁武帝四次舍身入同泰寺为奴，然后再由群臣将他赎回，其中两次有记载皆"群臣以钱一亿万奉赎皇帝菩萨，众僧默许"。以九五之尊的身份舍身为寺奴，其崇佛活动在中国历史上可谓登峰造极。梁武帝本人有很高的佛学素养，礼佛诵经，举办法会，并亲自升座讲经说法，弘阐佛理。他关心译经事业，组织僧众翻译、编纂大批佛教典籍。他自己也撰写了多部论著，发明教理。在南朝帝王的扶植下，佛教获得了长足的发展，据唐法琳的《辩证论》卷三记载，刘宋时有寺院 1913 所，僧尼 36000 人；萧齐时有寺院 2115 所，僧尼 32500 人；萧梁时寺院达到了 2846 所，僧尼 82700 人。[1]

　　汉魏两晋时期的统治者对道教采取了打击、防范与转化、利用并举的两手战略，促使道教开始向依附统治阶级的社会上层转化。在统治者的高压政策面前，以葛洪、寇谦之、陆修静、陶弘景为首的一批卓越的道教领袖、思想家，很快对原始道教的理论、仪规、组织进行了改造，从而取得了统治者的支持。进入南北朝时期，南北方的王公贵族们，出于对门阀世族豪华生活的眷恋，对政变频仍生死无常的恐惧，纷纷交结名僧、名道，以寻求精神的寄托。如东晋门阀王氏家族，"世事张氏五斗米道"。《晋书·王羲之传》记载："羲之雅好服食养性，不乐在京师。初渡浙江，便有终焉之志。会稽有佳山水，名士多居之，谢安未仕时亦居焉。孙绰、李充、许询、支遁等皆以文章

---

[1] 从数字看，南方的教徒人数要大大少于北方，估计是计算方面的原因，大约没有统计依附于寺院的人口，仅仅是出家人的数量。按常识推断，南方经济比北方发达得多，僧尼人数何至于相差如此之多？

冠世，并筑室东土，与羲之同好。"在北方，清河崔氏、范阳卢氏、冯翊寇氏、京兆韦氏、天水尹氏等大家族，都是北天师道的支持者。改造北天师道的著名道教领袖寇谦之，就出身于冯翊寇氏家族，"好仙道，有绝俗之心。少修张鲁之术，服食饵药，历年无效"（《魏书·释老志》）。后来他自称遇到了仙人成兴公，得道成仙。出身于清河崔氏家族的崔浩，在北魏太武帝朝身居司徒高位，是太武帝最亲信的官员。寇谦之自称得到了老子的神谕，"忽受神中之诀，当兼修儒教，转助泰平真君，继千载之绝统"（《魏书·释老志》）。太武帝认为自己正好应了"太平真君"的谶语，故改年号为太平真君元年，以受命之君的身份自居。并于太平真君"三年春正月甲申，帝至道坛，亲受符箓，备法驾，旗帜尽青"（《魏书·世祖纪下》）。太武帝可以说是中国历史上第一个接受道教符箓的"道士皇帝"。为了表示他对道教的虔诚，他支持寇谦之修建静轮天宫，"必令其高不闻鸡鸣狗吠之声，欲上与天神交接，功役万计，经年不成"（《魏书·释老志》）。在太武帝及司徒崔浩的支持下，寇谦之完成了对北方天师道的改造，使北方的道教得到了很大的发展。由于道教在两晋南北朝时期，尚未有严谨的教团制度，故关于道教的发展规模，缺乏像佛教那样的比较确切的统计数字。

二　宗教引发的农民起义问题

魏晋南北朝时期政治斗争最尖锐的领域，莫过于具有阶级斗争性质的民间起义了。在君主专制的社会里，缺少政治权力的制衡与和平变更机制，一旦暴君专断，儒家政治文化中的劝谏机制无法发生作用，则只能依赖"汤武革命"了。因此中国是世界历史上农民起义爆发次数最多、规模最大的国家。中国的农民起义，从陈胜、吴广时代起，就都具有明显的宗教色彩。不过随着时代的发展，农民们利用的宗教旗号又有所不同。两晋南北朝时期正好是道教和佛教迅猛发展，在社会意识领域中产生重大影响的时期，民间起义多与这两种宗教有密切的联系也是必然的。

两晋南北朝门阀世族对政治的垄断和割据,造成了中央集权统治能力和儒教社会调节能力的降低,故此社会政变频繁,民族冲突、战乱不止。而这一切苦难最终都要转嫁到广大的农民身上。在当时农民的视野中,道教是当然的首选武器,因为道教理论本身就具有改造现实的强烈的政治情怀。道教在其形成之初,就提出了天、地、人三者合一以致太平,顺天地、奉五行而致太平的政治理念,表现出强烈的关注政治和干预现实的倾向。《太平经》在解释何谓"太平"时说:"太者,大也。……平者,乃言其治太平均,凡事悉理,无复奸私也。"[①] 两晋南北朝时期以道教形式组织的民间起义,次数最多、范围最广的,莫过于"李弘起义"了。寇谦之在《老君音诵戒经》中说:"世间诈伪,攻错经道,惑乱愚民,但言老君当治,李弘应出,天下纵横返逆者众,称名李弘,岁岁有之。"显然李弘并不是一个具体的农民起义领袖,而是道教神话中的一种谶言。根据《晋书》《魏书》《南史》《北史》等典籍,与李弘相关的道教起义就有十余次。[②] 李特和李雄建立的成汉政权,属于民间起义相对成功的范例,也是两晋南北朝时期道教在政治上产生重大作用的具体表现。起义军迅速占领了四川大批的土地,并于西晋永兴元年(304)十月在成都称王,次年称帝,建国号为"大成"。李特政权传至第三代李寿时,又改国号为"汉",故历史上将他们的政权称为"成汉"。两晋时代,道教对晋王朝造成致命冲击的事件,则是发生在东晋王朝的核心地区的孙恩、卢循"长生人"起义。从隆安二年(398)起起义持续了十三年,虽然孙恩、卢循领导的"长生人"起义没有直接推翻晋王朝,但是在镇压起义的过程中壮大起来的军阀刘裕,已经是尾大不掉,几年之后便取东晋而代之。道教起义引起了统治者对民间宗教的警觉,使他们更残酷地镇压民间流行的各种宗教活动。

佛教从两汉之际传入我国,很长一段时间都是在民间传播,所以

---

① 王明:《太平经合校》,中华书局1997年版,第148页。
② 参见拙作《中国古代政教关系史》,中国社会科学出版社2012年版,第506—507页。

在士大夫阶层接受佛教以前，农民早已接受了佛教。当高僧大德努力向官员和士大夫传教的同时，大多数普通僧侣则是深入民间乡里，向广大农民传播佛教信仰。在两晋南北朝门阀专权，社会极其腐败的情况下，普通僧侣的生活也相当艰难。一旦旱涝虫疫等自然灾害发生，他们也会参加农民起义。由于他们具有宗教知识、经验、技能，故往往成为农民起义的领袖。两晋南北朝时期的官方史书上记载的沙门起义就有十余次，在这些起义中，领头的和尚往往掌握一些巫术类的幻术，所以能够给贫苦的农民极大的鼓励，给东晋及南北朝统治者以沉重的打击。如梁朝起义的沙门僧强，史书记载，"僧强颇知幻术，更相扇惑，众至三万，攻陷北徐州，济阴太守杨起文弃城走，钟离太守单希宝见害。"（《梁书·陈庆之传》）可见当时起义军已经具有了相当的规模。朝廷委派陈庆之前去镇压起义，梁武帝亲临前线指挥，并谓庆之曰："江、淮兵劲，其锋难当，卿可以策制之，不宜决战。"（《梁书·陈庆之传》）连皇帝指挥的官军都觉得"其锋难当"，认为不宜决战，农民起义军的实力便可见一斑了。

鉴于东汉末年黄巾起义的巨大威力，两晋的统治者始终对民间宗教抱有高度的警惕性。为了防止民间宗教的蔓延，魏晋南北朝历代统治者不断发布诏令"禁淫祠杂祀"。如晋武帝在建国之初的泰始元年（265）十二月，即颁布诏书："昔圣帝明王修五岳四渎、名山川泽，各有定制，所以报阴阳之功故也。然以道莅天下者，其鬼不神，其神不伤人，故祝史荐而无愧辞，是以其人敬慎幽冥而淫祀不作。末世信道不笃，僭礼黩神，纵欲祈请，曾不敬而远之，徒偷以求幸，妖妄相煽，舍正为邪，故魏朝疾之。其案旧礼具为之制，使功著于人者必有其报，而妖淫之鬼不乱其间。"（《晋书·礼志一》）在统治者的眼中，合法的宗教应当是三代遗留下来的国家宗教，因为宗教祭祀的各路神灵，"各有定制"，有助于巩固人间的等级秩序。一旦起义发生，统治阶级就会集中一切力量将其剿灭，绝不留情。

为了消弭民间道教、佛教的反政府色彩，佛道教领袖主动进行了宗教改革。《魏书·释老志》记载寇谦之："清整道教，除去三张伪法，租米钱税，及男女合气之术。大道清虚，岂有斯事。专以礼度为首，而加之以服食闭练。"主动与造反的"三张"划清界限，取消令政府疑虑的"男女合气之术"，宣布服从宗法礼法，专以养生为务。江南的道教理论家葛洪写的《抱朴子》，坚决与汉末道教起义划清界限，"曩者有张角、柳根、王歆、李申之徒，或称千岁，假托小术，坐在立亡，变形易貌，诳眩黎庶，纠合群愚。进不以延年益寿为务，退不以消灾治病为业，遂以诳眩黎庶，纠合群愚，不纯自伏其辜"（《抱朴子·道意》）。江南高道陆修静对南天师道的改造，大致包括如下一些内容：整顿组织系统，健全三会日制度。整顿名籍混乱状态，加强"宅录"制度。禁止道官自行署职，健全道官晋升制度。通过这一系列的改革，使得曾经造反的道教变成了为王国服务的道教。

佛教作为一种外国宗教进入中国，更是需要进行适应中国的改造，东晋道安明确告知徒众："不依国主则法事难立"，强调了宗教服从政治的根本方针。北周道安在《二教论》中提出了一个非常有意思的说法——"君为教主"，以此表明佛教对帝王的尊崇。他说："世谓孔老为弘教之人，访之典谟则君为教主。"理由在于："昔周公摄政七载，乃制六官。孔老何人，得为教主？孔虽圣达，无位者也。"根据儒家的理论，"有德无位"不可以为教主，中国的教主只能是有德有位的皇帝，表明了佛教臣服君主专制统治的立场。

三　儒释道三教冲突与融合

从东汉末年开始，中国的思想文化领域就开始了一场长达上千年的激烈斗争——三教冲突。东汉末年成书的《牟子理惑论》、南北朝时期的《弘明集》和唐初的《广弘明集》，详细记录了这场旷日持久的文化斗争。不过在儒学"和而不同"思想观念的影响下，三教斗争的结果不是谁吃掉谁，而是相互学习、相互吸收，最终走向三教"均圣""均善"的"殊途同归"光明前途。三教之间进行了"沙门不敬王者论""白黑论""夷夏论""神不灭论"等争议，可以归结为这样几个问题。

1. 宗教组织与权力机构的关系问题

这个问题的本质，就是宗教组织要不要服从国家权力机构管理的问题。在印度，佛教在其创立后的一千多年的时间里，具有崇高的社会地位，许多王朝都将佛教尊为国教，给予他们在家不拜父母，入朝不拜君王的特殊权力。之所以会形成这种状态，与古印度的政治局势有关。当时的古印度诸侯林立，权力分散，而佛教则具有统一的组织，社会影响巨大，所以各诸侯国的君主对佛教高度依赖，因此也乐于给他们各种特殊权利。但是中国的情况却与此完全不同，当佛教传入中国时，中国已经形成了相对稳定的宗法家族社会和君主专制政体，在思想观念上，儒教作为国家的意识形态，基本可以满足论证权力机构合法性的需要。如果说有所缺乏，儒家文化相对欠缺的仅仅存在于个人精神信仰层面。因此专制帝王绝不许佛教和道教与之并驾齐驱，更何谈凌驾于政治权力机构之上。

从东晋时期就开始了关于沙门是否应当拜王问题的争论，实质上就是一个教权是否可以与政权平行的争论。这场争论最早爆发在东晋成帝咸康六年（340），当时庾冰辅政，"帝在幼冲，为帝出诏，令僧致拜"（《广弘明集》卷二十五）。他在《诏书》中阐述的理由是："礼重矣，敬大矣，为治之纲尽于此矣。万乘之君非好尊也，区域之民非好卑也。而卑尊不陈，王教不得不一，二之则乱。斯曩圣所以宪章体国所宜不惑也。"（《弘明集》卷十二）君为臣纲，君尊臣卑，这是君主专制社会的"国宪"，如果和尚不拜君王，搅乱"国宪"，必然会引起天下大乱。但是"时尚书令何充、尚书谢广等，议不合拜。往返三议，当时遂寝"（《广弘明集》卷二十五）。晋安帝元初中（约400），沙门是否拜王的争议再起，当时的太尉桓玄大权独揽，为了树立自己的威信，他重提沙门敬王的话题，他借老子"故道大、天大、地大、王亦大"的"四大"说，认为王是天地间的主宰者，"沙门之所以生生资存，亦日用于理命。岂有受其德而遗其礼，沾其惠而废其敬哉？既理所不容，亦情所不安"（《弘明集》卷十二）。

针对桓玄的指责，东晋高僧慧远写成《沙门不敬王者论》，不仅阐述了沙门不应礼敬王者的道理，而且对政教关系的性质作了全面的阐述。首先，慧远将佛教信仰者分成了两个部分，规定大多数在家的信徒必须礼敬王侯。"在家奉法，则是顺化之民。情未变俗，迹同方内。故有天属之爱，奉主之礼。"（《弘明集》卷五）中国的佛教与西方的基督教有很大的差别，就是没有教区登记制度，普通百姓信仰佛教只是个人问题，并不改变他的臣民身份。那些在家信仰佛教的人，都是顺化之民，其情爱之心未变，故世俗礼教所规定的各项义务都不会发生变化。其次，出家僧人不敬王侯，是为了保持佛教的独立身份，以便发挥宗教的特殊作用。慧远接着说："出家则是方外之宾，迹绝于物。其为教也，达患累缘于有身，不存身以息患；知生生由于禀化，不顺化以求宗。求宗不由于顺化，则不重运通之资，息患不由于存身，则不贵厚生之益。此理之与形乖。"（《弘明集》卷五《沙门不敬王者论》）对于出家人来说，佛教把生命、身体、财富等世俗社会认为最有价值的东西，统统看成"患累"。故他们明知生命禀化于自然，但是却不顺化以求生。佛教不顺化，是为了超越人生所处的"五蕴""十二因缘"，求得终极的真理。因此出家僧人的服饰、礼仪都与世俗之人不同，以表达他们所追求的"道"与世俗不同。慧远在这里说明了一个很重要的道理，即宗教组织必须与世俗政权保持一定的独立性。不过出家人数量极少，少数职业神职人员不礼拜王侯并不会对社会秩序产生太大的影响。最后慧远这样表述佛教所能发挥的特殊作用："夫然。故能拯溺俗于沈流，拔幽根于重劫，远通三乘之津，广开天人之路。如令一夫全德，则道洽六亲，泽流天下。虽不处王侯之位，亦已协契皇极，在宥生民矣。"（《沙门不敬王者论》）佛教以自己绝欲苦行的宗教实践，可以在社会上树立一面高尚的道德旗帜，在精神上拯救世人。故从家庭角度看，一人"全德"，则六亲皆沾其恩惠。从国家的角度看，僧侣虽不处王侯之位，但劝百姓安于本分，放弃斗争，可以发挥辅助王化的特殊作用。慧远虽然仍然坚持要求政府给予沙门一些特殊待遇，但是在与政权的关系上，他已经做了全面的妥协，承诺了"协契皇极，在宥生民"的辅助政治的任务，摆正了佛教服从统治的关系。桓玄的动议由于慧远的解释和一些崇佛大臣的议论而暂时搁置，在实质上，还是由于桓玄在权力的争夺中失势而只得作罢。

但是在北朝，北魏僧官道人统法果，则直接拜倒在北魏君主的面前。他还给自己的行为找到了一个合理的说法，"太祖明睿好道，即既是当今如来，沙门宜应尽礼，遂常致拜。谓人曰：'能鸿道者人主也，我非拜天子，乃是礼佛耳'。"（《魏书·释老志》）不过北魏沙门的行为也没有成为当时的范式，由于沙门是否应当敬王的问题，理论的争议比较复杂，是中国政治文化领域中的一场长期的、重要辩论，在唐代有时还会被提出来讨论，一直持续到宋代才最终以沙门要跪拜君王而告终。① 宋代著名僧人赞宁曾经感叹道："近朝今代道薄人乖称谓，表章称臣顿首。夫顿首者，拜也；称臣，卑之极也。"（《僧史略·对王者称谓》）他虽如此感叹，但他所上《进高僧传表》《宋高僧传序》等，对皇帝也是称"臣"的。说明这在当时已成为潮流，难以违拗了。

2. 宗教团体的出现所引发的法律问题

佛教和道教组织作为社会上相对独立的自治团体，对其内部事务有一定的司法权力。按照古印度的传统，世俗法律止于寺门之外，沙门犯罪以佛教的戒律加以惩罚，不必官府过问。在中国实行这样的特权以后，一方面有些僧人犯罪后并没有受到应有的惩罚，另一方面有些社会上的犯罪分子，一旦剃去头发，穿上袈裟，就可以逃避世俗法律的制裁。这样就在一段时间内，使寺院成为容纳犯罪分子的场所，故引起社会各方的抨击。如刘宋世祖时庐陵内史周朗上书皇帝说："自释氏流教，其来有源，舒引容润既亦广矣。而假糅

---

① 参见拙作《中国古代政教关系史》下卷，中国社会科学出版社 2012 年版，第 701—706 页。

医术，托以卜数。外刑不容，内教不悔，而横天地之间，莫之纠察。今宜申严佛律，裨重国令。其疵恶显著者，悉宜罢遣。"（《广弘明集》卷六）周朗指出：一些佛教徒假托医、卜、数术，行犯罪之实。但是世俗法律对其不能制裁，可佛教的戒律又不加教诲，致使对于沙门犯罪无法管理。所以应当下令依照佛律、国法，严惩犯罪沙门，对于有罪之人，坚决罢遣。荀济攻击佛教："聚合凶徒，易衣削发，设言虚诈，不足承禀。九十六道，此道最贪。"（《广弘明集》卷七）北魏太武帝灭佛，直接的导因也是由于在长安寺中发现了一些沙门违法的行为。太武帝灭佛的理由之一，就是要用统一的律法，整治沙门的犯罪行为。

于是政府在宗教管理方面，在法律上划分了僧俗界限，实行僧俗有别的法律制度。在中国政治文化的语境中，"普天之下，莫非王土"，并不存在"化外之民"。但是又要考虑到佛教教规对于教徒的规范要超过常人，所以最终在实践上形成了小罪由寺院自行处理，大罪仍需诉诸国法的共识。北魏宣武帝永平元年（508）秋诏曰："绪素殊异，法律亦异。故道彰于互显，禁劝各有所宜。自今已后，众僧犯杀人以上罪者，仍依俗断。余犯悉付昭玄，以内律、僧制治之。"（《魏书·释老志》）这一条例后来成为历代管理各种教徒犯罪问题的原则，凡是犯杀人、谋反、忤逆等重罪交由国法处理，其余轻罪可归僧道团体用戒律解决。这样的制度设计是考虑到，重罪不交国法严惩不足以平民愤；而对于轻罪，一般僧道团体的内律都严于国法。关于沙门犯罪问题，佛教通过加强僧团内部的戒律以及服从社会法律，逐渐平息了士大夫阶层的抨击。两晋时期的名僧道安，在建立僧尼规范方面起了很大的社会作用。《高僧传·道安传》载："安既德为物宗，学兼三藏，所制僧尼轨范，佛法宪章，条为三例……"汤用彤先生评价道安在加强僧尼戒律方面的贡献时说："在安公晚年，戒律渐至。所得戒本，多与安公有关。……道安寻求戒律，其努力诚可钦佩。"①

---

① 汤用彤：《汉魏两晋南北朝佛教史》，中华书局1965年版，第215—216页。

3. 宗教修行生活方式所引发的社会伦理问题

在儒家的宗法伦理中，孝道是其核心观念，《礼记·祭义》引曾子的话说："夫孝，置之而塞乎天地，溥之而横乎四海，施诸后世而无朝夕。"在这里，《礼记》将孝道上升为一种放之四海而皆准的普遍真理，成为人类世世代代不可缺少的精神。《孝经·三才》说："子曰：夫孝，天之经也，地之义也，民之行也。"据此，汉代统治者制定了"以孝治天下"的政治纲领，这样，孝道就不仅仅是一种家庭伦理，《孝经·广扬名》说："君子之事亲孝，故忠可移于君；事兄弟，故顺可移于长；居家理，故治可移于官。是以行成于内，而名立于后世矣。"这样，以"亲亲"率"尊尊"，移孝作忠，孝亲包含了忠君，成为事关国家稳定的政治文化。在世界其他民族，父母养育子女，子女成人后反哺父母，这是一般的家庭伦理，是具有共同性的人类道德。但是将孝道上升为政治文化，并提出"以孝治天下"的口号，则是中国古代社会宗法政治的本质体现。故所有的外来文化，都必须对孝道问题做出明确的回答，与之相适应，否则就将成为政治问题。东晋孙绰所作《喻道论》中记载有人责难佛教说："或难曰：周孔之教，以孝为首。孝德之至百行之本，本立道生通于神明。故子之事亲，生则致其养，没则奉其祀。三千之责，莫大无后。体之父母，不敢夷毁。是以乐正伤足，终身含愧也。而沙门之道，委离所生，弃亲即疏，刑剔须发，残其天貌。生废色养，终绝血食。骨肉之亲，等之行路。背理伤情，莫此之甚。"（《弘明集》卷三《喻道论》）按照儒家伦理，孝为百德之首，孝子事亲，父母生时尽心孝养，父母故去诚敬祭祀。生养后代，使家族的宗庙百代不绝。体之发肤，受之父母，不可毁伤。但是沙门剃头，伤害父母给我们的身体。出家背亲，使父母晚年无人奉养。绝欲断后，使家族血缘中断，宗庙绝祀。从宗法伦理的角度看，这些都是违反孝道的严重罪行。北魏宣武帝时，司徒长史兼主簿李瑒，针对当时社会"民多绝户而为沙门"的状况，批判佛教说："故三千之罪，莫大不孝；不孝之大，无过于绝祀。然则绝祀之罪，重莫甚焉。……安有弃堂堂之政，而从鬼教乎！"（《魏书·李孝伯传》）一些士大夫从"孝道"进而讲到"忠君"，宋孝武帝时大臣周朗奏曰："自释氏流教，其来有源……背亲傲君，欺费疾老，震损宫邑。"（《宋书·周朗传》）北齐的道士仇子陀攻击佛教说："自魏晋已来，胡妖乱佛。背君叛父，不妻不夫。而奸荡奢侈，控御威福。坐受加敬，轻欺士俗。"（《广弘明集》卷七）

出家、剃头、绝欲、无后，这是佛教宗教修行的根本支点，不可能因社会的反对而改变，如果变了，佛教将不成其为佛教了。如果完全认同中国的宗法理论，则佛教就失去了存在的意义，故对自己特殊的仪轨与宗法伦理的矛盾，只能进行必要的解释，以求得士大夫阶层的理解和宽容。他们利用儒家、道家原有的思想资料，为佛教的"不孝"进行辩护。孙绰《喻道论》对于出家不能养亲的问题解释说："父隆则子贵，子贵则父尊。故孝之为贵，贵能立身行道永光厥亲。若匍匐怀袖，日御三牲，而不能令万物尊己。举世我赖以之养亲。其荣近矣。"儒家的《孝经》将"立身行道"作为孝道的最高境界，孙绰认为出家修行也是"立身行道""光宗耀祖"的行为，要高于在家尽孝。对于沙门无后的指责，孙绰辩解说："夫忠孝名不并立。颖叔违君书称纯孝，石碏戮子武节乃全。传曰：子之能仕父教之忠，策名委质，二乃辟也。然则结缨公朝者，子道废矣。何则见危授命，逝不顾亲皆名注史笔。事摽孝首，记注者，岂复以不孝为罪。故谚曰：求忠臣必于孝子之门，明其虽小违于此，而大顺于彼矣。"（《弘明集》卷三）儒家提倡"求忠臣于孝子之门"，但是在忠孝不能两全的情况下，儒家主张为国尽忠高于在家尽孝。孙绰正好利用了这一点，用历史上一些著名人物的故事，说明他们并非不孝。相应地，出家修行佛法也是一件高尚的事情，怎么能说是不孝呢？至于"毁伤身体"之事更是小节了，"周之泰伯，远弃骨肉，托迹殊域，祝发文身，存亡不反。而论称至德，书著大贤。诚以其忽南面之尊，保冲灵之贵。三让之功远。而毁伤之过微也。"（《弘明集》卷三）儒家史书记载周文王的伯父泰伯，本为王室长子，应当继承王位，但是为了将王位让给最有希望光大周族的文王父亲季历，他甘愿跑到南越，"祝发文身"。但是史书不谴责他毁伤父母之体，而是赞颂他谦让的美德。佛教徒自甘清苦，修习佛法，普度众生，其剃头易服的一点"微过"，也是可以原谅的。从孙绰的辩解看，主要是使用权衡轻重，不要以小废大的思路，提倡舍小孝而行大孝。故从家庭角度看，一人"全德"可以超度列祖列宗，则六亲皆沾其恩惠，是大孝。从国家的角度看，僧侣虽不处王侯之位，但可以发挥辅助王化的特殊作用，是大忠。孙绰的《喻道论》讲："佛有十二经，其四部专以劝孝为事。"沈约认为佛教的慈悲就是儒家的仁道。颜之推把佛教的"五戒"比为儒家的"五常"。他们甚至说："一子成佛；七祖升天"，出家修行是"弃小孝而行大孝"。

　　道教对宗法伦理的影响与佛教正相反，不在于"绝欲"而在于可能导致"纵欲"。在道教的诸种修炼方法中，包括研究男女交合的"房中术"。道教本身并不主张纵欲主义，但是那些涉及男女双修的房中术在贵族们手中，则变成了享受性快乐的工具，容易引发社会上的纵欲主义思潮，也会破坏宗法家族社会的稳定，故受到儒家士人的抨击。针对社会上儒学士大夫的抨击，道教宣布对宗法伦理的全面认同。中国古代社会在汉代形成的纲常伦理，是君主专制制度的根本保障，故被统治者视为人伦天理。原始道教以下犯上，对儒教的纲常伦理造成了极大的冲击。葛洪在《抱朴子》中明确提出，进行道教修炼，一定要以遵守纲常伦理为先。他说："欲求仙者，要当以忠孝和顺仁信为本。若德行不修，而但务方术，皆不得长生也。"(《抱朴子·对俗》)张鲁后裔以天师的名义发布的《大道家令戒》要求教民："当户户自相化以忠孝，父慈子孝，夫信妇贞，兄敬弟顺。"儒家纲常伦理特别要求妇女对于丈夫的忠贞，但原始道教中一项重要的修炼，就是男女双修的房中术。这种修行方法，因可能会导致宗法家族内部男女关系的紊乱，所以在道教官方化的过程中，房中术一直遭到儒家的批评。对此，北方天师道的领袖寇谦之在《老君音诵戒经》中激烈抨击某些道士"妄传（张）陵身受黄赤房中之术，授人夫妻，淫风大行，损辱道教"。他主张应当坚决废止房中术，《魏书·释老志》记载寇谦之："清整道教，除去三张伪法，租米钱税，及男女合气之术。大道清虚，岂有斯事。专以礼度为首，而加之以服食闭练。"

4．"有神""无神"与"神道设教"问题

孔子本人提出："务民之义，敬鬼神而远之"（《论语·雍也》），其后学则发展为"圣人以神道设教，而天下服矣"（《周易·观卦·彖》）。所以儒家既非宗教，也非无神论，而是"德治"为本又理性地利用各种宗教的"远神论"。佛教在中国大发展，其中最吸引人的理论便是"因果报应论"。如袁宏《后汉纪》称："故王公大人，观生死报应之际，莫不矍然自失。"为了阻止佛教的快速发展，一些儒者激烈批评因果报应论。如《南史·范缜传》载："子良精信释教，而缜盛称无佛。子良问曰：'君不信因果，何得富贵贫贱？'缜答曰：'人生如树花同发，随风而堕，自有拂帘幌坠于茵席之上，自有关篱墙落于粪溷之中。坠茵席者，殿下是也；落粪溷者，下官是也。贵贱虽复殊途，因果竟在何处。'"范缜用偶因论反对因果论，虽然机智，但是并不深刻。范缜自己也感到仅此尚不足以驳倒佛教，故"退论其理，著《神灭论》。"佛教的因果报应论建立在灵魂不死、轮回转世的前提之上，如果否定了人有不死的灵魂，佛教的因果报应论也就不攻自破了。

东汉时期的唯物主义思想家王充就利用"元气自然论"反对神不灭论，认为精神是形体的产物，形亡神灭，如同"薪尽火熄"。但是佛教引入之后，有了灵魂转世的观念，东晋慧远就认为，人死之后灵魂不灭，可以转入下一个肉体之中，他称之为："薪尽火传。"范镇感到，薪与火毕竟是两个东西，所以存在着薪尽火传的可能性，他提出了一个"利刃之喻"，他说："神之于质，犹利之于刃，形之于用，犹刃之于利"，"未闻刃没而利存，岂容形亡而神在。"（《弘明集·神灭论》）当别人问他："知此神灭，有何利用邪？"范缜回答曰："浮屠害政，桑门蠹俗，风惊雾起，驰荡不休。吾哀其弊，思拯其溺。"

(《梁书·范缜传》）他认为佛教的有神论影响了中国世俗主义政治传统，对国家政权造成了危害。但是范缜从无神论的角度出发批评佛教的灵魂不死说，却不可避免地违背了儒家"神道设教"的原则。"神灭论"纠正佛教过度发展有利于中国的宗法政治，可是如果将无神论的原则坚持到底，则一样会损害宗法政治。佛教徒在反击范缜的"神灭论"的同时，实际上也是在向统治者阐述佛教"神不灭论"巩固宗法政治的积极作用，并在有助于王化的大前提下，使佛教关于"灵魂不灭"的理论弥补了中国传统政治文化的缺陷，逐渐成为古代政治文化中不可缺少的组成部分。《梁书·范缜传》载：信仰佛教的人质问范缜说："形神不二，既闻之矣，形谢神灭，理固宜然。敢问经云'为之宗庙，以鬼飨之'何谓也？"范缜回答说："圣人之教然也，所以弭孝子之心，而厉偷薄之意，神而明之，此之谓矣。"质询者提到的经文出于《礼记·问丧》，如果没有鬼神，那么儒家大力提倡宗庙祭祀是为什么呢？范缜回答说，宗庙祭祀并非真有鬼神，而是圣人"神道设教"的需要。一方面可以安慰孝子思亲之心，另一方面则可以防止不孝子孙的"偷薄之意"。这是无神论者对于儒家"神道设教"的标准解释，20世纪以来中国学者为了论证儒家不是宗教，也都是这样说的。然而20世纪的学者作为一种学理这样说说无妨，但是在古代宗法社会中这样说，则会对宗法等级制度的稳定造成负面的影响。如果像范缜这样直接说出鬼神并不真的存在，只是教化百姓的需要，那"神道设教"，不就成为"无神设教"了？其社会教化作用将会大大降低。

针对范缜的"无神设教论"，曹思文在《难范中书神灭论》中说："《孝经》云：昔者周公郊祀后稷以配天，宗祀文王于明堂以配上帝。若形神俱灭，复谁配天乎？复谁配帝乎？且无臣而为有臣，宣尼云：天可欺乎？今稷无神矣，而以稷配斯，是周旦其欺天乎？既其欺天，又其欺人，斯是圣人之教以欺妄。欺妄以教，何达孝子之心，厉偷薄之意哉。"（《弘明集》卷九）早在战国时期，墨子就曾经指责儒家的"无鬼论"是"执无鬼而学祭礼，是犹无客而学客礼也，是犹无鱼而为鱼罟也"(《墨子·公孟》)。所以儒家的鬼神观,只能是"存而不论",绝不能直接说出来。一旦像范缜那样讲明"圣人之意",就会被视为一种赤裸裸的欺骗了。"神道设教"对于设教者而言,有神、无神关系不大,但是对于被教化者,一定要让他们相信有神,这是"神道设教"的关键。范缜为了反对佛教而大张旗鼓地宣扬无神论,就难免影响了儒家"神道设教"对于政治的稳固作用。所以在批评范缜"神灭论"的时候,一些佛教徒直接指出,"害政"的不是佛教的"神不灭论",而是范缜的"神灭论"。梁朝司农卿马元和批判范缜说:"且慎终追远,民德归厚。有国有家,历代由之。三才之宝,不同降情。神灭之为论,妨政寔多。非圣人者无法,非孝者无亲。二者俱违,难以行于圣世矣。"(《弘明集》卷十)

佛教的"灵魂转世"不仅不妨碍政治,而且很好地发挥了弥补儒教政治理论的作用。如汤用彤先生指出:"汉代佛教,最重要之信仰,为神灵不灭,轮转报应之说。"① 儒家本来有"积善之家,必有余庆;积不善之家,必有余殃"(《周易·坤·文言》)的社会报应思想,认为作恶之人其家族必然要遭到惩罚。但是儒家主张"未知生,焉知死?",对彼岸世界持一种不置可否的态度,因此其报应只能在现世。如不能报应作恶者本人,则只能报应在其后代儿孙头上。但是这样的"报应"学说在阶级社会是很难应验的,因为大量为非作歹的恶霸不但不受报应,甚至飞黄腾达。那会报应他们的后代吗?有时候他们的后人几代之后仍然兴旺发达。即使有些时候后代没落了,那么前人作恶后人"承报"公平吗?所以在佛教传入之前,儒教的政治公平观一直是存在缺陷的,影响其劝善戒恶的效力。佛教中的因果报应思想,其核心观念一是业报,二是轮回。"业"的梵文意思是"造作",即人的一切身心活动所形成的结果,具体而言可以分成身、口、意三类。佛教认为,人无论做了善或不善之业,都会受到报应。即使此生没有受到报应,那么来生转世"业"也会如"薪尽火传"一样传到下一辈子,甚至"十世""百世","时候一到,一切都报"。佛教的

---

① 汤用彤:《汉魏两晋南北朝佛教史》,中华书局1963年版,第86页。

"因果报应"思想比起原来儒家的"报应"思想，不仅可以解决社会上一些恶人作恶没有遭到报应的难题，而且"承报"主体不是儿孙而是作恶者本人及其转世的灵魂，很好地解决了社会公平问题。同时对于广大被压迫阶级的民众，"因果报应"学说也是有很好的精神慰藉作用的。此生的贫苦是由于前世作孽的结果，为了来生的福报此生就应当放弃反抗，安于忍受现行的社会秩序。这样的政治伦理对于巩固现行政治秩序，无疑具有很好的辅助作用。如此例证还有很多，总之儒释道三教的政治文化学说相互配合，形成了中国的"超稳态"社会结构，共同造就了中国两千年漫长的君主集权社会。

5. 从"三教之争"到"三教融合"

魏晋南北朝期间，三教间理论斗争尽管激烈，但是在儒家"和而不同""殊途同归"思想的影响下，完全否定对方的存在价值，提倡排斥异教的是极少数，大多数儒家学者或道士、僧侣只是为自己信奉的教派争名次。因此三教冲突的结果是相互吸收、相互渗透，在碰撞中各自改变着自己的形态。三教冲突的过程也是三教融合的过程。三教融合的理论主要有三大类，一为本末内外论，二为均善均圣论，三为殊途同归论。

本末内外论。玄学家在探讨儒、道两教时便立此论，沙门借内外论来说明儒、佛关系。东晋慧远说："求圣人之意，则内外之道，合而明矣。"(《沙门不敬王者论》) 孙绰在《喻道论》中讲："周孔即佛，佛即周孔，盖内外名之耳。"道教徒亦多用本末论。东晋李充在《学箴》中说："圣教救其末，老庄救其本。"葛洪在《抱朴子·明本》中说："道者儒之本也，儒者道之末也。"所以他把研究道教方术的文章编为《内篇》，把研究社会问题的论文编为《外篇》。佛、道二教都是站在出世主义的立场上，把注重现世统治之术的儒视为末，把探讨彼岸、来世的宗教看成本。儒家的立场正相反，从社会功用的角度研究三教关系，把儒学当作治国之本。晋傅玄认为："夫儒学者，三教之首也。"(《晋书·傅玄传》)宋何承天说："士所以立身扬名，实赖周孔之教。"而佛教不过是治术的支流,"善九流之别家,杂以道墨慈悲爱施"(《答宗居士书》)。三教对本的解释不同,且都有自我中心的倾向,但也承认其他教在中心以外的存在。

均善均圣论。此论较之内外本末论有更强的调和三教关系倾向。它承认三教各有利弊,可以互补,故都有存在的必要性。如宋慧琳所作《白黑论》又名《均善论》,主张"六度与五教并行,信顺与慈悲并立"。梁代名士沈约作《均圣论》,说:"内圣外圣,义均理一。"王褒论三教特点时说:"儒家则尊卑等差,吉凶降杀。""道家则堕肢体,黜聪明,弃义绝仁,离形去智;释氏之义,见苦断习,证灭循道,明因辨果,偶凡成圣。"可以说他在一定程度上抓住了三教巩固君主、宗法制度的不同作用。他表示自己"既崇周孔之教,兼循老释之谈"(《梁书·王规传》)。他的思想实际代表了当时统治者三教并重的文化政策。

殊途同归论。当时的人借用《周易·系辞》中"天下同归而殊途,一致而百虑"的说法,为文化开放、三教兼容进行论证。东晋慧远说:"道法之与名教,如来之与周孔,发致虽殊,潜相影响,出处诚异,终期则同。"(《沙门不敬王者论》)顾欢的《夷夏论》排佛最烈,但也承认:"道则佛也,佛则道也。其圣则符,其迹则反",佛道二教最终还是同一的。北周道安《二教论》说:"三教虽殊,劝善义一。涂迹诚异,理会则同",三教最后同于劝善化俗。为巩固宗法等级制度这个大目的,实际也就是在儒家纲常名教的旗帜下,三教终于找到了相互吸收、相互补充、相互渗透的基础。

在三教融合论的影响下,三教并行不悖的观念逐渐深入人心。在帝王、大臣、名士、僧侣和学者之中,三教兼修或二教兼修的人越来越多。如支遁佛玄兼长,执东晋清谈界牛耳。慧远"内通佛理,外善群书",精通《丧服经》。宋文帝除赞扬佛事外,又立儒、玄、文、史四学。谢灵运除精于儒术外,又笃信佛法,宣传顿悟论。齐竟陵王萧子良兼崇儒佛,多次在家中集名僧名士讨论儒、佛理论。张融兼信三教,死葬时"左手执《孝经》《老子》,右手执小品《法华经》"。梁武帝身为帝王，但对三教经典都很精通，大煽三教会同之风。道士陶弘景兼崇佛、道，又习儒术，著《孝经集注》《论语集注》……三教兼宗的实践在上层人士中蔚成风气，从而形成了一种比较宽容的学术空气。学者不拘一教，多元吸收，推动了三教理论的互相适应与融合。

四　由宗教引发的经济问题与灭佛法难

宗教的核心内容是一种超自然、超人间的观念，但是宗教一旦生成，就必然会产生一批专业的宗教人员，他们的生活就需要一定的物质条件来维持。他们进行宗教活动，也需要必备的经济条件作为支撑。所以五斗米教一诞生，就规定其信徒必须每人出五斗米作为会费。佛教徒为了表示超越红尘，鄙视世俗的利益，他们自己不从事生产，只依靠信众的布施为生。但是当佛教影响扩大以后，一些王公贵族纷纷慷慨解囊，以布施寺院的形式将大量的钱财、土地、房产奉献给寺院。两晋南北朝时期最突出的例子，就是梁武帝四次到同泰寺舍身出家。史书记载其中两次，臣下每次用一亿钱将他"赎回"，等于将国家的大笔钱财捐赠寺院。古印度国家考虑佛教徒不事生计，没有收入，所以政府规定僧人可以免除全部赋役，寺院的田产可以免除全部租税。可是在中国两晋南北朝时期迅速形成庞大的寺院经济体系以后，问题就出来了。寺院作为一个独立的经济实体，与世俗地主争利益，与国家争税源、兵源，引起了政府官员和儒家学者的强烈反应。如《广弘明集》卷六载："虞愿，会稽人。仕宋明帝，为中书。善容止直忤言。帝好奕颇废政事，愿曰：……此寺穿掘伤蝼蚁，砖瓦焚虫豸。劳役之苦百姓筋力，贩妻货子呼嗟满路。佛若有知，念其有罪；佛若无知，作之何益。"这是对佛教兴建寺院、耗费大量社会财物的直言不讳的批评。梁武帝朝的大臣荀济，对佛教发展造成的经济问题的批评最为尖锐。他指出："佛家遗教：不耕垦田，不贮财谷，乞食纳衣头陀为务。今则不然，数十万众无心兰若，从教不耕者众，天下有饥乏之忧。"(《广弘明集》卷七)这是对佛教僧侣不事生产,不劳而获的生活方式的批评。他认为佛教教义本身就有问题,更加上一些投机取巧之徒,假名出家,实则逃避劳动,将来国家必有衣食之忧。从南北朝到唐初的历史阶段内,世俗地主对寺僧的捐献,一般不受法律限制。帝王的慷慨捐赠产生了示范效应,捐献土地入寺之风很靡行,因此给社会土地问题带来了严重弊端。特别是免除赋役的优惠措施,极大地刺激了人们"出家为僧"的积极性,出现了僧尼人数激增的局面。如《魏书·释老志》所说:"正光已后,天下多虞,王役尤甚,于是所在编民,相与入道,假慕沙门,实避调役,猥滥之极,自中国之有佛法,未之有也。"北魏在实行"僧祇户""佛图户"政策以前的太和年间,僧尼7万多人,与南方大体相当,但是此后,出现了僧尼人数激增的局面,人数达到200万。北齐年间僧尼人数甚至达到了300万,这对于3000多万的编户齐民,是一个可怕的负担。显然,出家者中信仰者少,避税者多。法国汉学家谢和耐先生注意到:"《魏书》于此没有使用通用的术语'出家',因为如果是真正的僧侣,我们本来是预料会使用这个术语的。人们对于六世纪时僧尼数字骤增的现象所提供的唯一解释如下:如果当时真正出家人的数目有明显的增长,那么那些'入道'的世俗人数字还会更多,肯定至少要多出六倍。"[①]

在没有从制度上找到有效办法的阶段,政府只能在控制僧道总人数上想办法,限制佛道教发展的规模。汉魏时期僧侣多是外国胡僧,人数有限,政府可以对其忽略不计。而到了南北朝,佛道教人数的激增,特别是很多民众借出家之名行避税之实,造成的社会问题就非常显著了。最早提出对沙门进行限制的是桓玄,他说:"京师竞其奢淫,荣观纷于朝市。天府以之倾匮,名器为之秽黩。避役钟于百里,逋逃盈于寺庙。乃至一县数千,猥成屯落。邑聚游食之群,境积不羁之众。其所以伤治害政,尘滓佛教。固已彼此俱弊,寔污风轨矣。"

[①] 谢和耐:《中国五—十世纪的寺院经济》,耿昇译,甘肃人民出版社1987年版,第55页。

(《弘明集》卷一二）因此需要对那些假出家的人进行清退，"沙门有能申述经诰，畅说义理，或禁行修整，足以宣寄大化。其有违于此者，悉皆罢遣"（《弘明集》卷一二）。其后南北朝政府陆续发出多道沙汰沙门的诏书。如宋孝武帝："孝武大明二年，有昙标道人与羌人高阇谋反，上因是下诏，所在精加沙汰，后有违犯，严其诛坐。于是设诸条禁，自非戒行精苦，并使还俗。"（《南史·夷貊传上》）由于沙汰的标准"能申述经诰，畅说义理"，"戒行精苦"大多无法把握，因此沙汰令很难执行。北魏孝文帝太和十年（487）冬，有司奏曰："前被敕以勒籍之初，愚民侥幸，假称入道，以避输课，其无籍僧尼罢遣还俗。重被旨，所检僧尼，寺主、维那当寺隐审。其有道行精勤者，听仍在道；为行凡粗者，有籍无籍，悉罢归齐民。今依旨简遣，其诸州还俗者，僧尼合一千三百二十七人。"（《魏书·释老志》）从当时的历史文献看，南北朝时期中国的管理者还没有找到有效地管理寺院经济的办法，对于二三百万的僧尼规模，沙汰一千多人是没有什么意义的。

　　管理的低效性甚至无效性，必然造成政府管理目标的落空。北魏司空王澄在奏疏中说："臣闻设令在于必行，立罚贵能肃物；令而不行，不如无令。罚不能肃，孰与亡罚。顷明诏屡下，而造者更滋。"（《魏书·释老志》）可控的、有序的管理如果达不到目标，统治者往往就会采用一些极端的、暴力的措施。历史上"三武一宗"等几次法难，大多是管理失效的后果，其中两次在南北朝。例如，北魏太武帝太平真君七年（446）灭佛，当代学者郭朋认为主要基于经济的原因，他指出："北魏之世，寺院经济，有了更大的发展，随着经济的发展，其政治势力也必然会有相应的膨胀。这样，就会给世俗地主造成威胁。"① 再如北周武帝灭佛，经济的原因更为突出。据《续高僧传·静蔼传》记载："及法灭之后。帝遂破前代关东西数百年来官私佛法。扫地并尽。融刮圣容焚烧经典。禹贡八州见成寺庙出四十千。并赐王公充为第宅。三方释子减三百万。皆复军民还归编户。三宝福财其资

---

① 郭朋：《汉魏两晋南北朝佛教》，齐鲁书社1986年版，第812页。

无数簿录入官。登即赏费分散荡尽。"周武帝灭佛与魏太武帝灭佛有一个很大的不同，即他不是以打击为主，而是以转化为主，将僧尼复归民户，将财产收归国库，将寺院变成第宅。这一系列的变化，都说明周武帝灭佛的真实用意在于经济。周武帝自己这样总结这次灭佛的成果："自废已来，民役稍希，租调年增，兵师日盛。东平齐国，西定妖戎。国安民乐，岂非有益。"(《全后周文》卷二十四)

魏晋南北朝的两次"灭佛法难"，成为中国政教关系史上最为严重的宗教迫害事件。但是北魏太武帝和北周武帝两次法难的结果几乎都一样，老皇帝一死，新皇帝上任，马上就会恢复佛教。究其原因，因为经过长时间的"三教之争"，"三教并奖"和"三教并用"已经成为国家政策。北魏太武帝、北周武帝的灭佛或限佛都是他们的个人政策而非国策，因此一旦偏激的老皇帝一死，国家政策就又会恢复到正轨上。北齐文宣帝高洋灭道，元世祖忽必烈以佛压道、焚毁道藏等等，性质与此基本相同。

五　宗教管理方式的逐渐探索

中国古代国家宗教和由历代儒家学者改造形成的宗法性传统宗教由于没有独立的宗教组织，因此对其也不存在宗教管理问题。但是随着佛教的传入、道教的形成，具有独立组织系统的宗教组织开始出现，宗教管理问题也被提上日程。在中国"普天之下，莫非王土；率土之滨，莫非王臣"(《诗经·小雅·北山》)的政治文化之下，君主集权政府不允许存在所谓的"化外之民"，对于宗教组织的管理一定要提到政府的日程上。

两晋之初，统治者鉴于汉魏时期道教组织农民起义的教训，对民间巫术、淫祀类的活动防范甚严，一段时间内发布很多禁令，帝王的诏令和政府的告示是当时主要的管理手段。从目前史书上看，东晋太尉桓玄是较早提出沙汰的官员。鉴于佛教的发展速度太快，他发布《欲沙汰众僧与僚属教》命令："沙门有能申述经诰，畅说义理，或禁行修整，足以宣寄大化。其有违于此者，悉皆罢遣。唯庐山道德所居，不在搜简之例。"(《高僧传·慧远传》) 其后南北方历代帝王和政府不断发布各种诏令对宗教活动进行调节。不过从管理方式看，这种诏令式的管理属于就事论事，缺乏系统性和长期性。

与皇帝诏令式的管理相比，中国僧官制度的建立，是一种制度化的、理性的、稳定的管理制度。当代学者谢重光、白文固的《中国僧官制度史》一书，对此有专门的研究。① 根据此书研究，僧官制度在大体相近的时间内，分别出现在南方的东晋和北方的北魏、姚秦。关于东晋的僧官制度，史籍缺少完整的记载，仅于《僧传》中发现了数条线索。《续高僧传》卷六《后梁大僧正释道迁传》称："昔晋氏始置僧司，迄兹四代，求之备业，罕有斯焉。"说明晋代始置专门的僧务管理机关，称僧司。北魏最早的僧官记录出现在《魏书·释老志》中："初，皇始中，赵郡有沙门法果，诫行精至，开演法籍。太祖闻其名，诏以礼征赴京师。后以为道人统，给摄僧徒。"道人统是北魏僧官最早的名称，法果任此职的时间在皇始中，约 396—398 年之间。关于姚秦僧官制度的史料稍多。《高僧传》卷六《僧䂮传》记载一项姚兴的诏令曰："僧䂮法师，学优早年，德芳暮齿，可为国内僧主。僧迁法师，禅慧双修，即为悦众。法款、慧斌共掌僧录。"其后历代基本沿袭了三朝僧官制度，不过不断摸索完善细化。

在北周时期，政府开始对宗教管理体制进行改革，北周政权按照《周礼》的规定，将政府机构设置成天、地、春、夏、秋、冬六官，其中春官管理宗教事务。《通典》卷二三"礼部尚书"条记载，北周春官的典命"掌……沙门道士之法"。"有司寂上士、中士，掌法门之政；又有司玄中士、下士，掌道门之政。"(《唐会典》卷十六《宗正寺》) 这样实际上是将宗教事务管理的实权收回俗官手中，削弱了僧官的权力。不过对北周政府宗教管理部门的职能，记录较少，不太清楚。

---

① 谢重光、白文固：《中国僧官制度史》，青海人民出版社 1990 年版。

第六章 隋唐宋元时期政教关系的完善

一 中国的君主集权制度基本定型

隋唐至宋元时期，是中国帝制社会全面完善时期。在政教关系方面，则表现为宗教管理制度逐步建设完成，政府实行"三教并奖"政策，在意识形态上从"三教之争"走向了"三教合一"。

公元589年，隋文帝统一中国，结束了汉末以来三百多年的分裂局面。随后，隋文帝杨坚采取了诸如均田、轻徭薄赋等"休养生息"政策，国内"物阜民丰，朝野欢娱"。到隋炀帝大业五年（609）《隋书·地理上》载："户八百九十万七千五百四十六，口四千六百一万九千九百五十六。"已经远远超过了南北朝时期。隋唐之际，经过了短暂的战乱，唐高祖李渊、唐太宗李世民迅速统一了中国，重新建立了统一的全国政治权力，使社会又回到了和平状态。鉴于战争对于社会经济造成的破坏，高祖和太宗都采用了西汉初年行之有效的道家"无为政治"。具体措施包括颁布均田制和租庸调制，"轻徭薄赋"，鼓励农耕，招收流民，使农民与生产资料重新结合，促成了生产的发展和人口的迅速恢复。到了唐代的鼎盛时期开元十三年（753），"户九百六十一万，口五千二百九十一万"（《通典》卷七《食货》），达到了一个新的高峰。

随着经济的发展，隋唐时期的中国成为世界上最先进的国家。隋唐时期的社会经济发展程度远远高于西欧。最明显的标志就是隋唐王朝的商品生产相当发达，形成了规模巨大的城市。唐代有许多大城市，其中首都长安是最大的政治、经济、文化中心。长安人口近一百万，这样的大城市，当然需要大量的农产品、手工业商品等诸多供应。当时的长安有一百二十座街、坊，商品堆积如山。由于隋唐的经济地位和政治地位，当时世界上一些较有影响的国家无不与之有贸易关系。各国到唐的使节，均要贡献方物，唐对这些使节也要回敬礼品，还要对各国使节按照级别进行赏赐，这实际成为国际礼仪形式的官方贸易。中国的丝绸、瓷器、纸张、火药……陆续通过中东传入西方，而欧洲、中东的棉花、香料、马匹、宝石……也纷纷传入中国，对于东西经济生产的发展都具有极为重要的意义。按照隋代朝官制的职权结构来划分，尚书、中书、门下三省，属于朝廷的政务机构，负责决策与颁布政令。太常等十一寺，则属于朝廷的事务机构，承接尚书省政令而具体执行。唐承隋制，在唐代朝廷官制系统中，中书、门下两省与尚书省六部、九寺五监、御史台一起，共同构成一个完整的朝廷决策—执行—监察系统，是唐皇朝的核心机构。这标志着从秦汉开始的丞相、太尉、太师的"三公"体制变成了历史，而"三省九卿"制则成为中国帝制社会官制的主流。这种体制更符合中国君主专制制度的需要，可以更好地发挥中央集权制度的效力。[①]

隋唐时代对于政教关系影响最重大的文化变革，非科举制的实行莫属。科举制度是中国帝制社会选拔人才的一种制度，其萌芽产生于南北朝，但最终成型则是在隋朝。据史载，开皇三年（583）正月，隋文帝曾下诏举"贤良"。开皇十八年（598）七月，又令京官五品以上，总管、刺史，以"志行修谨""清平干济"二科举人。隋炀帝大业三年（607）四月，诏令文武官员有职事者，可以"孝悌有闻""德行敦厚""结义可称""操履清洁""强毅正直""执宪不饶""学

---

① "三省九卿"制度的运行方式，可参考白寿彝主编《中国通史》第9卷，上海人民出版社1990年版，第931—948页。

业优敏""文才秀美""才堪将略""膂力骄壮"等十科举人。大业五年（609）正月，又诏令诸郡以"学业该通，才艺优洽""膂力骄壮，超绝等伦""在官勤慎，堪理政事""立性正直，不避强御"等四科举人。科举制度既然把考试学子对于经典的理解当成选拔人才的主要方式，那么首先就必须有一套可以作为全国学子共同学习使用的规范教材。唐太宗看到儒学典籍"去圣久远，文字多讹谬"，诏令中书侍郎颜师古在秘书省考定"五经"。对五经中讹缺文字详作订正。贞观七年（633）十一月，唐朝廷颁布五经《定本》于天下，令学人此后以《定本》作为传习儒经的依据。贞观十一年（637）太宗又以儒学多门、章句繁杂，谋求统一。因而诏令国子监祭酒孔颖达，会同当时著名学者贾公彦等人撰定《五经义训》。永徽四年（653），注释工作告一段落，始向全国颁布，并以其作为每年全国科举考试明经类的经典依据。这些工作更好地完成了国家意识形态的统一工作。科举制的实行和儒家五经及其解释的统一，对于中国政教关系史产生了决定性的影响。魏晋南北朝佛教、道教的大发展，根本性的原因在于人才的学术取向。隋唐时代科举制的实行，准确无误地将天下读书人的价值取向指向了"明经""进士"之途。

公元960年，宋太祖赵匡胤通过"陈桥兵变"，黄袍加身，当上了皇帝。在统一中国南北方、重建唐朝灭亡后中央集权的大帝国的过程中，宋太祖也在思考一度强盛无比的唐王朝，为什么会四分五裂，被各地的军阀们取代？赵匡胤首先削弱禁军将领的军权，将武装力量牢牢控制在皇帝一个人手中。宋太祖对军事管理体制进行了改良，他沿袭了五代以来由枢密使管理军政大权的体制，但是改由文官担任枢密使，使负责军队人事、财务管理的大臣是不会打仗的文官。而将军平时只是负责军队的训练，打仗时由皇帝临时决定领兵的将帅，使"兵不知将，将不知兵"，防止军人在军队中"亲党胶固"，发动政变。用文官管理军队的体制，对于防止唐末、五代以来频繁的军事政变，起到了决定性的作用。其次是将地方藩镇手中的政治、经济、军事大权收归中央。赵匡胤首先将全国的军队分成禁军和厢军，把"精壮"统统编入禁军，由皇帝亲自指挥，而少数"老弱"则留归地方。宋初赵匡胤规定各州征收的赋税，除留下少数自用外，全部交由中央财政统一安排，地方不得挪用。同时中央还派出官员监督征收地方的商税、专卖税，直接上缴中央。这样，就使得地方政府在经济上缺少了自主权，只能乖乖地服从中央。

元王朝是由蒙古贵族与汉族地主阶级联合建立的君主专制政权，尽管当时主要的统治者是蒙古贵族，以成吉思汗、忽必烈为首的蒙古贵族，已经充分吸收了中原地区的汉族文化，并将其与自身的草原文化相结合，适应了在全国建立统一政权的需要。在健全君主专制制度方面，元王朝继续沿袭了宋王朝加强皇帝集权的方向，使得中央王权更加牢固。其中，中书省和各路行中书省的建设，是元代政治制度的最大特色。当代政治地理学家特别指出，元朝的行政区域划分不是前朝地方行政区划的简单延续，而是从巩固国家政治统一的角度进行了重大的改良。如肖星指出："元代以前的行政区划重自然地理因素，即多按'山川形便'区分政区。元朝建立后，吸收了历代地方军阀据限割据、对抗中央的教训，行政区划重政治因素，打破按山川地形划分的传统，人为地将统一自然地理单元分割给若干行省，使行省辖区不仅地域辽阔，而且省界犬牙交错，无山川险阻可依，北向门户洞开（最典型的当属将秦岭和汉中盆地划归陕西省，而不是划归与它们在自然地理环境和人文特点上更为接近的四川行省），形成以北制南的政治军事控制局面。由于这一措施有助于防止地方割据，遂为明、清所继承。"[①] 元代政府行省划分的初衷，是对汉人和南人的防范，以便保持蒙古人在全国的政治统治，但是他们一些政治措施实行的客观结果，却是加强了中国的政治统一。

在隋唐宋元中央集权政府不断强化的大背景下展开的政教关系，其必然的结果只能是各种宗教在服从王权、辅助王权的轨道上发展，成为帝制社会政治文化的必要组成部分。

[①] 肖星：《政治地理学概论》，测绘出版社1995年版，第170页。

二 宗教政策与管理制度的逐渐完善

隋唐时期，中国的君主专制社会开始进入成熟时期，成熟的标志之一，就是国家的宗教政策基本摆脱了帝王个人的信仰，稳定地按照儒教为主，佛、道为辅的原则，实行"三教并奖"的制度。经过魏晋南北朝几百年的三教之争，社会有识之士已经就儒教、道教、佛教自身的性质以及相应的社会功能有了比较一致的共识，因此有可能形成国家制度。"三教并奖"政策开始形成于隋文帝时代，他首先指出儒教的重要性："礼之为用，时义大矣。黄琮苍璧，降天地之神，粢盛牲食，展宗庙之敬，正父子君臣之序，明婚姻丧纪之节。故道德仁义，非礼不成，安上治人，莫善于礼。"（《隋书·文帝二》）对于国家来说，最重要的治国纲领就是儒家的"礼"，只有儒家的礼乐制度才能"正父子君臣之序"，论证宗法等级制度。所以"黄琮苍璧"的天地祭祀，"粢盛牲食"的宗庙祭祀，都是国家大事。但是由于连年的战乱，致使儒家"五礼"紊乱，国家祀典不修。所以他在仁寿二年令杨素、苏威、牛弘、薛道衡等人修定五礼，全面恢复儒教。隋文帝本人出生在尼姑庵中，对佛教抱有虔诚的信仰，甚至有文献记载："高祖雅信佛法，于道士蔑如也。"（《隋书·经籍志》）但是在制定国家宗教政策时，他却基本摆平了二教关系。开皇二十年（600）发布诏书规定："佛法深妙，道教虚融，咸降大慈，济度群品，凡在含识，皆蒙覆护。所以雕铸灵相，图为真形，率土瞻仰，用申诚敬。……敢有毁坏偷盗佛及天尊像、岳镇海渎神形者，以不道论。沙门坏佛像，道士坏天尊者，以恶逆论。"这道诏书明确指出，佛教与道教同样圣明，具有同样的社会功能，国家实行同样的保护政策。凡是有破坏佛教、道教寺观、神像者，以不道罪论处。而身为沙门、道士敢有破坏佛像、天尊像者，以恶逆罪论处。

唐高祖李渊，受道士出身的太史令傅奕影响，一度崇道抑佛，沙汰僧尼，但是不久就因玄武门之变而终止，没有成为正式的国家政策。唐太宗贞观年间，将三教并奖确定为国策，真正摆脱了皇帝个人兴趣的影响。从个人信仰来说，唐太宗笃信儒学，而不信佛教、道教。贞观二年（628），他对侍臣说："朕今所好者，惟在尧舜之道，周孔之教。以为如鸟有翼，如鱼依水，失之必死，不可暂无耳。"（《贞观政要》卷六）又说："神仙事本虚无，空有其名"（《贞观政要》卷六），表示了对道教信仰的否定态度。贞观二十年，太宗手诏斥萧瑀曰："至于佛教，非意所遵。虽有国之常经，固弊俗之虚术。何则？求其道者，未验福于将来；修其教者，翻受率于既往。"（《旧唐书》卷六三）以因果报应之不验，斥佛教为虚术，表示了对佛教信仰的否定态度。但是太宗却大力褒扬佛道二教，礼敬嘉奖。亲撰《大唐三藏圣教序》，宣扬佛教；推尊老子，抬高道士的社会地位。他从国家政治需要出发，把佛道看成安定社会、淳厚风气的有力手段，故同时奖掖儒释道三教，而不以个人好恶定政策。例如，他为阵亡者设斋行道，立寺十余所，在《为战亡人设斋行道诏》中说："朕自隋末创义，志存拯溺，北征东伐，所向平殄。然黄钺之下，金镞之端，凡所伤殪，难用胜纪。虽复逆命乱常，自贻绝殒。恻隐之心，追以怆悯。生灵之重，能不哀矜？悄然疚怀，无忘兴寐。窃以如来圣教，深尚慈仁，禁戒之科，杀害为重。永言此理，弥增悔惧。今宜为自征讨以来。手所诛翦，前后之数，将近一千，皆为建斋行道，竭诚礼忏。朕之所服衣物，并充檀舍。冀三途之难，因斯解脱，万劫之苦，藉此宏济。灭怨障之心，趣菩提之道。"显然唐太宗非常重视佛教忏悔心灵、消除仇怼的政治作用，通过为战争死亡的双方将士建立寺庙、度僧超度亡灵，使他们早脱"三途之路"，消除"怨障之心"，共赴"菩提之道"。这些宗教活动虽然是为了慰藉亡灵，实际效果却是使在隋末战争中的胜利者和失败者都能消除怨恨，共同拥戴新王朝的统治。隋唐以降，"三教并奖"成为历代国策，只有少数帝王因某种原因"灭佛""灭道"，都是短期的个人行为，并很快会得到纠正。

上文已经述及，中国古代政府从南北朝时期开始建立宗教管理机构，出现了僧官和道官及其衙署。但是当时的管理机构有一个大问题，就是都是用僧人管僧人，道士管道士，完全依靠宗教组织实行自我管理。在当时没有全社会的监督系统和民主传统的情况下，这种"自治"很不成功，完全无法实现负责任的自我约束，具体表现就是僧团的无节制地快速膨胀。北魏统治者也看到了一些问题，指出："自今已后，不得传委维那、都尉，可令刺史共加监括。"（《魏书·释老志》）控制僧团的工作不再全部委任维那、都尉等僧官，而是要由刺史共同监督进行。但是作为一个地方最高行政长官的刺史，哪有那么多时间管理具体僧务。于是中国宗教管理体制开始出现新的变革，而有了北周的俗官参与管理。

隋唐两代的政府继承并发展了北周的双轨制的管理模式，由礼部的尚书祠部或鸿胪寺管理佛教和道教，同时另设昭玄寺、崇玄署等机构作为僧官、道官的衙署，任命僧人、道士任职。从表面看僧、俗两系的管理机构地位基本相当，但是由于分工不同，管理权限却有天壤之别。尚书祠部或鸿胪寺管理寺额的审批，度牒的发放，全国大寺、观主持人员的铨选等，而僧正、道正等僧官、道官，只能管理僧道的日常修习、教团戒律、经文考课等日常事务。两相比较，显然政府官员任职的俗官体系牢牢地控制住了宗教发展的命脉，而政府又不必去管理僧团内部的琐碎事务，充分发挥了僧官、道官的自治功能。隋唐以后，历朝政府基本承袭了这种双轨制的管理体制，不过越到后来，俗官的权力越大，僧团自治的余地越小。在隋唐宗教管理体制摸索时期，也曾出现过隋炀帝的改革，"郡县佛寺，改为道场；道观改为玄坛，各置监丞"（《隋书·志二三》）。即政府直接派官员参与寺院内部的管理，插手宗教具体事务。但是显然这样做的效果并不好，僧尼、道士内部的琐碎矛盾，世俗官员是难以搞清楚的，管理越细致，麻烦越多。故唐代以后的朝代，基本放弃了这种管理具体宗教事务的方法，使朝廷命官保持了相对的超脱性。

魏晋南北朝时期佛教的快速发展造成了寺院经济过度膨胀，从而形成了宗教组织与国家政权的矛盾。当时的帝王也采取了一些"沙汰"的办法，但是无法有效控制佛教发展的规模，以致最终酿成北魏太武帝灭佛和北周武帝灭佛的惨剧。到了唐代，在中央集权政治加强的大前提下，统治者开始寻找更为有效、理性的控制方法。唐代对宗教组织的经济管理主要有"度牒制度"和寺田抽税制度两项。

首先是度牒的发放。自从佛教传入中国，效仿古印度的管理方式，政府给予出家的和尚、道士免税免役的特权，加之一些贫苦农民纷纷避役、逃税，引起了代表世俗地主集团利益的儒家士大夫的反对。都员外郎彭偃指出："今天下僧道，不耕而食，不织而衣，广作危言险语，以惑愚者。一僧衣食，岁计约三万有余，五丁所出，不能致此。举一僧以计天下，其费可知。"（《旧唐书·彭偃传》）为了防止这种现象的蔓延，唐朝从玄宗朝开始，设立度牒制度以辨别真假出家人，凡是能够背诵一定篇幅佛教、道教经典的人，方能发给度牒。《释氏稽古略》载："天宝五载五月，制天下度僧尼，并令祠部给牒。"（《释氏稽古略》卷三）《佛祖统纪》也记载："唐明皇天宝中，度牒已用绫素。"（《佛祖统纪》卷四十七）此后，度牒的发放一直是政府控制僧尼、道士人数，防止寺观经济过度发展对国家财政造成损害的重要办法。但是在君主集权制度下，很多好的制度设计也会变形，效果大打折扣。安史之乱发生后，唐玄宗退位，唐肃宗登基。激烈的平叛战争使国家财政十分拮据，"帝在灵武，以军须不足，宰相裴冕请鬻僧道度牒，谓之香水钱"（《佛祖统纪》卷四十）。此举开创了政府公开鬻牒之先河，"自唐肃宗用宰相裴冕之请，以时方用兵始鬻度牒，犹汉世纳粟助边以得爵也"（《佛祖统纪》卷四十五）。出售度牒虽有一定的收入，但是每出售一份度牒，就等于允许一名农民将本应上缴国库的赋税交给了寺观，从而根本上背离了国家设立度牒的初衷。到唐文宗太和四年（830），全国申请正式度牒的僧尼竟达到了70万人，这还仅仅是已经出家但没有得到政府正式认可的僧尼。到了宋代，度牒的发放更为芜乱，政府经常将出售度牒当作弥补财政亏空的手段。政府在财政紧张的时候，把若干道度牒发给路、州政府，以充财政拨款。如宋神宗熙宁元年（1068），为了筑城，广南东路运转使王靖，"乞祠部（度牒）一千道，付经略司出卖，雇招民夫。诏给五百道"(《宋会要辑稿·方域九》)。这便是王栐上文所说的出售度牒之始。以后史书中,还有大量的记载。① 以致在一些记载中出现了这样的文字:"以交子、度牒充折买价,致细民难以分辨,货卖皆被豪右操权,坐邀厚利,民间颇以为扰。"(《宋会要辑稿·食货三八》)"交子"是宋代开始使用的纸质货币,度牒在市场上竟然像货币一样流通,而且一些豪门贵族利用百姓不能区分其差异,牟取暴利。这充分说明宋代政府的出售度牒政策仅仅顾了眼前利益,对市场运行起了很大的破坏作用。

其次是"两税制"改革中的寺田抽税。自佛教传入中国以迄隋代,僧尼都"不贯人籍","寸绢不输官府,升米不进公仓……家休大小之调,门停强弱之丁"(《全陈文》卷十《谏仁山深法师罢道书》)。由于帝王的赏赐、贵族的捐施、百姓的避税等原因,到了唐代佛道教寺观占有的土地已经达到了相当高的水平。唐德宗时,面对寺观经济的高速发展,采纳了宰相杨炎的建议,从根本上改革了国家的税收体制,将魏晋以来的"租庸调制"改成了"两税法",对天下所有土地统统征税,寺田也不例外。两税法的实施,取消了寺观田产的免税特权,在一定程度上抑制了寺观经济规模过大对国家财政造成的损害。杨炎在阐述两税法的初衷时说:"民富者丁多,率为官、为僧以免课役,而贫者丁多,无所伏匿,故上户优而下户劳。"(《资治通鉴》卷二二六)显然寺观经济的免税特权,也是税制改革考虑的重点内容。新税法的推行,使"天下庄产,未有不征"。僧道田产,当然更不能例外。《旧唐书·李吉甫传》云:"(元和六年)京城诸僧有以庄碾免税者,吉甫奏曰:'钱米所征,素有定额,宽缁徒有余之力,配贫下无告之民,必不可许。'宪宗乃止。"从史籍的记载看,唐德宗以后仍有部分寺观享受免税特权,但是这一般是要经过官方特许的,如上文所载,就是京城寺院要求获得朝廷的免税特权,也遭到了宰相李吉甫的拒绝。两税法的改革,在一定程度上缩小了寺院经济的特权,增加了国家的财政收入,特别是对于那些借出家之名规避国家土地税的人

---

① 参见郭朋《宋元佛教》,齐鲁书社1981年版,第18—25页。

们，起到了抑制作用。

三 三教思想走向"合一"

在魏晋南北朝的"三教之争"中，已经开始出现"三教融合"的潮流，到了唐宋时期，这种潮流进一步发展为"三教合一"。例如，隋末唐初的学者王通（约584—618）所著《文中子》，主张"三教可一"说。他的学说建立在三个理论上：其一，"三教"不可废，儒、释、道各有其用，皆可辅政，不能把国家的败亡，归罪于三教中的任何一教。针对佛教可使国家短祚说，他指出："《诗》《书》盛而秦世灭，非仲尼之罪也；虚玄长而晋室乱。非老、庄之罪也；斋戒修而梁国亡，非释迦之罪也。"（《中说》卷四《周公》）其二，佛、道不可禁，王通认为依靠行政权力，硬性禁止佛、道是行不通的。有人问，对佛教"废之何如？"王通回答说："非尔所及也。真君、建德之事，适足推波助澜，纵风止燎尔。"（《中说》卷五《问易》）"真君""建德"是北魏武帝和北周武帝的年号，他们发动了两次著名的灭佛活动，可其结果是"纵风止燎"，使佛教获得了更大的发展。其三，三教各有短长适用于不同的国家。王通认为佛祖是西方圣人，佛教是"西方之教也，中国则泥，轩车不可以适越，冠冕不可以之胡，古之道也。"若不加变通，全盘照搬，犹如大车无法畅行在水泽地区，华夏的衣冠也不能流行于胡人的世界。① 王通的观点尽管有于史不确之处，例如秦世的短祚并非"《诗》《书》盛"而恰恰是秦始皇焚书坑儒的结果，但是他对隋唐时代儒释互补、不可偏废的思想，还是具有积极意义。其他还有很多学者也持有相似的立场，如颜之推认为："内外两教，本为一体。"再如监察御史柳宗元送浚上人归淮南序曰："金仙氏之道，盖本于孝敬。"（《佛祖历代通载》卷十九）柳宗元认为，佛教也是讲孝道的，与儒教无异。柳宗元一生多次为唐代高僧书写墓志铭，在为南岳大明律师所写的墓志铭中指出：佛教的戒律就如

---

① 参见刘泽华主编《中国政治思想史》第二卷，浙江人民出版社1996年版，第156页。

同儒教的礼乐，对世人的行为有规范的作用，不可或缺。在为中国化佛教——禅宗的创始人慧能大师所作的碑铭中，柳宗元说："在帝中宗，聘言于朝。阴翊王度，俾人逍遥。"（《曹溪第六祖赐谥大鉴禅师碑》）"阴翊王度"一句，深刻地阐明了佛教的政治功能，成为以后帝王评价佛教的重要观念。

"三教合一"不仅是儒家学者的认识，也逐渐变成了佛教、道教内部的共识。从政治文化的角度看，佛教与中国政治的相互关系就表现为协调好佛教与儒教的关系。宋代佛教徒主张的儒佛合一，首先表现在阐明佛教理论与儒家"三纲五常"的合一。契嵩认为：佛教的"五戒"就是儒家的"五常"，他说："五戒：始一曰不杀，次二曰不盗，次三曰不邪淫，次四曰不妄言，次五曰不饮酒。夫不杀，仁也；不盗，义也；不邪淫，礼也；不饮酒，智也；不妄言，信也。"（《辅教编·孝戒》）五戒就是五常，在佛门之内至少在唐代就有法琳在《辩正论》中说过，而契嵩的贡献，则在于对其进行了系统的理论证明。契嵩在《辅教编·广原教》中指出："曰人乘者，五戒之谓也。一曰不杀，谓当爱生，不可以己辄暴一物，不止不食其肉也。二曰不盗，谓不义不取，不止不攘他物也。三曰不邪淫，谓不乱非其匹偶也。四曰不妄语，谓不以言欺人。五曰不饮酒，谓不以醉乱其修心。……以儒校之，则与其所谓五常仁义者，异号而一体耳。夫仁义者，先王一世之治迹也。以迹议之，而未始不异也；以理推之，而未始不同也。……神农志百药虽异，而同于疗病也。后稷标百谷虽殊，而同于膳人也。圣人为教不同，而同于为善也。"在契嵩看来，五戒中不杀生，不仅仅在于不吃肉，更重要的是培养人的"爱生"之心。不盗不仅仅要求人们不擅拿别人的东西，更重要的是教人取物之义。所以在五戒中，有着儒家的"仁义"精神。因此五戒与五常，异名而同实，都是圣王治天下之迹。从具体痕迹看是差异的，但其中包含的道理则是统一的。就如同百草虽异，但疗病之效相同；百谷虽异，然而果腹的功能则同。圣王教化的轨迹虽异，但是教化的目的则同。如果全国能够将"五戒"推行下去，"若向之所谓五戒十善云者，里巷何尝不相化而为之。自乡之邑，自邑之州，自州之国，朝廷之士，天子之宫掖，其修之至也。"（《辅教编·孝戒》）自乡邑至于州县，自州县至于国家，自朝廷至于宫掖，那国家哪有不治的呢？

契嵩不但强调五戒等同于五常，同时还大力提倡儒家的孝道。他说："天地与孝同理也，鬼神与孝同灵也。故天地之神，不可以不孝求，不可以诈孝欺。佛曰：孝顺至道之法。儒曰：夫孝，置之而塞乎天地，溥之而横乎四海，施之后世而无朝夕。故曰：夫孝天之经也，地之义也，民之行也。至哉，大矣孝之为道也夫。"（《辅教编·原孝》）他的这些话，很多出自《孝经》，把孝道说成是宇宙间最根本、最高的原则。契嵩通过对儒家经典的刻苦研读，深知孝道在儒家政治哲学中的重要性，所以他写了《孝论》大力宣扬孝道。他不仅宣扬孝道的种种行为，特别还强调在宣扬孝道的过程中，佛教与儒家的作用是完全相同的。他说："天下以儒为孝，而不以佛为孝。曰，既孝矣，又何以加焉？嘻，是见儒而未见佛也。佛也极焉，以儒守之，以佛广之，以儒人之，以佛神之，孝其至且大矣。"（《辅教编·原孝》）有些儒家学者以为佛教是有伤孝道的，主要是因为僧人出家不能为父母在家尽孝。但是佛教对弘扬孝道，有儒家所不能及的"神化"作用，所以说："夫孝诸教皆尊之，而佛教殊尊也。"（《辅教编·原孝》）这除了佛教经文中有大量宣扬孝道的神话故事，更重要的是佛教的戒律，都是以"孝"为本的。他又说："孝名为戒，盖以孝而为戒之端也。子与戒而欲亡孝，非戒也。夫孝也者，大戒之所先也。"（《辅教编·原孝》）僧人出家必须遵守各项戒律，而在守戒之前，必先尽孝道的义务，故他说孝道是"大戒之先也"。佛教在中国发展出"以孝为戒"，充分说明佛教的中国化，说明佛教对中国政治文化的完全认同。有了以孝为戒这个核心内容，可以说佛教在政治文化功能上，已经可以等同于儒教了。契嵩又说："岂有为人弟者而不悌其兄，为人子者而不孝其亲，为人室者而不敬其夫，为人友者而不以善相致，为人臣者而不忠其君，为人君者而不仁其民。……如此者，佛之道岂一人之私为乎？抑亦有意于天下国家矣，何尝不存其君臣父子邪？"（《辅教编·广原教》）儒家宗法伦理以孝道为核心，可以把父子、夫妇、君臣统统贯穿起来，而佛教以孝为戒，则可以发挥儒家"三纲"的功能了。因此契嵩认为，宋儒批评佛教自私自利是没有道理的，佛教神化孝道，"何尝不存其君臣父子邪？"故佛教在政治文化领域，可以与儒家一样发挥纲常理论的作用，有助于国家政治统治。

四 各种宗教充分发挥"以教辅政"作用

隋唐时期，佛教传入中国已有几百年，基本已经与中国的政治生态相适应，在"政主教从"的大前提下，努力发挥"以教辅政"的作用。历代帝王都声称自己得到了天命的佑护，这里他们所说的"天"，只能是来源于儒教的"天神"。但是对于其他宗教的神化王权作用，历代帝王也会极力地利用。隋王朝则由于隋文帝出生于尼姑庵中，所以特别借重佛教。唐代高僧道宣曰："有神尼者，名曰智仙，河东刘氏女也……及帝诞日无因而至，语太祖曰：'儿天佛所祐，勿忧也。'尼遂名帝为'那罗延'，言如金刚不可坏也。又曰：'儿来处异伦，俗家秽杂'，自为养之。太祖乃割宅为寺，以儿委尼。……帝年至十三，方始还家。及周灭二教，尼隐皇家。帝后果自山东入为天子，重兴佛法皆如尼言。"（《大藏经》第五十二册《集古今佛道论衡卷乙》）这样，隋文帝除了得到天神的佑护外，还得到了佛祖的保佑。所谓"那罗延"如金刚不可坏，不过是在佛教发达的时代，君权神授的另一种说法而已。不仅神化帝王，而且佛教也努力神化古代社会的政治纲领"三纲五常"。唐代高僧法琳在《辩正论》中指出："且书有五常之教，谓仁义礼智信也。愍伤不杀曰仁，防害不淫曰义，持心禁酒曰礼，清察不盗曰智，非法不言曰信。此五德者，不可造次而亏，不可须臾而废。王者履之以治国，君子奉之以立身。"（《大正藏》第五十二册）

中国古代的君主专制社会，财产私有、阶级压迫、等级制度、官场腐败是当时社会一切不平等的根源。如果不能对这种种不平等现象作出合理化的解释，必然引起强烈的社会反抗。而佛教恰恰可以在这些方面，起到儒学所不能起到的作用。故唐代佛教中，华严宗的"四法界"理论和禅宗的"心性说"，对士大夫阶层产生了巨大的影响。华严四祖澄观说："统唯一真法界，谓总该万有，即是一心。然心融万有，便成四种法界：一事法界。界是分义，一一差别，有分齐故；二理法界。界是性义，无尽事法，同一性故；三理事无碍法界。具性分义，性分无碍故；四事事无碍法界。一切分齐事法，一一如性融通，重重无尽故。"（《大正藏》第45册《注华严法界观门序》）华严宗认为，世界上万事万物，都是由心所生，故万法融于一心。不过人的心灵面对万法，又会区分出四种法界。第一种法界称为事法界，也就是凡俗之人所看到的现实世界。这个世界的"界"就是区分的意义，所以在一般人的眼里世界充满了差别和矛盾。第二种法界称为理法界，这个世界的"界"就是事物的本质属性。所以从理法界的视角看待万物，万物的本性都是虚空的，没有什么差别。第三种法界是理事无碍法界，也就是指人在认识了事物的本质之后，知道分别只是现象的，所以他们也就会认识到，差别的现象无碍统一的本质。第四种法界是事事无碍法界，即人们在认识到现象与本质的关系，再反过头来看待原来矛盾重重的事法界，就会发现原来的"一切分齐事法"，本质确实"一一如性通融"，并没有什么矛盾。禅宗是中国化的佛教宗派，其实际创始人慧能将佛教的佛性论与中国儒家思孟学派"自返本心""尽心、知性、知天"的内在超越结合起来，创立了更符合中国文化的佛教流派，故能在日后成为中国佛教的主流。禅宗的心性论对于政治文化，可以提供一种化解社会矛盾的简单法门。禅宗认为："心生则种种法生。心灭则种种法灭。"（《古尊宿语录》卷三）宇宙间的一切事物，都是人心所引发的幻象，并没有实性。所以"一心不生，万法无咎"，人只要不执着于外物，就会获得心灵的解脱。

隋文帝有一段著名的言论，他在给灵藏的一封信中说："律师度人为善，弟子禁人为恶，言虽有异，意则不殊。"（《续高僧传》卷二十一《灵藏传》）在中国古代君主专制社会中，维持社会的秩序需要暴力的专政，也需要文化的教化。在中国古代，除了儒家可以发挥教化作用外，佛教、道教也都争相发挥教化作用。隋文帝的信，高度肯定了佛教教化作用的政治意义，指出这与君主的政治统治相辅相成。

与佛教相比，道教有更强烈的政治参与意识。道教是中国本土传统宗教资源与道家思想结合的产物，故道教对于中国古代宗教中的传统巫术特别擅长。隋唐之际，他们制造了许多类似"老子度世，李氏当王"之类的谶语，为正在兴起的太原李渊集团服务。唐人温大雅在《大唐创业起居注》卷一中记载："又有《桃李子歌》曰：'桃李子，莫浪语，黄鹄绕山飞，宛转花园里。'案：李为国姓，桃当作陶，若言陶唐也。配李而言，故云桃花园，宛转属旍幡。汾晋老幼，讴歌在耳。忽睹灵验，不胜欢跃。帝每顾旗幡，笑而言曰：'花园可尔，不知黄鹄如何。吾当一举千里，以符冥谶。'"当时虽然还有起义军领袖李密、李轨等人也在利用这一谶语，但是李渊也很领情，他不但利用了"桃李"的"李"字，还把"桃"字引申为"陶唐"，与自己的封号"唐国公"对应，以便为自己的起义制造舆论，号召民众。此类谶语在唐朝中前期建立政权、巩固政权的斗争中，经常出现。

唐朝初年道教对政治文化的重要影响，还表现为道家"无为而治"的思想进入了国家政治意识形态，成为唐初治国的重要方针。隋唐之际，发生了十几年的国内战争，直接导致了人口锐减、田园荒芜，社会经济已经到了崩溃的地步。唐初太史令傅奕提出排佛之议，其中一个目的就是反对佛教的浩大开支，实行黄老的无为而治。他说："布李老无为之风，而民自化；执孔子爱敬之礼，而天下孝慈。"（《全唐文》卷一三三《请废佛法表》）据《旧唐书·太宗本纪》载，"玄武门之变"后，李世民被立为太子，初掌国政，立即下令群臣议论国是。"太宗乃纵禁苑所养鹰犬，并停诸方所进珍异，政尚简肃，天下大悦。又令百官各上封事，备陈安人理国之要。"贞观名臣魏徵从政前曾为道士，也是无为而治政策的积极倡导者。他认为帝王："然既得之后，志趣骄逸，百姓欲静而徭役不休，百姓凋残而侈务不息，国之衰弊，恒由此起。"（《贞观政要·君道》）帝王在创业之时，必艰苦奋斗，方能"四海归命，天授人与"。唐朝前期推行无为政治的另一个皇帝是唐玄宗，鉴于武后、韦后时期政治斗争造成的社会紊乱，他主政后立即以尊崇老子、推行无为政治号召人心。李隆基亲自注释《老子》，并在其中阐发了自己的政治观念。他指出："无为则清静，故人自化；无为则不扰，故人自富；好静则得其自性，故人自正；无欲则全和，故人自仆。此无事取天下也。"（《御注道德真经》）正是由于唐太宗、唐玄宗采用了道家的"无为而治"国策，轻徭薄赋，与民休息，才为日后的"贞元盛世"准备了充分的物质条件。

五　开放的宗教政策促进国际交流

隋唐至宋元时期，中国是一个具有国际影响的大国，贸易交往遍及东亚、南亚、中东甚至西欧。随着一条条商道的开通，不仅有大量外国的货物到达中国，也有大批外国的宗教传入中国。同时，随着中国的丝绸、瓷器的大量输出，中国内部的各种宗教文化也远播世界。这是一个开放的时代，中华民族与世界其他民族发生了广泛的交往，而宗教则是文化交往中的一个重要组成部分。中国古代，没有今天这样明确的民族国家概念，凡域外的政治实体，都被称为夷狄，它们与中国建立的关系，都被视为藩属和册封关系。而今天我们使用的民族、外交观念，则是以当代中国的地理区划为界限的，凡今天仍然在中华人民共和国疆域的古代政权，它们视为古代的民族地方政权，它们与中央政府的关系是内政关系。而今天地理范围之外的国家，则属于古代的外交关系了。不过在古代，这样的界限是不明显的，历史典籍都把它们放在"四夷传"中。

景教是基督教的一个支系——聂斯脱利派，因不赞成正统派的"三位一体"教义，被逐出欧洲，公元5世纪左右流行于波斯。唐代，随着"丝绸之路"的发达，中西经济交流事业繁荣，聂斯脱利派教士阿罗本随商队于贞观九年（636）来到中国。这是中国人第一次接触到基督教。唐太宗派宰相房玄龄率仪仗队在西郊迎接阿罗本，表现了唐帝对一种新来文化的礼敬。贞观十二年（639）唐太宗又下了这样一道诏令："道常无名，圣本无体，随方设教，密济群生。大秦国大德阿罗本远将经像来献上京。详其教旨，玄妙无为；观其元宗，生成立要；词无繁说，理有忘筌；济物利人，宜行天下。所司即于义宁坊建寺一所，度僧一人。"（《唐会要》卷四九）从李世民的圣旨看，他并不真正了解基督教的教义，只是用道教的观念去牵强附会地演绎引申。但是从中国儒家宗教观"一致而百虑，殊途而同归"的总原则出发，他认为只要有利于教化便可推行于天下。不过，从景教碑上所刻立碑人的姓名看，多是波斯、叙利亚人，说明景教虽得到了朝廷的认可，但主要还是在外籍移民中传播，并未深入中国民众，仍被视为一种"外道""夷教"。迨至唐武宗灭佛，祸及一切外来宗教，景教亦遭毁灭。"勒大秦景教三千余人还俗。"（《唐会要》卷四九）但在我国西北天高皇帝远的边疆地区，景教却真正成了少数民族的宗教。据日后一些西方传教士在中亚活动时所见，当时的突厥、回纥都曾有过景教信仰，他们后来成为维吾尔族的先民。

伊斯兰教是一种世界性宗教，公元7世纪创教后，在世界上广泛传播。伊斯兰教传入中国的确切时间史学界尚有争议，但多数学者倾向于陈垣先生的见解，把《旧唐书·大食传》上的记载"（高宗）永徽二年（651），始遣使朝贡"作为伊斯兰教传入中国的标志。唐人将阿拉伯帝国称为"大食"，官方正式史书记载：有唐一代，大食使节来华39次之多。对于外邦世界的宗教风俗，大唐的君臣给予了很大的照顾。唐代阿拉伯商人来华贸易则更为频繁，当时他们分别从陆路和海路到达中国，进行经济活动。在首都长安及沿海大城市，出现了大批"番客"。唐代的长安是著名的国际都市，在100万常住人口中，"番客"竟达2%。为了便于管理，唐政府为各国"番客"设立"番坊"，给予居住的方便。入宋以后，由于连年与西北民族交兵，陆上"丝绸之路"断绝，但随着中原政治中心和经济中心的南移，"海上丝绸之路"却得到了开发，宋代的海外贸易远远超过盛唐。从目前发现的史料看，宋代内地流行的伊斯兰教，基本属于一种侨民宗教，主要在胡商和移民中流传。唐代即在胡商聚居区建立"蕃坊"这样一种政教合一的组织，对胡商及侨民进行管理。宋代沿袭了唐代的制度，从大食商人中选举出"最有德望者"任为"蕃长"。蕃长的办事衙门称"蕃长司"，其职权除督责胡商按时纳税外，还要按照伊斯兰教法典，主持宗教事务，并判定日常生活中的民事纠纷，管理诉讼裁判。在穆斯林聚居区，都建有清真寺，为他们进行宗教活动提供场所。如广州光塔路的怀圣寺，传说建于唐代。

祆教又称火祆教、火教、拜火教，在其发源地则以其创始人琐罗亚斯德命名。祆教于南北朝时由西域胡商传入我国，曾经引起朝廷的注意，皇族中有信奉者。至隋唐，祆教在中国继续流行，但多局限在胡商中。政府尊重他们的宗教信仰，并设置专官加以管理。如《隋书·百官志》载："鸿胪寺掌蕃客朝会，吉凶吊祭，统典客、典寺、司仪等署令、丞。典客署又有京邑萨甫二人，诸州萨甫一人。"萨甫即是管理祆教职官专名，亦称萨宝或萨保，"萨宝"一词，一说为回纥语"商队首领"的音译，一说为叙利亚语"长老"的音译。总之，可以反映祆教西来的身份。唐高祖武德四年（621）置祆祠，管理之官继续沿用萨宝之称。《通典·职官典》载："视流内，视正五品：萨宝，视从七品：萨宝府祆正。"其注云："祆者，西域国天神。《佛经》所谓摩罗醯首罗也。武德四年，置祆祠及官。常有群胡事奉，取火诅咒。贞观二年（628），置波斯寺。"唐武宗会昌灭佛，"三夷教"都受到了株连，他在灭佛的诏令中说："况我高祖、太宗，以武定祸乱，以文理华夏，执此二柄，足以经邦，岂可以区区西方之教，与我抗衡哉！……显明外国之教。勒大秦穆护祆三千余人还俗，不杂中华之风。"（《唐会要》卷四十七）

摩尼教亦称末尼教、牟尼教、明教、明尊教，创立于公元3世纪的波斯，因教主摩尼而得名。该教自创生后即开始在中亚诸国传播，公元6—7世纪沿丝绸之路进入我国，先在新疆地区诸民族中间流行，后由一些教徒带入中原。据宋代高僧志磐所撰《佛祖统纪》

载:"延载元年(694)……波斯人佛多诞(原注:大秦西海国人),持《二宗经》伪教来朝。"女皇武则天召见了他,令其与汉族僧徒辩论。女皇欣赏摩尼教教义,留其课经。摩尼教在中原传播过程中,很快和本地的佛、道二教相互融合,主摩尼、释迦、老子三圣同一论。由于摩尼教能够较快地与汉地原有宗教信仰相结合,故在汉族民众中产生了一定影响,迅速成为一种秘密宗教组织。其教徒拜摩尼为光明之神,尊张角(汉代黄巾农民起义军领袖)为教祖。摩尼教的发展方向引起了朝廷的警觉,"开元二十年(733)七月敕:末摩尼法,本是邪见,妄称佛教,诳惑黎元,宜严加禁断。以其西胡等既是乡法,当身自行,不须科罪者"(《通典》卷四〇)。这道上谕明确禁止摩尼教在民间继续流行。经过会昌大劫难,摩尼教在中原基本绝迹。一部分西迁的回纥部落仍保留摩尼教信仰300余年,直至伊斯兰教传入。而在汉民族中间,由于摩尼教一度获得了帝王的推崇,并得到过公开传教的机会,特别是他们善于附会佛道教义,所以在民众心底留下了较为深刻的印象。政府运用行政手段断禁并不能根绝摩尼教在社会上的影响,只能使它转入地下,在民间秘密传播,变成农民起义反抗封建统治的工具。宋代的明教,明、清两朝的白莲教,都是摩尼教的变种。

犹太教是世界各地犹太人信奉的一种宗教,奉雅赫维(耶和华)为独一无二之真神,期望救世主弥赛亚降世拯救犹太人。据现存史料看,犹太人来华始于唐而盛于宋,且以宋都开封一地最为集中。12世纪是开封最为繁盛的时期,人口达100万,车水马龙,商贾云集,是东方乃至世界最发达的商业和文化中心。犹太民族以经商为特长,自然不会遗漏开封这个重要的机会,其中一部分人便留居下来,成为中国的犹太人,并把他们世代信仰的宗教也带进了中国。关于犹太教流行的情况,现今仅存记于开封犹太会堂的三块石碑中,据出土较早的"弘治碑"(因其刻制于明孝宗弘治二年)载:"教道相传,授受自有来矣。出自天竺,奉命而来。有李、俺、艾、高、穆、赵、金、周、张、石、黄、李、聂、金、张、古、白等七十姓,进贡西洋布等于宋。帝曰：'归我中华，遵守祖风，留遗卞梁。'"① 此碑记述当为北宋年间之事，其时犹太人以西洋布进贡朝廷，以此换得居留权。西洋布指棉布，当时植棉技术还未传入我国，棉布价值很高。皇帝恩准犹太人"遵守祖风"，即保存他们的传统宗教。在中国史书上，一般不称其为犹太教，而称其为"一赐乐业教"（以色列教谐音）或"挑筋教"（因犹太人不食牛羊腿筋而挑除）。关于犹太教的信仰及宗教活动的情况，"弘治碑"及稍后刻制的"正德碑"（因刻于明武宗正德七年）和"康熙碑"（因刻于清康熙十八年）做了较为详尽的记载，此处不过多引证，本书特别感兴趣的是，这三块碑文都谈到，开封犹太人在进入中国后，由于政府的宽厚态度和周围居民的平和立场，使他们逐渐接受了中国文化，尊崇孔子，学习儒学。"弘治碑"载："其教道相传，至今宜冠礼乐，遵行时制。语言动静，循由旧章。人人遵守成法，而知敬天尊祖，忠君孝亲者，皆其力也。"② 因为"受君之恩，食君之禄，惟尽礼拜告天之戒，报国忠君之意"。所以在礼拜堂内也设有皇帝"万岁牌"。"正德碑"进一步指出，一赐乐业教与儒学是相通的，此碑载："是故道行于父子，父慈子孝。道行于君臣，君仁臣敬。道行于兄弟，兄友弟恭。道行于夫妇，夫和妇顺。道行于朋友，友益有信。"③ 可见，留居中国的犹太人已经汉化了，宋代以后，不少犹太人从科举出身，成为朝廷命官。如清初防卫开封的赵承基、著有《圣经记变》的进士赵映乘、著有《明道序》十章的赵映斗，皆为开封犹太人俺氏后裔，其祖先俺诚曾担任御医，深受皇帝信任，赐姓"赵"。更多的犹太人则逐渐放弃了不与外族通婚的禁忌，因而，在元、明、清三朝，开封犹太"清真寺"不断得到修葺，但开封犹太人却悄然消失在中国社会之中。到明末西方传教士进入河南寻找开封犹太人遗迹时，已难觅踪影了。在世界其他地方，犹太人是一个顽强的民族，他们紧紧团结在教会周围，很少发生与其他民族

---

① 转引自江文汉《中国古代基督教及开封犹太人》，知识出版社1982年版，第185页。
② 同上书，第179页。
③ 同上书，第180页。

同化的现象。这主要是由于在欧洲、中东等地区，犹太教受到了其他宗教的压迫和排挤、歧视的结果，反而增加了犹太民族的向心力，流散各地的犹太人更加靠拢教会。而中国政府的宗教宽容政策，却使犹太人自动放弃了对中国传统文化的隔阂、猜忌心理，自然地同化入中华民族之中。这可以称为阳光政策的一个光辉范例，也是中国文化宽容开放性格的最好说明。

也里可温是蒙古人对基督教的称谓，乃第二次传入中国的基督教。元太祖成吉思汗和他的继承者，建立了一个横跨欧亚大陆的蒙古帝国，当时从中国内地到东欧，设有许多驿站，传教士沿陆路来华十分方便。1289年，教皇尼古拉四世派意大利人，方济各会修士约翰·孟高维诺来到中国，受到朝廷的礼遇。成宗铁木耳待他极为恭敬，并准许他公开传教。孟高维诺1298年在北京建立第一座教堂，1305年建第二座，1318年建成了第三座。据说这些教堂修得巍峨壮观，"有高耸入云之钟塔，内悬钟三具，每时一鸣，以唤信徒之祈祷"①。他还招收150名7—8岁的男童，成立神职班，教授拉丁文和希腊文，并将《新约》的部分内容译成蒙文。孟高维诺在华传教近30年，收信徒6000余人，连世祖忽必烈的母亲别吉太后都成了他的信徒。孟高维诺自述：他在宫廷受到极高的恩宠，"余在大汗廷中有一职位，依规定时间，可入宫内。宫内有余座位，其待余礼貌至崇，在所有诸教官之上"②。以后，罗马教廷又派了一批传教士来到中国，分别在杭州、镇江、泉州等地传教，这些外国传教士的生活费都由政府负担。在泉州传教的主教安德鲁在一封信中讲："余继续在此居住，依皇帝所赐俸金为生。据此间基奴亚商人之计算，照本年汇价，皇帝每年给余之俸金，可值一百金佛罗林（florins，约为英金五十镑）左右云。"③至元末，中国的基督徒已有3万余人，主要是一些外国来华的商人及部

---

① 《孟高维诺书信》，转引自江文汉《中国古代基督教及开封犹太人》，知识出版社1982年版，第135页。

② 同上。

③ 同上书，第137页。

分蒙古贵族。尽管基督教徒人数不多，但政府对其仍很重视，不但在举行法事活动时让他们与其他宗教徒一起排班为王朝祈祷，而且成立了专门的机构管理他们。元世祖至元二十六年（1290），设"崇福司"，"掌领马儿哈昔列班也里可温十字寺祭享等事"（《元史·百官志五》）。这里，"马儿哈昔"即"主耶稣"，"列班"是蒙语对神职人员的称呼。

尊重外交使节、外国商人的宗教信仰，促使经济交流顺利展开。由于政府允许"胡商""蕃客"在中国建寺、修庙，保留传统的宗教生活，故获得了他们的拥戴。隋唐宋元时期大批胡商来华贸易，大秦出产的"火浣布"、返魂香、明月珠、夜光璧；波斯产的金银器、纺织品；阿拉伯出产的乳香、没药、珠宝；吐蕃、回纥出产的马匹、牛羊、葡萄……源源不断地进入内地，使长安、开封、北京成为各国名产荟萃的国际都市。而中国出产的丝绸、陶瓷、茶叶等，又源源不断地流往世界，促进了各国物质文明的发展。以宗教为媒介，推动了周边民族与华夏文化的交流。高丽、百济、新罗、高昌、吐蕃、突厥等民族从汉地学习佛教，也相应地吸收了华夏的礼仪文化，形成了"东亚汉文化圈"或"大乘佛教圈"。

六　多元宗教成为多民族国家的黏合剂

隋唐时代中国内部各民族之间就存在着激烈的冲突与斗争，到了宋元时期，这种冲突更趋激烈。在宋代，契丹、女真、党项占领了半壁江山，建立了与汉人对峙的少数民族政权。而蒙古帝国兴起后，建立了横跨欧亚大陆的大帝国，甚至灭亡南宋，建立了全国性的少数民族政权。但是中国并没有因为民族的冲突而四分五裂，在中华文化大一统的基础之上，无论那一个民族建立的政权，都在努力进行建立统一国家的尝试。因此与欧洲国家不断的冲突、分裂相反，中国古代每一次大规模的民族冲突之后，都是一次更大规模的民族融合，中华民族越来越大，越来越强。其中，各民族政权推行的政教政策，也是减少民族冲突、促进民族融合的积极因素。

唐初，松赞干布统一了诸羌，建立了强大的吐蕃王国。唐太宗则征服了吐谷浑，打通了河西走廊，两大军事集团开始处于直接对峙的状态。李世民和松赞干布这两位开明的政治家选择了和亲而不是战争的方式，共同维持了西南边疆的和平。松赞干布作为一名英明的少数民族政治家，早就对中原的礼义文化心向往之，多次遣使携重金求婚。经过一番曲折，李世民决定将宗室女文成公主嫁给他。据史书记载，文成公主入藏时携带了大量经书、佛经、历法、医药书籍以及工匠、侍女，从而使儒学、佛教及酿酒、纸墨、碾硙及纺织技术传到了边疆。在汉族统治者看来，儒学和佛教都是劝人向善的圣教，是"阴翊王度"的工具，在公主出嫁的同时陪送儒、佛经典，属于输出教化，是"怀柔远人"民族政策的组成部分。松赞干布亲自迎娶于河源，"执子婿之礼甚恭，既而叹大国服饰礼仪之美，俯仰有愧沮之色"（《旧唐书·吐蕃传上》）。归国后，他"自亦释毡裘，袭纨绮，渐慕华风。仍遣酋豪子弟，请入国学以习《诗》《书》。又请中国识文之人典其表疏"（《旧唐书·吐蕃传上》）。在学习汉文化的同时，吐蕃境内也出现了弘化佛教的运动，宗教史上一般把松赞干布迎娶文成公主定为佛教前弘期的开始。松赞干布根据佛教的"十善戒"制定了法律20条，把"敬信三宝"写入了法律。① 他任用文成公主带去的汉族工匠在拉萨修建了小昭寺，任用尼泊尔赤尊公主带去的工匠修建了大昭寺，佛寺建筑奠定了西藏建筑艺术的风格。总之，从佛教传入西藏以后，藏族的整体文化水平有了极大的飞跃。由于文成公主的入藏，使汉藏两个民族有了共同文化，关系达到了非常融洽的程度，也为日后西藏和平并入中国做了文化的准备。

在史料中比较可靠的记载，第一个与藏传佛教领袖发生关系的蒙古贵族，是元太宗窝阔台的第三子阔端。当时西藏内部佛教宗派林立，窝阔台选择了萨迦派领袖班智达，请他赴西凉共商蒙藏关系。班

---

① 参见法尊《西藏前弘期佛教》，中国佛教协会编《中国佛教》第一辑，知识出版社1980年版，第135页。

智达与阔端具体谈判了西藏归顺蒙古的条件，在取得一致意见后，班智达写了致西藏各地僧俗的公开信，即著名的《萨迦班智达致蕃人书》。在信中他奉劝西藏各地领主权衡利弊，归顺蒙古。他陈述了蒙古统治者对他的优待和礼遇，指明实现祖国统一是大势所趋。关于归顺的条件，他说：西藏地区的僧俗官员和百姓，都要承认自己是蒙古的臣民，世俗行政事务由蒙古派人来管理，宗教和寺院僧人的事务由蒙古委派萨迦派的领袖来主持。凡愿归顺的地区，都要造三种表册，一是地方官员名册，二是百姓属民的数字，三是交纳贡物的品种数量。三种表册都要写成三份，一份送阔端，一份送萨迦，一份由各地官员自己保留。这封书信，基本奠定了日后元王朝与西藏地方政府关系的框架，西藏承认其是蒙古汗国的属地，要履行臣民的义务，而萨迦派则借助蒙古大军的压力，凌驾于藏传佛教其他诸派之上，成为蒙古汗国在西藏的代理人。历史表明，自13世纪40年代起，西藏地方即已处于蒙古汗国的统治之下，开始进入祖国的版图。萨迦班智达这位宗教领袖，在历史的关键时期，对祖国的统一做出了重大贡献。蒙古贵族的宗教政策，表现出了巨大的积极作用。

宋元时期的民族冲突激烈，民族对抗经常发生，而宗教在其中产生了重要的黏合剂作用。当时入主中原的少数民族王朝为了维持自己的政治统治，大多都对中原的各种宗教，特别是宗法性传统宗教采取了全面认同的战略，以便证明自己是华夏文化的继承人，应当成为中原的新主人。契丹民族和世界上许多古老民族一样，流行着自然崇拜和祖先崇拜。木叶山被他们视为本族的发祥地，尊之极为神圣。为了向天下显示自己是得天命的真龙天子，太祖全面参照汉族帝王的祭天地礼仪制定了"祭山仪"，在木叶山祭拜天地。据《辽史·礼志一》载，祭山仪大致如下：设天神、地祇位于木叶山，东向；中立君树，前植群树，以像朝班；又植二树，以为神门。牲用赭白马、玄牛、赤白羊，皆牡，杀之悬于君树。皇帝、皇后穿戴礼服，乘马至君树前下马，受群臣拜过，至天神地祇位致奠，使读祭文。以后又拜群树，匝神门树，上香，奠果品等礼节。皇帝皇后多次礼拜，巫与太巫参与其间。整个仪式将祭天地、祭山、祭树木和巫觋祈禳结合在一起，既保留了本民族的特色，又具有中华民族宗教"敬天法祖"的共同性。正如《辽史》作者所说："神主树木，悬牲告办，班位奠祝，致嘏饮福，往往暗合于礼。"在华夏民族的"祭天"仪式中增添"木叶山崇拜"的内容，充分说明了中华各民族文化相互融合的特点。

元初佛教禅宗高僧海云长期追随元初几位帝王，"历事太祖、太宗、宪宗、世祖，为天下禅门之首"，蒙哥汗曾命他"掌释教事"（《元史·宪宗记》），他多次为之出谋划策。如他对蒙哥汗讲："孔孟之道，万世帝王法程，宜加宣表，以兴学校"，并建议免除儒生的劳役（《佛祖历代统载》卷二一）。这些措施对于加速蒙古贵族汉化无疑具有很大好处。元朝派人修复孔庙以后，没有马上册封孔子后人衍圣公的职务，海云建议："孔子善稽古典，以大中至正之道，三纲五常之礼，性命祸福之原，君臣、父子、夫妇之道，治国齐家平天下。正心、诚意之本，自孔子至此，袭封衍圣公，凡五十一代，凡有国者，使之袭承，祀事未尝有缺。"（《佛祖历代统载》卷二一）元朝的宰相听了海云的建议，不仅恢复了孔子后人衍圣公的职位，而且连孟子、颜子、曾子的后人都册封了，并免其徭役，通过册封衍圣公，元朝政府表明了自己继承儒家正统的身份，对于在广大汉族人民面前建立政治合法性具有极大的意义。窝阔台汗统治时期，调查汉族人口，"有司欲印识人臂"，这是把汉人当牛马看的一种方式，海云知道如此下去只会激化民族矛盾，他劝谏道："人非马也，既皆归复国朝，天下之大，四海之广，纵复逃散，亦何所归？岂可同畜兽而印识哉？"（《佛祖历代统载》卷二一）窝阔台采纳了他的建议，未再推行印臂法。海云在离开忽必烈返乡时，世祖万般不舍，一定要留下他的大弟子刘秉忠。"刘秉忠字仲晦，初名侃，因从释氏，又名子聪。"（《元史·刘秉忠传》）他原出身于官宦之门，青少年时期饱读诗、书，后因看破红尘，弃俗出家，投于云中南堂寺。刘秉忠在世祖行营"应对称旨"，成为忽必烈的重要谋士。"癸丑，从世祖征大理。明年，征云南。每赞以天地好生，王者之神武不杀，故克城之日，不妄戮一人。

己未，从伐宋，复以云南所言力赞上，所至全活不可胜数。"(《元史·刘秉忠传》)蒙古军队进入中原以后，"他如颁章服，举朝仪，定官制，皆自秉忠发之，为一代成宪"(《元史·刘秉忠传》)。刘秉忠成为世祖朝中不可多得的人才。

　　蒙古军队进入中原之前，就对佛教和道教产生了浓厚的兴趣。而中原的宗教领袖则利用少数民族的宗教崇拜努力减少民族冲突，促进民族的融合。金代的北方，产生了全真道，成为道教最重要的流派。到金末元初，全真道的领袖丘处机成为南宋、金、元诸朝重视的宗教领袖、政治人物。戊寅年（1219）夏四月，金宣宗派提控边鄙使到山东掖县请丘处机出山，遭到了拒绝；八月，南宋的京东安抚使兼总管统制彭义斌来请，又被拒绝；"居无何，成吉思皇帝遣使臣刘仲禄，悬虎头金牌，其文曰：'如朕亲行，便宜行事'，及蒙古人二十余辈，传旨敦请。"在当时相互敌对的三方政治势力之间，丘处机进行了一番权衡，最后还是跟随蒙古使者，远赴雪山绝域的漠北和林，去拜见元太祖成吉思汗。丘处机及其门徒不辞千辛万苦，穿过茫茫的草原、沙漠，历时一年方到达和林成吉思汗的大营，受到了成吉思汗的热情欢迎。"上劳之曰：'他国征聘，皆不应。今远逾万里而来，朕甚嘉焉。'对曰：'山野奉召而赴者，天也。'"(《长春真人西游记》)丘处机把拒绝金、宋之邀投靠蒙古归为天意，其实天意不过托词而已，丘处机的行为是建立在他对天下兴亡的政治预测的基础上的。事实证明丘处机的这次选择是正确的，蒙古大军不久就相继征服了金和南宋，成为统一中国的新政权。蒙古统治者对于全真道，也给予了极大的支持。成吉思汗请丘处机到蒙古，主要目的是向他请教长生之术，所以丘处机到达和林后受到蒙古贵族的极高礼遇。据《元史·释老传》："及问为治之方，则对以敬天爱民为本；问长生久视之道，则告以清心寡欲为要。"特别是针对蒙古大军残暴的屠杀政策，丘处机说："欲一天下者，必在乎不嗜杀人。"(《元史·释老传》)这些建议在一定程度上减少了民族之间的仇杀，有利于日后的民族融合。

七 政教关系中的极端事件

总体而言，隋唐宋元时期是中国君主集权制度已经成熟，宗教政策和管理制度渐趋完善，政教关系平稳发展的时期。但是在局部时期还是会有一些帝王因个人的原因或对形势判断的错误，或出于统治阶级偏狭的目的，对宗教采取了极端的措施，主要包括唐武宗灭佛、后周世宗限佛、元世祖焚毁道藏事件。

唐武宗灭佛，经济原因在其中占的比重更大，他在灭佛的诏书中指出："是由季时，传此异俗，因缘染习，蔓衍滋多。以至于蠹耗国风，而渐不觉；诱惑人意，而众益迷。洎于九州山原，两京城阙，僧徒日广，佛寺日崇。劳人力于土木之功，夺人利于金宝之饰，遗君亲于师资之际，违配偶于戒律之间。坏法害人，无逾此道。且一夫不田，有受其饥者；一妇不蚕，有受其寒者。今天下僧尼，不可胜数，皆待农而食，待蚕而衣。寺宇招提，莫知纪极，皆云构藻饰，僭拟宫居。"（《旧唐书·武宗本纪》）政府公布的废佛结果是："其天下所拆寺四千六百余所，还俗僧尼二十六万五百人，收充两税户，拆招提、兰若四万余所，收膏腴上田数千万顷，收奴婢为两税户十五万人。"（《旧唐书·武宗本纪》）在全国的废佛行动中，拆毁大寺4600余所，招提、兰若等小寺40000余所，迫使僧尼还俗26.05万人，解放寺奴15万人。这些人如果都能回到家中，将会使国家的两税户大大增加，财政收入出现增长。唐武宗灭佛除了经济原因，他个人盲目崇信道教，希望道士为他炼出长生不老的"金丹"也是重要导因。道士赵归真、刘玄静在其中起了很坏的作用。《旧唐书·武宗本纪》载："时帝志学神仙，师归真。归真乘宠，每对，排毁释氏，言非中国之教，蠹耗生灵，尽宜除去，帝颇信之。"结果唐武宗在灭佛的第二年吃了道士进贡的仙丹中毒身亡，其子宣宗继位，马上恢复佛教，同时宣布："诛道士刘玄靖等十二人，以其说惑武宗，排毁释氏故也。"（《旧唐书·宣宗本纪》）

在中国佛教史上，"三武一宗"被称为四次法难，而那一宗则是后周的皇帝世宗柴荣。相对于"三武"的三次灭佛，柴荣的限佛显然要文明得多，温和得多，所以当代有学者将其称为"文明限佛"。①公元954年，周世宗柴荣即位。他在位期间，励精图治，严肃纲纪，减轻民困，发展生产，整顿军队，使后周由乱到治，日益强盛，成为当时比较强大的政权，为后来北宋的统一奠定了坚实的基础。柴荣在登基之前，曾经是掌管军队的左监门卫将军，后改为天雄军牙内都指挥使，常年征战，在军队有很高的威望。同时根据唐朝经常由军人兼任功德使的传统，他也曾被"授开封府尹兼功德使"（《旧五代史·世宗纪第一》），兼管宗教，深谙其中弊端，使柴荣对佛教过度发展对国家造成的负面影响有深刻的认识。"限佛"的背后，也是政府发生"铜荒"的经济背景。所以才要限制寺院规模，取缔"无敕"的寺庙，收缴各种铜铸的佛像、法器，等等。对于这次限佛的效果，《旧五代史·世宗第二》有载："是岁，诸道供到帐籍，所存寺院凡二千六百九十四所，废寺院凡三万三百三十六，僧尼系籍者六万一千二百人。"比起唐代最高峰的70余万僧徒，其数量是大大降低了，对佛教的发展造成了重大的伤害。

由于元太祖成吉思汗的崇奉，道教获得了很大的发展，金宣宗贞祐南迁后，佛教徒大半逃亡，佛教"精舍、寺场率为催毁"。道教徒利用自己的发展势头，开始侵占佛教原有的寺院。在中国宗教发展的历史上，一些教派由于受到了帝王的宠幸、偏爱而发展较快，另外一些则发展较慢，这是正常现象。那些发展快的宗教组织，利用一些失落中的宗教的设置、房产，也属正常。但是到了元朝建立之后，在全国推行"蒙古、色目、汉人、南人"四种人政策，故而在宗教上实行"崇佛压道"的政策。为了在社会上产生"公平"的形象，蒙古贵族组织了三次佛道教大辩论：第一次在宪宗五年（1254），第二次在宪宗八年（1258），第三次在至元十七年（1279）。中国君主专制社会里的这种"辩论"，辩题由统治者制定，辩论队伍由统治者组织，裁

---

① 张箭：《后周世宗文明限佛析论》，《文史哲》2003年第4期。

判者是当政的统治者，因此结论往往在没有开始之前就已经确定了。例如，第一次辩论的《老子八十一化图》、第二次辩论的《老子化胡经》都是早已辩明的"伪经"，所以没有出场道教就败了。第三次元世祖让佛道教辩论《道藏》中有多少经有问题？按照佛教对经、律、论三藏的定义，经为佛祖之语。可是道藏中仅有《道德经》为老子的作品，其余都出自后学，因此元朝统治者就认为都是"伪经"。为了让道士们服气，忽必烈在圣旨中说："其有教人非妄，佩符在臂，男为君相，女为后妃。入水不溺，入火不焚，刀剑不能伤害等语。及令张天师、祁真人、李真人、杜真人试之，于火皆求哀请命，自称伪妄，不敢试验。今议得除老子《道德经》外，随路但有《道藏》说谎经文并印板，尽行焚毁。"（《佛祖统纪》卷四十八）结果道教领袖没有人敢于舍身护法，于是世祖下令焚毁除《道德经》之外的《道藏》，对道教的发展造成了重大的打击。

在中国政教关系史上，"三武一宗"四次法难，再加上北齐高洋"灭道"、元世祖"焚毁道藏"，这些都是最严重的政教冲突事件，其背景主要与经济政策不当有关，还有其他一些原因。而广大的僧众在强势政府面前，则是毫无抵挡之力，只能任其掠夺、宰割。因为中国的君主政权掌握了全部的政治、经济、军事、司法权力，可以使其命令畅行无阻，宗教信众则毫无还手之力。

第七章　明至清中期的政教关系

　　明至清中期，指从 1368 年明太祖朱元璋建立大明帝国，到 1840 年鸦片战争，西方列强用大炮打开中国的大门之前的一段时光。从中国自身社会发展的内在逻辑讲，这一时期是中国帝制社会发展的最高峰，君主专制制度达到了无以复加的地步，皇权对社会的政治、经济、文化的控制已经无孔不入。自周秦以来一直困扰历朝历代的封建割据问题，此时得到了最大限度的抑制，自然经济发展到了尽可能高的水平，出现了中国帝制社会最后一个辉煌时刻——康乾盛世。中国发达的物质文明和精神文明，使东亚各国朝贡的使者和西方来华的传教士感到瞠目结舌。然而事物的另一面则是空前严密的专制制度，将社会进一步发展的活力窒息了。皇权毫无节制地发展，自然造成了太监专权和特务横行，扼杀了政治上自我改良的生机。明、清两代令人发指的文字狱，使思想的专制也达到了帝国时代的最高水平。儒家文化在八股化的科举制度下越来越失去了生机，佛教、道教的高度官方化，使其辅政作用得不到应有的发挥。沉重的经济剥削和严酷的政治迫害，使得国内阶级矛盾和民族矛盾空前尖锐，表现在政教关系上，就使民族宗教问题和民间宗教问题表现得更加突出。另外，当中华帝国还在落日的余晖中做着"老大天朝"的迷梦时，西方列强已经逐渐完成了资本主义革命和社会工业化的过程，这些用现代文明武装起来的"洋人"，已经不是昔日的"夷狄"，近代国际关系已经进入了帝国政治的视野。但是明、清的帝王像鸵鸟一样躲在"海禁"的沙丘里,使中国丧失了一个重要的发展机会。先于西方"坚船利炮"进入中国的,是其文化输出的先遣队——基督教传教士。所以这一时期,国际政教关系也逐渐发生了。

一 明清时期君主专制制度的加强

从秦汉开始,中国社会就进入了帝制阶段,君主专制是其政治制度的根本特色,中国的帝制社会沿着不断强化皇权的轨道发展。"九五之尊"的特权地位使得皇帝的宝座引起无数野心家的垂青,而一旦登上宝座的人,则又会千方百计地维护他们的成果,希望可以传之"千世""万世"。秦始皇的废封建、立郡县,汉景帝的"削藩",隋文帝建立的"三省六部九卿"制度,宋太祖的"杯酒释兵权"……全都是在为加强皇权而努力,而这条道路,在明、清两代帝王的脚下走到了顶点。

明太祖朱元璋出身于一个贫苦农民家庭,完全是靠自己的英勇奋战才夺取了天下。这样的出身和经历一方面使他对元朝末年的政治腐败深恶痛绝,建国后不断整顿吏治,辣手反贪。另一方面则又使他对满朝的文武都放心不下,怕那些昔日的战友妨碍他的子孙永保江山。除了以各种借口屠杀大批开国功臣以外,朱元璋还采取了一项加强皇权的重大措施——废除宰相。在朱元璋看来,自秦王朝设立宰相以来,虽然也有贤德的宰相出现,但是更多的则是小人专权乱政,成为皇权巩固的大威胁。因此他在洪武十三年(1380)借解决胡惟庸案,罢中书省,废除宰相制,并且诏告天下,朝廷以后再也不设宰相,如有哪个臣子建议重设就要处以重刑。废除宰相以后,朱元璋提高了六部的权力,六部尚书分管朝政,并直接对皇帝负责。虽然到了明朝中期以后,内阁的地位和权力都有所加强,有"首辅""次辅"之设,但其职能和地位已经不能和昔日的宰相相比了。明清之际的大思想家黄宗羲在总结明亡的教训时,把废除宰相当成一大失误。他指出:"或谓后之入阁办事,无宰相之名,有宰相之实也。曰:不然。入阁办事者，职在批答，犹开府之书记也。其事既轻，而批答之意，又必自内授之而后拟之，可谓有其实乎？吾以谓有宰相之实者，今之宫奴也。"(《明夷待访录·置相》)

为了加强皇权，明王朝还采取了改革地方政治体制、加强检察制度等措施，但是最令人难以容忍的，就是重用太监和实行特务政治，这便是黄宗羲所说"有宰相之实"的"宫奴也"。当代著名学者丁易先生在1948年所著的《明代的特务政治》一书中指出："明代是一个极端中央集权的朝代，它废除了宰相制度，集大权于皇帝一人，大臣既不被信任，政务丛脞，皇帝又管不了许多，于是政权便落到宦官身上。而司礼监又是宦官机关的首脑，司礼监的太监们自然更容易获得这旁落的政权，这样，他们就成了实际上的全国政治指挥者。"① 太监专权是明代政治极大弊端之一，前有王振在英宗朝弄权，使皇帝在"土木堡之变"中当了蒙古人的俘虏。中有刘瑾以"狗马鹰犬，歌舞角觚以娱帝"(《明朝纪事本末》卷四三《刘瑾用事》)，蛊惑明武宗"好逸乐""好骑射""修豹房""练方术"，不仅荒疏朝政，而且年纪轻轻就无后而终。后有魏忠贤在天启年间专权秉政，号称"九千岁"，成了皇帝以下第一人。以上三人是明朝惑主乱政的枭首，其下把持大大小小权力的太监不可胜数。清康熙皇帝在总结明亡教训时说："万历以后所用内监，曾有在御前复位者，故朕知之独详。明朝……宫女九千人，内监至十万人。"(余金：《熙朝新语》卷四) 如此庞大的太监队伍，实在是王朝政治的痈赘。

清朝在一定程度上接受了明朝的教训，特别是在王朝的中前期，太监专权和特务统治有所控制。康熙皇帝说："古来太监，善良者少，要在人主防微杜渐，慎之于始。"(《圣祖仁皇帝实录》(二)，卷一百六十三，康熙三十三年闰五月庚辰) 不过在加强皇权制度方面，清朝则更进一步发展。明朝中期以后，内阁成员的官品提高，权力逐渐加大，其"首辅"有宰相之称。清初仍继承了明代的内阁制，在六部之上设内阁，任命大学士掌管内阁的运行。但是到了雍正七年(1730)，

---

① 丁易：《明代的特务政治》，中华书局2006年版，第5页。

连年对西北准噶尔用兵，皇帝感到通过内阁指挥全国还不够方便，便设立一个临时性机构——军机处。军机处由军机处大臣、军机处章京若干名组成，完全由皇帝临时指名组成。军机处设在皇帝住处附近的隆宗门，便于与皇帝协商军务，发布军令。战争结束后，雍正皇帝感到利用军机处驾驭朝政比较方便，便将这一机构变成了常设，一直到光绪二十七年（1901）撤销，存在了180年。军机处无固定编制，人数也不确定，完全由皇帝指定，从内阁或六部中挑选。但是这样一个类似秘书班子的机构，却掌握了国家的全部军政大权。《中国通史》说："军机处扩大以后，具体职掌主要有六：一是撰拟谕旨和处理奏折；二为议大政，议后提出应因、应改、应止、应行的处理意见，奏报皇帝裁夺；三系谳大狱，参与重大案件审拟；四乃参与重要官员的任免和考核；五是随侍皇帝出巡，奉旨出京查办事件；六系为皇帝准备处理政务的参考资料。"① 皇帝通过军机处，把国家的主要政治事务全都掌握在自己的手中。

明清两代帝王通过加强中央集权措施，使皇权的地位达到了无以复加的程度。除了控制臣下之外，明清两朝在政治领域，还特别加强了对意识形态的控制。意识形态方面控制可以分成正反两个方向，从正的方向说是加强程朱理学的教化，通过教育和科举考试强化思想引导。科举考试完全以程朱理学作为教材和考试的标准答案，不得有任何非议。在明清两代不要说反对孔子、反对儒学，就是敢于对程、朱有所非议，都会受到严重的政治迫害。明末著名思想家李贽，就被扣上"非圣无法"的帽子，即使他剃发出家，仍然无法避免被迫害致死的命运。负的方面是大兴文字狱，中国古代因言获罪的例子很多，但是像明清时期那样频繁的、连续的、大规模的文字狱案，尚未发现。明朝开国皇帝朱元璋出身贫寒，曾经当过和尚，后参加农民起义军队伍，在推翻元王朝黑暗统治的斗争中成长为一名卓越的政治家、军事家。但是在中国古代宗法文化的大背景下，他在登基以后，反倒觉得自己的经历成为执政的一种包袱。据《朝野异闻录》记载："三司、

---

① 白寿彝主编：《中国通史》第17卷，上海人民出版社1996年版，第157页。

卫、所进表笺，皆令教官为之。当时以嫌疑见法者，浙江府学教授林元亮，为海门卫《谢增俸表》，以表内'作则垂宪'诛。北平府学训导赵伯宁，为都司作《万寿表》，以'垂子孙而作则'诛。福州府学训导林伯璟，为按察使撰《贺冬表》，以'仪则天下'诛。桂林府学训导蒋质，为布、按作《正民贺表》，以'建中作则'诛。常州府学训导蒋镇，为本府作《正旦表》，以'睿性生知'诛。沣州学正孟清，为本府作《贺冬表》，以'圣德作则'诛。……盖'则'音嫌于'贼'也，'生知'嫌于'僧（知）'也。"① 现代著名文学大师鲁迅的《阿Q正传》，讽刺阿Q因为头上有秃疮，所以忌讳说"秃"，甚至连"光""亮"也不能听，谁说和谁急。这一著名小说的原型，倒是与朱元璋的所作所为极为相似，未尝不是以朱元璋为原型。清代的文字狱前期还有所指，如康熙二年（1663）庄廷鑨的《明史》案，康熙五十年（1711）戴名世的《南山集》案，雍正初年吕留良、曾静案等，尚有民族主义背景，"文字狱"意在镇压不服从满洲贵族统治，试图复辟大明江山的汉族知识分子。而到了后期，则与明代相似，多是吹毛求疵、捕风捉影、罗织罪名、疯狂迫害了。如湖南乡绅黎大本为母亲做寿，以其母"比之姬姜、太姒、文母"，"称为女中尧舜"，因比喻不当，被罚充军。江苏韦玉振为他的父亲刊刻行述，文中有"于佃户之贫者，赦不如息"，误用皇帝专用词汇"赦"字，被斥为"狂妄"。河南民人刘峨，刊刻《圣讳实录》一书，专门教人如何避圣讳，防止因触犯朝廷禁用之字而获罪。但是在书中为了说明问题，将皇帝的名字"各依本字正体写刻"，结果被处斩。②

如此严密思想、文化控制的结果，使得中国古代传统文化中儒、释、道三大部分都在不同程度上趋于僵化、停滞。就儒家文化方面讲，使大多数汉族士大夫不敢研究经世致用的学问，埋头于故纸堆，搞烦琐考证。"乾嘉考据学"的兴盛成了儒学僵化的反证。佛教和道教，则进一步趋于世俗化、礼仪化，缺少学术思想的内涵，失去了对

---

① 郭朋：《明清佛教》，福建人民出版社1985年版，第10页。
② 白寿彝主编：《中国通史》第17卷，上海人民出版社1996年版，第166—167页。

于社会各界人士的吸引力。明清时期佛、道教宗派不少，但是大师缺乏。即使有几个"大师"，也多在重复"三教合一"的老调，实则是三教归儒，社会影响力不断降低。儒、释、道僵化、停滞的结果，反而促成了民间宗教的发达。

二 儒学的"宗教化"与佛、道教的"儒化"

1. 明清帝王对三教功能的认识

明太祖朱元璋是中国少数几个布衣出身的君王。少年时代生活贫困，不得不出家当了和尚，后来又投身元末轰轰烈烈的民间宗教大起义，并从起义军中的青年将领成长为一代开国君王。特殊的经历，使得朱元璋对宗教的性质和功能，有着比其他朝代帝王更为深刻的认识。明太祖朱元璋的宗教观不仅表述在一些圣旨中，他还有好几篇专门的著述，其核心观点可以概括为这样四点：

首先，治理国家必须依靠儒家的政治哲学。作为一个帝制社会的后期王朝，已经积累了大量的处理意识形态的经验。在儒释道三教中，朱元璋指出："于斯三教，仲尼之道祖尧舜，率三王，删诗制典，万世永赖。"（《明太祖集》卷十《三教论》）在三教之中，孔子所阐述的尧舜之道，是治国的根本，"万世永赖"。在《释道论》中他又指出："假如三教，惟儒者凡有国家不可无。夫子生于周，立纲常而治礼乐，助国家宏体，文庙祀焉。祀而有期，除儒官叩仰，愚民未知所从，夫子之奇，至于如此。"（《全明文》卷十《释道论》）儒学是修身、治国的根本，其纲常礼乐，为国家设计了根本体制，其妙用如此，唯有儒者可以掌握。太祖这样的观点，就明确了儒家政治哲学在国家意识形态领域中不可动摇的地位。

其次，以佛教、道教治国，必然遭到失败。明太祖认为："务释氏而能保其国者，未之见矣，梁武之事可为明鉴。"（《明实录》卷四十六《明太祖实录》）梁武帝是中国历史上狂热崇佛的君王，结果搞得身败名裂，成为历代帝王的前车之鉴。对于道家，朱元璋区分了老庄与后来出现的道教，他说："孰不知老子之道，非金丹黄冠之术，乃有国有家者，日用常行有不可阙者也。"（《明太祖集》卷十《三教论》）老子道家的哲学思想，也是古代社会政治哲学的必要组成部分，与儒家阴阳刚柔相济，同样是重要的治国方略。这一区分十分重要，老子无为之道可以治国，不等于道教也可以治国，这是一种混淆。对于汉代以后道士们创造的道教，朱元璋颇为不屑，"上颇闻公侯中有好神仙者，悉召至谕之曰：'神仙之术，以长生为说，而又谬为不死之药以欺人。故前代帝王及大臣多好之，然卒无验，且有服药以丧其身者，盖由富贵之极，惟恐一旦身没，不能久享其乐，是以一心好之。假使其术信然，可以长生，何故四海之内千百年间，曾无一人得其术而久住于世者？……当痛绝之。'"（《太祖高皇帝实录》卷五十九）帝王不应当贪恋现世的富贵，盲目听信道士长生久视的谎言。自古以来服金丹中毒身亡者众，长生不老者无。

再次，佛教和道教也是实行统治的重要工具。释道二教虽不可成为治国之本，但是也是必不可少的工具。他说："释迦与老子虽玄奇过万世，时人未知其的，每所化处，宫室殿阁，与国相齐，人民焚香叩祷，无时不至。二教显化时，所求必应，飞悟有之。于是乎感动化外蛮夷。及中国假山薮愚民，未知国法，先知虑生死之罪，以至于善者多而恶者少，暗理王纲，于国有补无亏，谁能知识？"（《全明文》卷十《释道论》）儒教的应用范围，主要是读书识礼的士大夫，但是对于那些没有文化的"化外蛮夷"和"山薮愚民"，儒家修齐治平的大道理他们没有办法接受。可是他们经常到寺观去烧香拜神，可以利用他们恋生畏死的心理进行教化。释、道二教以生死轮回、善恶报应、羽化飞升之说使人民有所规范。民安而国治，所以称其能"暗理王纲"。朱元璋特别欣赏唐代大思想家柳宗元的"阴翊王度"的说法，他说："昔释迦之为道，孤处雪岭，于世俗无干。及其道成也，善被两间灵通上下，使鬼神护卫而听德，故世人良者愈多，顽恶者渐少。所以治世人主，每减刑法而天下治。斯非君减刑法，而繇佛化普被之然也。所以柳子厚有云：'阴翊王度是也。'"(《全明文》卷八《谕僧纯一》) 至此，朱元璋已经把佛教和道教辅助王化的作用，说得再清楚不过了。

最后，朱元璋认为治国应当是三教并用，不可偏废。从根本上讲，他认为三教的目的是一致的，"天下无二道，圣人无两心。三教之立，虽持身荣俭之不同，其所济给之理一。然于斯世之愚人，于斯三教，有不可缺者"(《明太祖集》卷十《三教论》)。明太祖认同宋代以来社会上流行的"三教合一"论，认为三教的圣人其心相同，都是为了天下的安定。特别是对于那些"愚昧无知"的草民，释道二教更为重要。所以他虽然主张治国当以儒家为本，但是他并不赞同一些消灭佛、道教的言论。他又说："若韩退之匡君表以燥不以缓，绝鬼神无毫厘，惟王纲属焉。……世无鬼神，人无畏天，王纲力用焉？"(《明太祖集》卷十《三教论》) 对于那些没有文化的"愚民"，难以通达"天理"，又没有幽灵世界的鬼神相威慑，他们就会"人无畏天"，到那时候，到哪里去谈"王纲"呢？所以朱元璋得出结论，盲目崇奉佛老固不可取，可像"三武一宗"那样"将谓佛仙有所误国扇民，特敕令以灭之，是以兴灭无常"(《明太祖集》卷十《三教论》)，同样是愚昧的。因此明太祖制定了三教平衡、共辅王纲的宗教政策，既防止了盲目崇拜造成的宗教狂热，也防止了因反感宗教而造成的宗教迫害，使国家政策"不折腾"，能够平稳发展。朱元璋在明初就为明代宗教政策奠定了良好的基础。

清代以一个弱小民族奋起，战胜了貌似强大的明王朝，建立了统一的全国性政权。清初几代帝王入主中原后，对于满族以少治多的困难局面有清醒的了解，努力学习中原丰厚的文化遗产，特别是注重对于儒家入世态度的掌握，甚至比汉族建立的专制王朝还要勤奋。入关后多尔衮执政和顺治帝亲政时间不长，尚未形成完整的宗教观念，大多是沿袭明代的宗教管理政策。真正为清王朝建立宗教观的是清圣祖康熙。康熙皇帝受明清之际流行的"实学"思想的影响，主张学贵有用，故"凡事皆宜务实，何必崇尚虚文？"(《东华录》卷九十五) 对于佛教和道教等方外的宗教，他都不以为然，他直接指斥佛教说："而至佛则不然，离俗以为高，矫情以绝物，悖先王之教，而创苦空之说，是非大惑与？"（《清圣祖御制文集》第一集，第二十一卷）对于藏传佛教，康熙更为反感，他说："朕自十岁时，一喇嘛来朝，提起西方佛法，朕即面辟其谬，彼竟语塞。盖朕生来便厌闻此种也。"① 对于道教这种容易被证伪的宗教，康熙皇帝更是轻蔑，他说："道法自然，为天地根，老氏之学，能养其真。流而成弊，刑名放荡。长生久视。语益恫恍。况神仙之杳渺，气历劫而难聚，纵白日飞升，与世道乎奚补？慨秦汉之世，求方药而何愚！用清净而获效，宁化美于皇初，养身寿人，儒者有道，保合太和，何取黄老？"（《热河志》卷一《圣祖御制文·七旬》）康熙不仅不相信道教可以成仙，而且明确指出，就是有个别人成仙了，对于帝王治国，也没有什么作用。所以在治国指导思想上，始终强调以儒为本。

雍正皇帝本人有一定的佛教信仰，故在治国方略上，更多的是强调三教合一，对佛教和道教加以利用。他指出："朕尝览释氏之教，虽不足为治世理民之用，而空诸色，遗弃荣利，有戒定慧之学，有贪嗔痴之戒。为说虽多，总不出乎寡欲、摄心、戒恶、行善四端，为大要也。"（《清宪宗实录》卷三十一）雍正明确地说，佛教不足以"治世理民"，但是佛教讲"四大皆空"，有"戒定慧之学"，对于劝世人戒除贪婪之心，清心寡欲，戒恶行善，还有具有很大好处的，故国家应当提倡。雍正九年（1731），其"上谕"曰："域中有三教，曰儒、曰释、曰道。儒教本乎圣人，为生民立命，乃治世之大经大法。而释氏之明心见性，道家之炼气凝神，亦与吾儒存心养气之旨不悖。且其教皆主于劝人为善，戒人为恶，亦有补于治化。道家所用经箓符章，能祈晴祷雨，治病驱邪，其济人利物之功验，人所共知。"（《龙虎山志》卷一《藏外道书》第十九册）雍正皇帝关于三教功能的认识，基本上是在重复宋孝宗"以儒治世，以佛修心，以道养生"的观点，

---

① 中国第一历史档案馆整理：《康熙朝起居注》第一册，中华书局1984年版，第127页。

不过特别强调了佛、道二教劝善戒恶的社会政治功能。

乾隆皇帝对于三教关系的看法，更像其祖父康熙。他本人对佛教、道教并无信仰，将其视为一种治理"愚民"的教化手段，特别是藏传佛教，更是如此。他作《御制喇嘛说》一文阐述自己的宗教观。对于佛教所散布的那套神秘主义的东西，乾隆帝看得很透。"盖佛本无生，岂能转世？但使今无转世之呼土克图，则数万番僧无所皈依，不得不如此耳。"在藏民心中，活佛转世极为神圣，乾隆帝虽根本不相信佛能转世，认为这从佛教原理上也是讲不通的。但是既然藏民相信，所以国家还是要重视，给予高度的礼遇。"盖中外黄教，总司以此二人，各部蒙古，一心归之。兴黄教，所以安众蒙古，所系非小，故不可不保护之，而非若元朝之曲庇陷敬番僧也。"他认为清朝尊敬喇嘛是孔夫子所说的"敬而远之"，并非元朝蒙古贵族那样的虔诚信奉。所以从国家宗教政策上讲，对于佛、道教，是在限制的前提下，有效地加以利用。他说："夫释道原为异端……国家功令，原未尝概行禁绝。彼为僧为道，亦不过营生之一术耳。穷老孤独，多赖以存活。其劝善戒恶，化导愚顽，亦不无小补。帝王法天立道，博爱无私，将使天下含生之类，无一不得其所。僧道果能闭户焚修，亦如隐逸之士，遁迹山林，于世教非有大害。岂忍尽驱还俗，使失业无依，或致颠连以终世哉？"（《清高宗实录》卷三十八）由于深受宋明理学的影响，乾隆帝在理论上将佛老统统视为儒家之外的"异端"，但是作为某些人的个人信仰，还是具有劝善戒恶、化导愚顽的作用，对于儒道也小有补充功效。只要佛教、道教不干政，对于"世教"并无大害，没有必要将其消灭。只是让他们如同隐士一样遁迹山林，清苦修行即可。如果用行政命令的办法强迫和尚、道士还俗，致使他们生业无着，岂不是逼民为寇？

综述明清两代奠基帝王的宗教观，其基本观点就是："释、道二教，亦王化所不废，惟严其禁约，毋使滋蔓。"（康熙朝《大清会典·礼部·祠祭司·僧道》）合理利用佛教、道教辅助政治统治、政治管理功能，但是严格限制其发展规模，不使之影响社会正常运行，这就定下了明清两代对佛教和道教管理的基调。

2. 宋明理学的"宗教化"与儒生黜异端的呼声

明清两代在政治文化上的特点，就是大力推崇儒家思想，特别是宋明理学。宋明理学在充分吸收佛、道教哲学的基础上，完成了儒学的理论建构，再加上明清两代统治者的大力推崇，就使得儒学不仅牢牢控制了国家政治意识形态，而且也在哲学意识形态上处于绝对主导地位，不像魏晋南北朝、隋唐在哲学上还为佛教、道教留有较大空间。儒家提倡一种存而不论的远神论，甚至其中一些成员保持着一定程度的无神论倾向，使之与各种超验的宗教都保持一定程度的张力，这对于保持中国政治的世俗性是绝对必要的。然而明清时期理学的绝对垄断地位，使之本身也出现了一种"宗教化"的倾向。我们这里说儒学在明清时期出现了宗教化，不是说它的修养方法借用了佛教、道教的某些内容，也不是说儒家思想中包含了某些古代宗教的要素，而是说这种以"远神论"为基调的国家意识形态，开始出现了像宗教一样强烈的排他性，所以有人说，儒教虽无宗教之名，但有宗教之实。

儒学宗教化对中国帝制社会后期思想界造成的禁锢这里不讲，从政教关系的角度着眼，儒学的宗教化对佛教、道教等正统宗教造成了巨大的压力。明儒在思想上排佛，主要是为儒家理学争一个"正统"，树立儒学在哲学上的权威地位。但将思想上的"正统"原则应用到政治上，则把佛教、道教通通看成了社会的"异端"。如明宪宗成化四年工部右侍郎兼翰林院学士刘定之上疏皇帝说："皇上自居东宫，即留心于圣经贤传，今日以之制治保邦，无不用此。至于佛老异端，初无所用，既未能尽，辟去之。于祖宗时，有寺观塔院姑存其旧，勿增广可也。"（《明宪宗实录》卷四十四）这里明确说明，佛、老思想属异端，于治国无用，既然未能尽除，前代留下的寺观可以保留，但不能扩大。明孝宗弘治十二年（1499），"时清宁宫新成，有旨：命大能仁等寺灌顶国师那卜坚参等，设坛作庆赞事三日。大学士刘健等上疏言：'佛老异端，圣王所禁。中世人主崇尚尊奉者，未必得福，反以得祸，载在史册，其迹甚明。我朝之制，虽设僧道录司，而出入有清规，斋醮有定数，未闻于宫闱之内，建立坛场，聚集僧道有如此者。'"(《明孝宗实录》卷一五五)明孝宗欲在皇宫内设立道场，请西番僧那卜坚参等进行佛事。大学士刘健等上疏反对，指出古代帝王崇奉佛老异端，未得福而得祸，明代帝王向有禁令，不可于宫内设立道场。

到了清代，视佛老为异端的呼声更高。康熙皇帝对程朱理学推崇备至，在思想领域中提倡"黜异端以崇圣学"。康熙皇帝发布了《圣谕广训》十六条，这是其中第七条。康熙皇帝如此提倡，主要是为了在思想领域巩固理学的统治地位。从思想史的角度看，每一种学说都必须为自己设定一种终极真理，并由此展开自己的体系。为了论证自己体系的至上性，则有必要将自己设定的终极价值说成是唯一的。所以在清儒眼中，儒家以外的一切宗教、学说都是异端。例如，朱轼在《圣谕十六条解》中解释说："那异端叫做'邪说'，不止于白莲教、无为教、天主教、红莲教各种是异端，就是如今佛家、道家，总是异端。"不仅是那些被朝廷公开宣布取缔的民间宗教和尚未得到政府认可的外国宗教属于异端，就是佛教、道教那样国家认可的正统宗教，也是异端。一些儒臣对佛、道教的异端思想进行了严厉的批判。儒者范承谟在《上谕十六条直解》中说："惟有近来释、道两教，创为因果报应、天堂地狱之说，以谓斋僧布施便可增福建寿，看经念佛便可灭罪消愆，将忠孝节义置于度外，翻把孔子的正学掩晦。"把佛老置于异端地位，就是为了在意识形态领域，树立儒学终极价值的地位。

至于实际生活中的佛教和道教，儒家学者还是可以看到其积极作用的。夏炘在《圣谕十六条附律易解》中指出："释道二氏，虽与圣学之教判然如水火之异性，黑白之异色，然谈因果，说祸福，尚有教人去恶为善的意思。"因此在实际政策的执行上，"异端"只是"邪说"，应当批判，但"异端"还不是"邪教"，不能取缔。《皇朝续文献通考》卷八十九载："邪教与异端不同，若古之杨、墨，今之佛、老，异端也；汉之张角、明之徐鸿儒，邪教也。杨、墨言仁义而差者，佛、老言心性道德而差者。其学虽误，其心无他，其徒党从无犯上作乱之事。君子有辞而辟之，无取而戮之。若邪教之徒，小则惑人，大则肇乱，古所谓造言乱民之刑，不待教而诛者也。"先秦的杨、墨，今日之佛、老被称为异端，主要是思想认识问题，其创立学说的初衷也是为了寻求仁义道德，其信徒并没有犯上作乱的违法行为。邪教则不同，他们不是认识问题，而是参与了造反。故儒学君子对于异端只是批判，对于邪教则主张政府应当动用刑罚，不教而诛了。正是基于这些认识，明清两代虽然将佛老视为异端，在学术中进行批判，但是并没有政治上的迫害行为。

3. 佛、道教的适应与进一步儒化

面对儒生们强大的批判浪潮，佛教、道教的大师们被迫应战。当然，在中国这样的臣属型政治文化环境中，适应的方向只能是佛教和道教进一步向儒教靠拢。换句话说，就是佛教和道教的进一步儒化。儒家政治哲学的核心，是建立在宗法等级社会基础上的"纲常伦理"学说，从而也就派生出"顺从型"的政治文化。阿尔蒙德和维巴在《公民文化》一书中，将政治文化分成了"地域型""顺从型"及"参与型"三类。① 在顺从型政治文化体系中，可以容许其他文化形态存在，但是要绝对地服从主导文化的支配。在中国古代的社会文化体系内，"独尊儒术"主是指儒家文化作为政治意识形态的地位是唯一的，不允许其他学说染指。但是其他学说或宗教，作为一般文化体系，都可以在辅助王化的轨道上发展，"和而不同"，"殊途同归"。

自从两汉时期佛教传入，道教生成以后，佛、道二教就在不断地与中国顺从型的政治文化相适应，自觉地为专制政府服务。然而在魏晋南北朝时期，佛教、道教在"均善""均圣"的大前提下，还想与儒教争个内外、高低，在宋元时期还有"以儒治世，以道修身，以佛修心"的领域分工。而到了明清时代，在宋明理学的强大舆论压力下，佛教和道教在"三教合一"的形势之下，干脆直接大量引用理学

---

① 参见［美］阿尔蒙德、维巴《公民文化》，马殿军等译，浙江人民出版社1989年版。

的文字,直接发挥理学"修身养性""存理灭欲"的教化功能了。所以我们认为,明清时期所谓的"三教合一",实质上是佛教和道教的儒化。

明初禅宗大师梵琦,号称"国初第一宗师"。梵琦的宗教活动,有很强的政治性,集中表现了明代佛教顺从型政治文化的特点。"洪武元年,九月十一日,于蒋山禅寺水陆法会中升座,师云:'钦惟皇帝陛下,英武仁圣,削平海内,子育万民……特此银帑,命善世院就蒋山禅寺修建冥阳水陆大会一昼夜,于中作诸佛事。……今日圣恩,今臣僧梵琦于此升座……恩重须可以报?祝延圣寿万斯年。'"(《续藏经》第一辑)明代的高僧除了要对皇帝行"称臣""祝寿"这些形式的礼仪之外,梵琦还主动用佛教的语言,论证了专制王朝中的君臣关系。另一则语录记载:"圣节,上堂。僧问:'佛祖因缘即不问,君臣庆会事如何?'师云:'瑞草生嘉运,林花结早春。'进云:'如何是君?'师云:'莫触龙须。'进云:'如何是臣?'师云:'量材辅职。'进云:'如何是臣向君?'师云:'赤心片片。'"(《续藏经》第一辑)这段话,可以看成梵琦用禅宗"机锋"的方式,对于顺从型政治文化关系的理解。皇帝具有无上的权威,天下臣民都要"莫触龙须"。大臣在政治上要安于本分,量力而行,辅助君王,并且要对君主"赤心片片"。如此论证用的虽然是禅宗特有的机锋形式,但说的都是儒家的纲常伦理。

到了明末佛教四大家,各个都提倡三教合一,实质上是儒化佛教的高手。例如,云栖袾宏认为:"核实而论,则儒与佛不相病而相资。试举其略:凡人为恶,有逃宪典于生前,而恐堕地狱于身后,乃改恶修善,是阴助王化之所不及者佛也。僧之不可以清规约束者,畏刑罚而弗敢肆,是显助佛法之所不及者儒也。"(《竹窗二笔·儒佛交非》)在袾宏看来,对于世人而言,有人不畏世俗的法律刑罚,但是畏惧死后的地狱惩罚,故不敢为非作歹,在这方面儒教的作用不如佛教。而一些寺院中的僧人不守清规,也需要借助世俗的刑罚进行管束,则佛法不如儒道。所以他得出结论,"儒佛二教圣人,其设化各有所主，固不必歧而二之，亦不必强而合之。何也？儒主治世，佛主出世。治世，则自应如《大学》格致、诚正、修齐、治平足矣，而过于高深，则纲常伦理，不成安立。出世，则自应穷高极深，方成解脱，而于家国天下不无稍疏"（《竹窗二笔·儒佛配合》）。儒教和佛教，各有所长，然儒教的修齐治平的原理过于高深，一般人不容易搞懂，所以还需要佛教的补充。

明清时期的道教，更是在三教合一的浪潮中进一步儒化了。从根上说，道教产生于中国宗法社会的土壤，对君臣、父子的伦理纲常，本来就是高度认同的，从政治伦理的角度看，很难说他们与儒家有多少差异。而在明清以后，随着内丹修炼的兴起，道教本身特有的追求长生久视的价值理想渐趋淡化，所谓的内丹修炼，更像是一种理学的道德修养了。例如，明代著名道士陆西星指出："孔子曰：一阴一阳之谓道，仁者见之谓之仁，智者见之谓之智，百姓日用而不知。……故天不变则道不变，道不变则体是道者，亦可使之不变。而长生久视之道，端在于此。"（《正统道藏》卷三十九《玄珠录》）显然，他已经把儒家的《易经》所揭示的一阴一阳之道，看成是宇宙万物运行的基础，当然也是道教修行长生久视的基础。人要想长生久视，既要修性，也要修命，在这个问题上，儒释道三教是一致的。"三教圣人同一宗旨，但作用不同耳，故有三教之别名。"（《正统道藏》卷三十九《玄珠录》）明清时代道教的"性命双修"，已经越来越重视人性的修行了。如陆西星谈到修行方法时说："夫修道者，以不争为上善，老圣盖屡言之。佛经云：我得无诤三昧，人中最为第一。偈云：诤是胜负心，与道相违背，便起人我相，安能得三昧。《语》曰：君子无所争。三教圣人同曰一词，实修性之上德，入圣之要机也。"（《正统道藏》卷三十九《玄珠录》）这些修行的功夫，与宋明理学家提倡的身心性命修养，几乎没有什么差异了。

明清两代佛教和道教高度儒化的结果，就是正统的宗教反而在理论上丧失了独特性，失去了理论的创新能力。当代许多佛教史、道教史研究者都认为，明清时代的佛、道教走了下坡路。这样的宗教，必然会在精英文化层面上被边缘化，失去了对文化精英的吸引力，逐渐向社会风俗、礼仪的方向发展。

三 中国帝制社会的最后辉煌

1. 政治稳定导致经济发达、文化繁荣

以上我们详细分析了明清两代君主专制势力加强的负面作用，但是我们也要指出，这些负面作用多是我们站在当代立场上说的。如果严格还原历史的本来面目，就中国古代社会的自身进程讲，从封建到帝制，不断走向君主集权制度是一种历史的必然。而在中国当时的小农经济和宗法家族制度的基础上，这种绝对集权的君主专制制度是比较适用的，所以明、清两代都基本走完了一个帝制王朝的自然周期，并在清朝前期还出现了中国历史上最后一个高潮——康乾盛世。

明朝的皇权加强，最大的好处是抑制了地方割据势力的发展，保证了中央集权政府的有效运行。中国古代社会的经济基础是小农经济，广阔的地理空间、狭小的生产规模、不发达的通信和交通，这一系列因素使得如何防止地方割据成为历代朝廷的大难题。宋代以后，历朝的君主们逐渐找到了对付地方割据的方法，就是不断加强中央集权，削弱地方势力。而明清两代在这方面则取得了最好的成绩。在当时的自然经济的条件下，与压抑人性、窒息创造力等负面作用相比，保证国家的政治稳定是促进生产发展的最有效手段。明代虽然没有出现康乾盛世，可是明代的农业、手工业、商业都出现了很大的发展，很多学者甚至断定当时已经出现了资本主义萌芽。从明代白话小说反映的繁华的市井生活，当代人仍可感到当时市场经济的兴盛。

清朝是中国少数民族建立的第二个全国性政权，清代帝王充分吸取了元朝的教训，在"首崇满洲"，保证满洲贵族的特权利益的前提下，他们打出"满汉一家"的旗帜，尽量吸收汉族地主阶级参与统治，扩大统治的民族基础。康熙皇帝是中国历史上少有的"圣王"，

一生勤奋好学，即使在平定三藩之乱的紧急时刻，经筵日讲依然不辍。他一生崇尚程朱理学，但是绝无书生的门户之见和空谈性理的迂腐，学习全在于躬行治国。不但善于学习中国的文化经典，而且康熙皇帝还认真地向西方传教士学习先进的数学、物理、天文、地理、水利、农学等方面的知识。在康熙皇帝的表率作用带动下，社会上下出现了一股经世致用、躬行践履的实学之风。康熙皇帝亲政之后，国家出现了兴利除弊、励精图治的气氛，削平"三藩"，收复台湾，平定准噶尔，统一回疆，击退沙俄侵略者，签订《尼布楚条约》，基本奠定了近代以前中国的版图，是一个疆域广阔的国家。在注重武功的同时，清初诸帝也十分重视国内政治、经济的治理。康、雍、乾三帝，在国内实行鼓励垦荒政策，使得因明清之际战乱荒芜的土地得以复耕。他们兴修水利，治理河道，使得水旱灾害得到抑制。蠲免部分贫苦地区的赋税，使得民生得以改善。特别是康熙、雍正年间进行的"摊丁入亩"改革，这样就免除了广大无地或少地农民的困扰，平均了赋税负担，极大地调动了广大农民的生产积极性。"康乾盛世"，起于康熙二十年（1681）平三藩之乱，止于嘉庆元年（1796）川陕楚白莲教起义爆发，持续时间长达115年。由于实行了"滋生人丁，永不加赋"的税收政策，以前隐匿的人口公开出来登记，家庭生育也在增加，人口出现了大爆炸，从明末的1亿增加到乾隆末年的3.6亿。人口是自然经济发展过程中的宝贵要素，人口的增加推动了农业的发展。康乾时期农业持续发展，荒地大量开垦，耕地面积不断扩大。1661年（顺治十八年），全国耕地面积为526万顷；1722年（康熙六十一年）就突破了明代最高耕地统计数字，达到851万顷。由于玉米、甘薯、油菜等高产作物的种植，农产品产量不断提高。农业的提高又推动了手工业的发展，全国各地出现了一大批经营各种手工业的城市，资本主义萌芽进一步发展。经济的发展奠定了国家财政的基础，康熙四十五年库存帑银五千余万两，雍正、乾隆年间多维持在六千万两的水平，最高达到八千万两，从而成为一个国富民强的时代。按照英国著名经济史和经济统计学家安格斯·麦迪森的说法，从17

世纪末到 19 世纪初,清王朝统治下的中国在经济上的表现相当出色。1700 年到 1820 年,中国的 GDP 不但排名世界第一,在世界的比例也从 22.3%增长到 32.9%。

在经济发展的同时,康乾时代的文化也有了很大的发展。政府主导编写的《四库全书》,多达九万七千多卷,分别藏在文渊阁、文津阁、文源阁、文溯阁、文宗阁、文澜阁和文汇阁,是一项重大的文化工程,对于文化保存具有重大意义。但是在编辑《四库全书》时,也要经过政府的严格审定,凡是对清政府不利的内容,都被付之一炬。因此《四库全书》对于中国的文化建设,也可以说是毁誉参半的。为了繁荣佛教文化,清政府又主持刊刻《龙藏》,全称为《乾隆版大藏经》。此藏从清世宗雍正十一年(1733)在北京贤良寺设立藏经馆,十三年(1735)正式开雕,至清高宗乾隆三年(1738)完成。全藏共收经 1669 部,7168 卷,分作 724 函,这可以说是一部规模最大的大藏经。《四库全书》和《龙藏》的刊刻,说明清代中国的文化事业,也达到了一个空前的高度。

2. 成熟的宗教管理与宗教有序发展

朱元璋作为一名依靠民间宗教起家的农民起义领袖,深知宗教观念对于发动群众、鼓舞士气的重要作用。故在参加起义后,朱元璋主动利用道教的图谶和佛教的预言为自己制造君权神授的舆论。朱元璋亲近的道士有周颠、张中、张正常、刘渊然等。明太祖建国后,鉴于元代过分崇佛而致亡国的教训,他一再告诫群臣不能过分崇奉佛老,但是对于社会著名的佛、道教领袖,朱元璋还是给予了足够的礼遇,使各种宗教都能为新王朝服务。早在他还是吴王时,就曾出榜招请天师道第四十二代继承者张正常,并命有司四处寻访。建国后的洪武元年(1368),张正常入朝祝贺,太祖授予他"正一教主嗣汉四十二代天师,护国阐教通诚崇道弘德大真人"(宋濂:《四十二代天师正一嗣教通诚崇道弘德大真人张公神道碑》)。

朱元璋因其早年的僧侣生活而对元末佛教内部种种弊端深有认

识。由于蒙古族统治者狂热崇佛以及滥售度牒，导致僧侣队伍的膨胀和素质的低劣。教团内多有不务经业、不居寺坐禅而云游乡里者，甚至娶妻蓄室的"伙居僧"遍及州、府。逃避租税、违法犯罪者遁迹空门，前朝政敌"改名易姓，削法顶冠，人莫识之"，寺院成了藏污纳垢之所。庞大的僧侣队伍不仅是政府和人民的沉重负担，而且一遇时变就会成为社会不安定因素。所以朱元璋对佛教采取了"紧缩"政策。洪武六年（1373）十一月他说："（对佛道二教）近日崇尚太过，徒众日盛，安坐而食。蠹财耗民，莫甚于此。"（《明太祖实录》卷八六）诏令州、县裁并寺院，严格剃度。他认为僧尼素质下降是由于宋、元以来滥售度牒造成的，故从根本上加以改革，废止计僧售牒、度牒改为三年免费发放一次，但同时进行严格的考试。洪武十年（1377）诏令由翰林学士宋镰等人出题考校僧徒，"皆通《般若心经》《金刚般若经》《楞伽经》"者，准许继续为僧，"不通者，令还俗"。洪武二十四年（1391）诏令对全国寺观进行清点，命各州府只许保留大寺观一所，僧众集中居住，各府不得超40人，州30人，县20人，令僧官严格监督。《明律》对私度僧尼、私建寺观限制甚严。《明会典》卷一六三《律例四》载："凡寺观庵院除见在处所外，不许私自创建增置，违者杖一百，还俗。僧道发边远充军，尼僧女冠入宫为奴。""凡僧道不给度牒，私自簪剃者，杖八十。若由家长，家长当罪。寺观住持及受业师与私度者，与同罪，并还俗。"明初的佛教因太祖的一系列严格管理而得到整顿。

另外，朱元璋又是一位成熟的政治家，深知佛教对巩固统治的益处。他在《招善世禅师诏》中讲："佛教肇兴西土，流传遍被华夷，善世凶顽，佐王纲而理道，今古崇瞻，由慈心而顾重。是故出三界而脱沉沦，永彰而不灭。"（《释氏稽古略续集》卷二）由于佛教有"善世凶（'凶'的异体字，有折服之意）顽""佐王纲而理道"的社会功能，故而要大加褒扬。朱元璋登基伊始，便在南京蒋山召集江南名僧40余人，启建"广荐法会"，超度战争亡灵，并为新王朝祈福。朱元璋严厉整顿佛教并不是反佛、排佛，而是去其杂芜，存其精华，使佛教在中央集权统治的轨道上合理发展，成为帝制政治、文化中一个有机的组成部分。

对于道教的管理，完全参照管理佛教的方式，且规模、等级基本相同，做到了对二教一视同仁。洪武十五年置僧录、道录二司，隶礼部，加强管理。二十四年清理释、道二教，凡僧道，府不得过40人、州30人、县20人，民年非40以上、女年非50以上者不得出家。二十八年令天下僧道赴京考试给牒，不通经典者黜之。不过考虑到道教与中国民间宗教的密切关系，所以在管理道教方面，特别注意切断他们与民间宗教的联系。洪武中有诏，凡火居道士，许人挟诈银三十两、钞五十锭，如无，打死勿论。明太祖态度如此严厉，一是以僧道太奢，"蠹财耗民"，对财政有影响；二是他本人起自民间，曾利用白莲教反元，深知民间宗教具有反叛潜能，故立国后禁断白莲教，并严格僧道管理，不使白莲教和其他民间宗教信徒混入僧道之中；三是因僧道中多有"不循本俗，污教败行"者，有碍国家法律的统一。故须考核整顿，令僧道并而居之，不使与民相混。洪武二十七年（1394）下诏，"令僧道有妻妾者许诸人赶逐，相客隐者罪之。有称白莲、灵宝、火居，及僧道不循祖风，妄为议论、阻令者，皆治重罪"（《留青日札摘抄》），明显是防止失控，造成民变。

明太祖以降，明代其他帝王多是既崇佛，又崇道，二教并重。但他们的崇佛、崇道活动多属个人信仰行为，一般不会影响国家宗教政策。他们基本沿用了太祖对佛道教推崇、扶植、利用、控制的政策，使得内地的佛道教基本保持了在"阴翊王度"的轨道上和谐发展的局面。特别是吸收历代帝王偏重佛教或道教，造成对某种宗教迫害的教训，基本保持了佛教与道教的和谐相处，相得益彰。

与明王朝相比，清朝作为一个入主中原的少数民族王朝，对于以儒家为核心的华夏文化，信奉更加坚定，执行更为彻底。具体表现在宗教政策方面，就表现得更为冷静、理性，个人崇拜的色彩较淡，理性利用的成分更多。康熙皇帝是中国历史上较有作为的君主之一，兼有文治武功，精通多门学问。他在极力推崇程朱理学的同时，对释教也大加褒扬。尽管他在内心深处对于各种超验的宗教抱着存疑的态度，但是作为一名成熟的政治家，对于佛教、道教这些影响深远的大型宗教，他不能忽视其辅政安邦的作用。康熙在位61年，曾经六下江南，每次南巡，"山林法席，均荷恩光"。如康熙二十三年（1684）第一次南巡，到天宁、平山二寺，天宁赐额"萧闲"，平山赐额"怡情"。到金山寺，御书"江天一览"于竹林。亲撰《竹林赋》勒石于竹林寺……类似情况不可胜记。据《清鉴纲目》卷二《圣祖仁皇帝记》载，他一生"写寺庙扁榜多至千余"。另外，他还多次巡幸五台山，参礼佛寺，对僧人优礼有加。不过从思想深层看，康熙是个儒家信徒，对方外之教持一种"敬而远之"的态度。他提倡儒释合一，其中利用的成分偏多。

雍正则是一个对佛教有很深造诣的皇帝。当他还是雍亲王时，便与藏传佛教高僧章嘉呼图克图十分接近，研习经典颇为用功，后与汉地禅僧广泛接触，方知"初时惟知从佛教经典上研求，而未知心性中向上一事"。① 于是转向禅门，结纳禅僧，自号"圆明居士"，在王府中参禅悟道。及登帝位，雍正又编纂《御选语录》19卷，其中包括上自僧肇，下至玉林通琇等历代宗师语录、机锋，也有他与臣下问答的言句，其中颇多奇拔之语，禅机横溢，从中亦可窥见雍正帝的才识。从雍正选编语录的范围，可见他的佛教思想中具有教内禅，教合流，教外儒、释、道合流的倾向。《御选语录》中不仅有僧肇、慧远等根本不属禅门的高僧论著，甚至连北宋道教"紫阳真人"张伯端的著作也选入了。他在"序言"中解释说："紫阳真人作《悟真篇》，以明玄门秘要，复作颂褐等三十二篇，一从性地演出西来最上乘之妙旨。"他认为道教内丹派在根本理论方面与禅宗是相通的。

乾隆朝清政府采取了一项宗教管理制度的改革，于乾隆三十九年废止了自唐朝开始实行的僧、道度牒制度。由于出家人有免除劳役的特权，因此很多人为了规避政府的徭役假出家。为了防止这类现象的发生，唐政府于天宝二年（742）开始发放"度牒"，只有持有度牒

---

① 蒋维乔：《中国佛教史》卷四，商务印书馆1935年版，第5页。

的僧道才是合法的出家人，可以享受政府的优待。但是政府使用发放度牒的方法管理僧尼、道士一直存在一些被人诟病的现象，就是政府自己就常常用出售度牒的方法弥补财政亏空，因此效果并不理想。康熙皇帝于五十一年（1712），规定以康熙五十年（1711）的人丁数作为征收丁税的固定数，以后"滋生人丁，永不加赋"，废除了新生人口的人头税。雍正元年（1723）开始普遍推行"摊丁入亩"，把固定下来的丁税平均摊入田赋中，征收统一的地丁银，不再以人为对象征收丁税，彻底改变了贫穷农民家中无地还要承担人头税的不合理状况。清政府取消了自古以来就一直实行的"人头税"，再用出家的方式逃避税收已经没有意义了。因此乾隆三十九年（1774）发布圣旨："僧道度牒，本属无关紧要，而查办适以滋扰。着永远停止！"（《清高宗皇帝实录》卷九百六十）

相对于佛教，清代的道教则在走下坡路。当代几部重要的道教研究著作都认为："满清贵族素无道教信仰。"[1]"清王朝入关，对道教不感兴趣。"[2] 所以整体来看，清政府宗教政策中，对于道教限制、压抑的成分偏多，推崇、利用的成分偏少。以顺治皇帝为例，顺治三年（1646）"江西巡抚李翔凤，进正一真人张应景符四十幅。上谕曰：'凡致福之道，惟在敬天勤民，安所事此朝廷一用，天下必致效尤。'其置之。"（《清世祖纯皇朝实录》卷二十七）显然顺治帝以儒家"敬天勤民"作为治国的指导思想，怕因褒奖道教造成天下效尤，影响了政治的稳定。不过道教毕竟是中国土生土长的宗教，已经流行了一千多年，有众多的信徒，不能不给予一定的肯定。顺治帝在十三年（1656）谕礼部曰："儒、释、道三教并垂，皆使人为善去恶，返邪归正，尊王法而免祸患。"（《清世祖章皇帝实录》卷一百〇四）从鼓励各种宗教劝人向善、尊奉王法的角度出发，对于道教领袖也给予了很高的褒扬。同年，王常月"奉旨主讲白云观，赐紫衣，凡三次登台说戒，度弟子千余人"（《白云观志》卷四《昆阳王真人道行碑》）。其

---

[1] 任继愈主编：《中国道教史》，上海人民出版社1990年版，第641页。
[2] 卿希泰主编：《中国道教史》第四卷，四川人民出版社1996年版，第5页。

他帝王大致也是如此，故清代佛教与道教继续并行发展，共同为维持社会的平稳发挥作用。

四　对宗教的过度严管及其副作用

中国帝制社会的政治意识形态是儒家学说，儒家本身就没有彻底否定宗教，而且又有"和而不同""殊途同归""神道设教"的思想方法，所以古代政府大多数时候并不把宗教当成敌视的对象，而是看成可以利用的工具，甚至是可以合作的朋友。但是一些官员仍然对于各种宗教保持着高度的警惕，主要问题在于宗教经常与各种民间起义联系在一起，从而导致了政教关系的紧张。因此，历代统治者在观念深处，都不自觉地把各种宗教视为异己力量，严加管理。然而物极必反，过度严管则会产生事与愿违的效果，这一点在中国帝制社会后期的明清两朝，表现得尤为严重。

1. 严管政策导致正统宗教的退化

明清时代高度的君主专制制度造成的结果之一，就是对正统宗教的过度管理致使正统宗教的退化。这种退化表现为两个方面，一是思想理论上的退化，佛教和道教都缺少适应新形势的发展，减少了对民众的吸引力；二是对于佛道教度牒的不合理"限制"，导致一些本来信仰佛道教的僧道，反而走进了民间宗教的队伍。

朱元璋的宗教管理思想，成为有明一代的"家法"。经过反复修订在洪武三十年（1398）颁布的《明会典》将其法律化："释道二教，自汉唐以来，通于民俗，难以尽废。惟严其禁约，毋使滋蔓。令甲俱在，最为详密。"（《明会典》卷一百〇四）文中提到"难以尽废"，其对宗教组织的对立甚至敌视的态度已经十分明显。在这种情况下，所以要严格管理，防止扩大、发展。根据《大明律》所制定的"难以尽废。惟严其禁约"的指导思想，历朝政府希望通过限制度牒的发放来达到缩小佛、道教规模的目的。"洪武初规定三年一给牒，永乐中改为五年一给，后冒滥益甚，天顺二年（1458）改为十年一给。"明成祖在永乐中规定，全国僧、道"府不过四十，州不过三十，县不过二十"（《明太宗文皇帝实录》卷二百五）。按此规定，全国僧、道总额数不得超过36000余名，实在是一厢情愿，与实际的情况相差太远。

《大清会典》基本承继了明代的管理思想，规定："释、道二教，亦王化所不废，惟严其禁约，毋使滋蔓，令甲俱在，最为详密云。"康熙朝《大清会典》载，康熙六年（1667），"礼部通计直省……僧人十一万二百九十一名，道士二万一千二百八十六名，尼八千六百十五名。通共……僧、尼、道士十四万一百九十三名"。与唐、宋、明诸朝的和平年代有牒僧尼、道士数量大约在50万人相比，这一数字显然是被人为缩小的。上文已述，明代中期以后就采取停发度牒的方法"缩减"僧道人数，其实不过是自欺欺人而已。实际上无牒僧道比比皆是，官方统计的寺观数量就可以说明这个问题。因为将僧、道的总数与寺庙的总数79622相除，平均每座寺庙的僧、道人数仅有1.76人，显然与常理不合，一定会有大量无牒僧人存在。但就是在这样的情况下，朝廷还是认为天下僧道太多，康熙十五年（1676）题准："停止给发度牒。"（《大清会典·礼部·祠祭司·僧道》）从此开始至雍正十三年（1735）的近六十年中，政府没有再发放过度牒。用这样一种简单、生硬、蛮不讲理的办法处理宗教问题，不仅不能实际减少出家人的人数，反而使政府失去了对僧道人数的掌握，无法达到有效管理僧道的目的。

从人员情况看，如果那些希望出家的僧道不能得到度牒，在寺院或道观中合法实现自己的宗教追求，他们的活动就很可能与民间信仰相结合。如直隶人崔焕，先是随道士学习音乐，每遇有村民白事，前往吹打乐器，诵唱心经等经忏。后来崔焕加入道教不成，嘉庆二十一年又随父拜交河人崔大功为师，入未来真教。清茶门教首刘光宗是一位出家的道士，直隶东光县徐家庄九圣庙的陈道士，则是无极门的教首。同时也有许多僧尼加入民间宗教或创立新教。这些僧尼，或住村庵寺庙,或带发修行,他们不仅是乡村各项佛事活动中最热心、最积极的分子,也常常在民间宗教中扮演着重要角色。著名者如罗教五祖孙真空就是位半路出家的山野僧人;九宫道的创始人李向善,18岁时在五台山落发为僧,后以极乐寺为根据地开展布教活动。①

从理论上看,明清时期的佛道教为了迎合统治者的胃口,高唱"三教合一"的主旋律,其实质是佛教和道教的儒化。佛教和道教本来是作为儒教的补充进入中国传统社会主流文化领域的,但是在明清时期佛教、道教变得过于理性化、世俗化,大谈忠孝伦理,这样反而使自己失去了理论特色。佛教那套复杂的空即是色、色即是空、如如不二、明心见性、即心即佛的理论,对于下层百姓最关心的命运问题、生死问题、收成问题、婚嫁问题没有任何帮助。至于佛教的修持方式和传播方式,尽管从唐宋以后已经开始了通俗化、民间化的工作,但是对于广大没有文化知识的下层民众来说,仍然太过复杂、烦琐了。例如,禅宗已经是中国化的佛教流派,改变了大量读经、坐禅的修炼方式,但是即使在士大夫看来已经很简单的"参禅""顿悟"的"机锋",也是普通百姓难以接受的。以禅宗的"公案"而言,有正说、反说、庄说、谐说、横说、竖说、显说、密说,宋代文字禅对于历代公案又有评唱、击节,仍然十分烦琐、玄虚,本质上还是适应士大夫阶层的精神需要和审美情趣。

美国宗教社会学家罗德尼·斯达克把经济学的原理引入宗教学研究,他开创的"宗教市场论",可以很好地说明明清时期正统宗教萎缩与民间宗教空前发展的关系。宗教市场论认为:由于人们在宗教生活中充满着理性的选择,在相似的条件下人们总是选择最好的产品。各种宗教的兴衰,主要在于它们是否为群众提供了好的信仰产品。斯达克认为,在没有政府干预自发调节的市场上,各种教会必然竭力奉献给民众需要的宗教产品,满足群众的信仰需求,并在市场上形成激烈的竞争。但是如果政府干预,支持某种宗教组织,形成某种程度的

---

① 参见梁景之《清代民间宗教与乡土社会》,社会科学文献出版社2004年版,第288—289页。

宗教垄断，那么不仅不会激发出社会对垄断教会普遍的宗教信心和认同，宗教生活反而会走向衰落。根据经济学的原理，当人们不需要努力工作就可以获得垄断的社会地位时，他们的劳动热情必然是下降的。这就是明清时期正统宗教思想缺少发展、活动样式单调、僧侣腐败、丑闻不断的根本原因。① 然而，人民群众的宗教需求是不可能被人为消灭的，正统宗教不能提供充分的宗教信仰，民间宗教自然就会出来补充，这也就是民间宗教大发展的原因。

明清社会急剧增加的人口，也是民间宗教大发展的重要因素，当代学者丁希勤以徽州地区的人口变化为个案指出："据道光《徽州府志》载，明朝弘治四年和万历六年徽州人口总数分别是65861人和566948人。90年间，人口增加了8.6倍，但是寺院和僧尼人数没有多少变化。正统宗教的寺观满足不了人们的需求，转向民间宗教就是再正常不过的反应。"②

2. 不能引导民间宗教向上层化、民俗化发展

一般而言，当宗教向上层化、民俗化方向发展时，往往会成为促进社会和谐、健康发展的积极因素，如汉魏时期的道教，在曹操的招安、聚禁政策的作用下，开始从民间反政府的组织，变成了为王朝服务的宗教。其宗教思想也越来越和儒家思想相协调。明代基督教传入中国，也存在走上层路线和下层路线的问题。利玛窦代表着前者，龙华民代表着后者。前者是与儒家士大夫的结合，变成了东西方文化结合的桥梁，后者则最终导致了"中国礼仪之争"，既对基督教发展造成了极大的打击，也造成了中国的"闭关锁国"，丧失了近代的发展机会。

当代学者研究民间宗教问题时指出："我们并不认为民间宗教必

---

① 参见魏德东《宗教市场论》，《宗教文化研究》第1期，中国人民大学出版社2001年版。
② 丁希勤：《明清民间宗教信仰嬗变及社会影响》，《安庆师范学院学报》（社会科学版）2008年第8期。

然走向邪教，也反对将民间宗教与社会运动，特别是农民运动不加区别地联系在一起的做法，但同时也注意到民间宗教中充满变数的一面。"① 绝大多数民间宗教在其创教的初期，或是为了满足自己宗教生活的愿望，或是为了通过创教实现个人的致富目的，很少有人敢于用创立宗教的形式夺取政权。所以绝大多数民间宗教在发展的初期，都是以辅助教化的形象出现，其经文中充斥着与儒释道三教一样伦常教化的内容，甚至像正统宗教一样在宗教祷告词中充斥着肉麻的谄媚内容。如诞生于明朝后期的黄天教，其《普净如来钥匙宝卷·序》云："净手焚香告上天，文武康太（泰）得自然，有道皇王万历年。"……又云："至今日，才显出，圣明君，真天子，万历之年，我朝有德真人观，好个真天内，才把钥匙宝卷传。"……又有颂扬封建伦理的内容："诸色人等，各守自己生理本分。父慈子孝，兄弟和睦，亲尊长上，妯娌贤良，敬邻爱友。"

然而明清政府对宗教组织的过度严管，不仅没有把宗教组织引导向上层化、民俗化的方向发展，反而使之向下层化、秘密结社的方向发展。所谓秘密结社型的民间宗教组织，则是在明清政府的严厉查禁政策的打击下，一些民间宗教不得已做出的应激反应。中国古代专制政权历来执行一种对待宗教信仰宽松，对于宗教组织管理严格的政策，特别是明清两代，其管理的严苛已经到了不讲理的程度。为了对抗政府对于民间宗教组织不分青红皂白"露头就打"的政策，一些宗教建立了十分严格的组织系统，其中八卦教最具代表性。最早是在罗教的宝卷中提出了以古佛无生老母为最高主宰的分立宗派，接续莲宗，即三佛续灯或三乘九品，五祖承行、三宗五派（或三乘五教、三枝五派）以及九杆八枝或九杆十八枝，乃至五盘四贵（或四相五盘、五行四相）的掌教秩序或治世体系。不过在早期罗教中，这只是一种设想，并未变成实际活动。据当代学者研究，是从罗教发展出来的闻香教教首王森，把罗教的组织设想变成了"九宫八卦"的组织结构系统。"内九宫、外八卦，三宗五派"，"立九杆，十八枝，将法开通"

---

① 梁景之：《清代民间宗教与乡土社会》，社会科学文献出版社2004年版，第3页。

(《皇极金丹九莲正信诰真还乡宝卷》)。康熙初年，山东单县人刘佐臣就是按照"九宫八卦"的格局开创了"五荤道"，由于严格"分八卦收徒众"，故其教门也被称为"八卦教"。"九宫"是八卦教的领导核心，外边按照四面八方的规制，将教徒分成乾、坤、震、巽、坎、离、艮、兑八个方面军。每一卦中设有卦主，卦主下边又设立64个卦伯……层层发展，组织严密。正是由于八卦教有了这样严密的组织系统，所以嘉庆十八年由坎卦卦主林清发动的攻打皇宫的战斗才能取得初步的胜利，对专制王朝造成极大震撼。由于民间宗教秘密结社型教团组织严密，违反了中国专制帝王"惟皇作极"的统治原则，所以也容易形成与政府的对立。

民间宗教向下层化方向发展，也容易导致各种犯罪行为的发生，明清时期民间宗教最为世人诟病者，就是这个问题。宗教徒出于自愿为宗教组织捐献钱财，本来属于私人事务，无须政府干预。但是如果一些宗教领袖出于个人的目的，利用"末世劫难""捐钱免灾"之类的谎言骗取大众的钱财，则属于犯罪行为。根据史料，这种情况在明清时期各种民间宗教组织中，都不同程度地存在着。例如，诞生于明朝中后期的闻香教，就是一个非常善于敛财的宗教。清代嘉庆间山东学者王引之曾描写了这种过程："盖愚民未闻礼义廉耻之节，但知银钱可以谋衣食而免饥寒也。则汲之图之而不恤其他。彼为邪说者，知愚民之可以利诱也，于是借敛钱之说邀其入教也，则己之钱入于人之手，其人入教而又传教也，则人之钱入于己手。辗转传教则辗转敛钱，愚民信以为生计，遂相与从之。"(《朱批奏折》，嘉庆二十年十一月十九日山东学政王引之奏折) 闻香教这样收取"根基钱"的方式，近似于当代社会中的"传销"。由于宗教内部存在着严密的等级关系，每一级上面还有更高的级别，故下层大众上交的"根基钱"集中到了王氏家族手中，就是一笔巨大的财富。据时人岳和声说："见获伪大师周印，传徒分为五会，会各数千人，每四季敛钱，解赴周印处，转解滦州石佛口，称弥勒佛王好贤，听其支用。"(《餐微子集》卷四) 岳和声的说法，为我们清晰地勾画了一条王氏家族敛钱的路线图。至于中间层次的大小头目，也都把传教敛钱，当成了致富的途径。特别是教会内部规定，将敛钱的多少当成升迁的依据，故大小头目为了在教会中获得更高的位置，也都十分热心传教敛钱活动。

宗教领袖不仅利用神秘的宣传"敛钱"，甚至利用女教徒对他们的信任"骗色"。例如，乾隆末期混元教教首王会是个能力有限但野心勃勃，具有帝王欲的教首，他贪财好色，除了利用编造上天"合同"骗取教徒银钱外，专事与女教徒"通奸宣淫"。他的手法是用习练气功的方式，以此哄诱无知妇女。据王会大弟子刘郭氏供称："……小的又到王会家去，他教小的须要静心养性、采清气、焕浊气，叫小的与他睡，说他日后得了志，封小的做官院。有钱的出布施，无钱的出身子。"（《军机处录副奏折》，乾隆十八年八月刘郭氏供词）再如如意教教首邢士魁，自称是一炷香教主董四海的十辈传人，"嘉庆十三年，邻村民妇吕尹氏患病往烦邢士魁按摩治病，邢士魁顿萌淫念，遂与吕尹氏调戏成奸。……迨后，有同村民人赵廷之妻赵周氏并吕元观之妻吕胡氏、望都县民妇刘赵氏、刘钟氏先后烦邢士魁治病，内惟赵周氏一人被其诱奸不从，詈骂而走，其吕胡氏、刘赵氏、刘钟氏均被诱奸。"（《那文毅公奏议》卷四十一）

3. 政策错误导致民间宗教成为民众反政府的工具

民间宗教与政治权力的关系，除了与宗教组织一方有关，更与政府的宗教管理政策的导向和水平有关。一般而言，把民间宗教视为一种民俗文化，对于民间宗教活动管理宽严得当，社会上因宗教信仰形成的政教冲突事件也就少。反之在管理者头脑中形成一切民间宗教都是邪教的先验观念，把一切非政府组织都视为反政府组织，不管百姓死活，露头就打，反而会把一些原本守法的民间宗教也逼上反政府的道路。这方面清代的宗教管理经验最具有典型性。

雍正五年（1727），由于运河上水手打架，清政府发现了其中罗教传播的情况。十一月漕运总督张大有"又密访杭州地方有数处指称名色，开设庵店，容留粮船水手歇住"（《朱批奏折》，雍正五年十一月漕运总督张大有奏折)。皇帝派浙江巡抚李卫协助漕运总督调查水手中罗教发展的情况。李卫上奏称:"浙帮水手,皆多信奉罗祖邪教……其所供奉神佛,各像不一,皆系平常庙宇,先有七十二处,今止三十余所。各水手每年攒出银钱,供给赡养,冬月回空时在此内安歇,不算房钱……"江苏巡抚陈时夏也接到刑部咨文要求访查,他调查后说:"查粮船水手多有不法之徒,恃众打架,生事横行……"因此他建议皇帝严办:"所有房屋尽行入官,拆变公用,以杜根株。"(《朱批奏折》,雍正六年正月二十九日江苏巡抚陈时夏奏折)陈时夏认为拆除运河沿线罗教庵堂是一个斩草除根的好办法,但是浙江巡抚李卫不赞同他的意见。为了保证漕运的畅通,李卫不赞成对水手信仰的罗教进行深究,更不赞成拆毁庵堂。罗教对于运河水手的意义,已经不仅在于"无生老母,真空家乡"给了他们巨大的精神慰藉。更重要的是:漕运水手北上运送粮食尚有一些低微的报酬,但是回程就没有收入。而且水手多是北方人,回到南方要等一段很长的时间才有新任务,这时他们需要一个住所。多年以来,罗教信仰使他们在运河沿线建起多座供奉罗祖的庵堂,不仅满足了水手们的精神生活需要,实际也成为一种古代的"职工之家",满足了运河水手的物质生活需要。一些年老的水手多年从事漕运,没有家小,罗教的庵堂甚至就是他们的终老之所。不同意见上交皇帝,雍正皇帝基本肯定了李卫的意见。"查罗教始于明代,流传已久。其中有聚众生事者,亦有无知附和者。概严不可,概宽亦不可,惟在地方官随事因人分别轻重,首倡生事者不可不惩,无知附和者量加宽宏,未有尽行解送来京之理。惟期化导愚顽,去邪存正,以杜蛊惑人心之渐,岂可株连无辜也。"[①] 雍正皇帝反对不分青红皂白,彻底查禁、斩草除根的方法,主张区分信教者是否有聚众闹事的违法行为,宽严适度,分别处理,运河上的罗教庵堂也多得以保全。

乾隆三十三年(1768),运河水手信奉罗教的问题再次爆发,皇帝认为是由于雍正年间采纳了李卫的建议查禁不力所致,故发上谕

[①] 转引自瞿宣颖《中国社会史料丛钞》,商务印书馆1937年版,第461页。

曰:"据永德奏,北新关外查出庵堂十余处,庵内收藏经卷,供奉罗祖……从前虽经李卫查毁经、像,而房屋尚存,以致故智复萌,各庵内仍藏罗经、罗像,是其恶习难返,非彻底毁禁不能尽绝根株。若仅如该抚所奏将庵堂改为公所,数年之后查禁稍疏,伊等势必又将公所变为庵堂,总非正本清源之道。至水手栖止之所,原不必官为筹画。此辈皆旗丁临时雇募应用,更非官丁可比。即或散居各处,至期自能赴帮应雇,何必为之鳃鳃过计?……况此等游手好闲之人群居一处,必至滋生事端,于地方又有何益?著传谕永德,除将本案从重办理外,所有庵堂概行拆毁,毋得仍前留存,复贻后患。钦此。"李卫当年没有完全拆毁运河上的罗教庵堂,主要是考虑水手返程无处居住,怕因此形成民众的反抗。乾隆时期浙江巡抚永德认为,可以保留庵堂的房屋,但是要拆毁其中的罗祖像,把庵堂变成没有宗教色彩的公所。但是乾隆皇帝认为这样仍不彻底,罗教信徒还可能死灰复燃,必彻底拆毁方能根除后患。同时我们可以从这道上谕中看出,乾隆皇帝提到民间宗教信徒时口气之轻慢,对于下层人民毫无怜悯之心。如"此辈皆旗丁临时雇募应用,更非官丁可比。即或散居各处,至期自能赴帮应雇,何必为之鳃鳃过计?""况此等游手好闲之人群居一处,必至滋生事端,于地方又有何益?"此等语言,已经完全违背了儒教仁政德治的传统,暴露了统治阶级穷凶极恶的嘴脸。清政府不仅拆毁了运河上的罗教庵堂,而且到京畿密云石匣镇查抄罗氏家族后裔,查出焚毁罗教经像,将罗氏后人流放,使罗教遭到沉重打击。

造成清王朝盛衰转折点的嘉庆元年五省农民大起义,直接导因也与政府对于民间宗教的残酷镇压有关。当时王朝已经出现了种种严重的社会矛盾,民众的不满情绪逐渐表现出来,当局无力解决这些根本性的矛盾,反而把严打"白莲教"、防止民众借民间宗教结社的形式起义当成了主要任务。当地流行的一支教团称为混元教,当局发现其道经内有"换乾坤""换世界""反乱年""末劫年"等字句,又发现《混元点化书》中有"末劫年,刀兵现""子丑寅卯灾多",以及"龙虎二将中元斗"、三十六将、二十八宿临凡等语句。当局审讯教首樊明德其中何所指，樊明德供称："大约预防慌乱，吓人修善之意。"此案因樊明德"倡立混元教，煽惑多人，传播大小问道逆词"，被当局以大逆不道罪凌迟处死，家族男丁十六岁以上者，皆缘坐斩立决，妻与不及年岁之子，给付"功劳之家"为奴。另一支起义军的组织者是刘之协、宋之清，乾隆五十九年（1794），当局发现了他们的活动痕迹，宋之清被捕后被凌迟处死，宋显功、高成功、齐林等 19 人也被斩立决。另外 151 名教徒被发配到黑龙江给索伦达呼儿为奴。清政权如此残暴地镇压民间教派，只能激起人民更为强烈的反抗。刘之协逃逸后到湖北襄樊组织起义，与宋之清的徒弟姚之富、齐林的小妾王聪儿，共谋在次年（嘉庆元年）三月，即辰年、辰月、辰日这样一个吉利的日子起义。起义爆发后，对清王朝的统治造成了极大打击。为了镇压这次起义，清朝付出了惨痛的代价，副将、参将一级的军官战死者达 400 余名，一、二品的大员就有 20 多人，可见起义军战斗之勇猛，杀敌之顽强。这次围剿军费开支巨大，"嘉庆川、湖、陕教匪之役，二万万两。"（《清史稿·志一〇〇》）嘉庆年间一年的税收只有 4000 万两左右，这十年的战争，几乎花完了清朝初期历朝的积储。大清王朝也就开始走上没落之路。

五　政教失衡导致国势衰微

1. 极端专制统治导致王统、道统、教统的失衡

明清时期专制统治的加强，一个重要的方面是思想控制极度强化，宋明理学不仅占领了哲学领域，而且还延伸到社会的一切文化领域。宋明理学吸收了道教的宇宙生成论和佛教的思辨哲学，将中国古典儒学从天人论的水平提升到了本体论的水平，是中国哲学发展的最高水平。宋明理学的出现，巩固了中华正统文化在思想领域中的主导地位，这是值得充分肯定的。但是在明清专制王权的主导下，推崇宋明理学反而扼杀了宋明理学的现实性、批判性。科举考试、八股文、

朱注《四书五经》使当年生机勃勃的理学变成了统治者手中的御用工具，官方御用哲学的特殊身份，使儒学本身也丧失了制衡王统的能力。明清时代的"文网""文字狱"，使少数反抗者如李贽、庄廷鑨、吕留良等被迫害致死，而大多数士人则噤若寒蝉，退缩到训诂考据中追求自我精神寄托。对于明清时代专制统治导致思想僵化、道统失灵的情况，许多哲学史的著作做过详尽的分析，本书不再赘述，我们更关心的是由于专制统治的极端强化导致的王统与教统的失衡。

上文我们已经指出，明清时期宋明理学的高度发展，导致士阶层的高度自信和对各种宗教现象的强烈排斥，甚至把正统宗教也称为"异端"，希望通过"崇正学、黜异端"使之逐渐减少并最终达到消灭的目的。先秦儒学具有的无神论倾向，"攻乎异端"的批判精神对于保持政治的世俗性是必要的。但是孔子也讲"敬而远之""存而不论"，并没有深究彼岸世界的存在与否，神灵世界的此是彼非。因此两汉以后中国文化出现了儒、释、道三教并存的格局，佛教、道教的教统，对于儒学主导的王统也存在一定的制衡作用。生活在社会下层的民众、落魄的失意文人，还可以在佛道教中寻求精神的安慰和生活的互助。然而清代政府法令竟然规定："叙次简明告示，通行晓谕，使乡曲小民，群知三纲五常之外，别无所谓教；天理王法之外，他无可求福。"（《钦定大清会典事例》卷一百三十二《吏部》）这实际上规定，除了儒教的三纲五常之外，甚至包括佛、道教在内的一切宗教都是非法的。明清政府过度严厉的宗教政策，把正统宗教组织都变成了政府的附属机构，使其失去了非政府组织的中性调节作用，只能是把民众挤压到反政府组织一边。

结果就形成了这样的局面，由于正统宗教非政府组织身份的弱化甚至趋于消失，因而社会上就形成了只有政府组织和反政府组织二元对立的局面。如长期研究中国民间宗教的美国学者欧大年指出："在中国，出现这种情况不足为奇。因为，教派面对的是一个自称代表天意故而拥有政治、宗教等一切权威的政府。这个专制政府企图实施对于社会生活和思想一切方面的完全中央集权。它不能容忍有其他对立的权威存在。因此，从理论上说，所有独立的、自愿的集会，从儒家的书院到庙会，在它的心目中都是居心叵测的。在这种情况下，只有当官府默许或者疏忽时，私立的民间教派才能存在，任何想在宗教方面获得更多的独立的公开企图，都会招致政府的反击。"① 民间宗教就是这样以没有政府承认的"邪教"身份，走上了中国专制社会最后的舞台。尽管这并不是其创立的初衷，但是在政治的挤压下最终都走上了反政府的道路。

2. 对民间宗教的残酷镇压加剧了阶级矛盾

由于明初政治相对清明，元末积累的社会矛盾逐渐得到缓解，再加上政府严厉查禁"邪教"的残酷打击，民间宗教一度趋于沉寂。然而中国帝制社会的发展是有周期性的，王朝中期以后各种社会矛盾逐渐积累，再加上宗教政策的失误，各种对社会不满的人们再度聚集在民间宗教组织的周围。明朝万历年间，民间宗教的发展出现了一个高潮。据清人黄育楩在《破邪详辨》中说："至明万历以后，有飘高、净空、无为、四维、普明、普静、悟明、悲相、顿悟、金禅、还源、石佛、普善、收元、弓长、吕菩萨、米菩萨、孙祖师、南阳母以及明宗、觉通、如如等匪相继并出。"这里记录了二十二个民间宗教或教主名称，其中有些是一教多名的情况，但民间宗教教派之愈演愈多，却是总的趋势。这些民间宗教，对于明末推翻明王朝黑暗统治，起到了积极的促进作用。例如，天启二年（1622），起源于罗教的闻香教首领徐鸿儒、王好贤举行起义，徐鸿儒自号中兴福烈帝，建元大乘兴胜。以红巾为标志，攻破郓城、邹县、滕县，一时声势浩大。斗争一月有余，最后遭镇压失败，徐鸿儒和于弘志被捕杀，王好贤逃逸，但已引起"二百六十年来未有之大变"（赵彦奏疏），成为李自成、张献忠大起义的序幕。徐鸿儒临刑前说："我与王氏父子经营天下二十余年，按籍而数，吾法门弟子已逾二百万。"（《两朝从信录》卷二

---

① [美] 欧大年：《中国民间宗教教派研究》，刘心勇等译，上海古籍出版社 1993 年版，第 4 页。

一）由此也可见民间宗教发展的规模。

康乾盛世到了乾隆中期以后，随着社会阶级矛盾、民族矛盾的加剧，以民间宗教组织形式出现的民间起义再度走向高潮。清代的众多民间宗教教门，有相当一部分是明代教派的直接延续，如罗教、黄天教、红阳教、老官斋教、三一教、长生教、大乘教、龙天教、无为教、一炷香教等；有若干教门是清代新兴起的，如八卦教、清茶门教、天理教、圆教、真空教、青莲教、白阳教等，这些新兴教门与明代民间宗教颇有渊源，有的是原有教门的分支或改头换面，但由于明朝开始就对白莲教进行严厉查禁，所以一般无人再把自己的教派称为白莲教，故新的民间宗教名义和称号层出不穷。

清乾隆年间开始，由民间宗教引起的民众起义，已经成为影响政治统治稳定的重大问题。其中影响较大的起义有：乾隆十三年（1748），福建建宁、瓯宁两县爆发了以老官斋教名义组织的起义，这是清代承平以来大规模的农民起义，统治者也由此改变了康熙、雍正两朝相对宽松的管理政策，转而严厉镇压。乾隆三十九年（1774），山东寿张、堂邑爆发了王伦领导的清水教起义，旋即遭到当局的残酷镇压。乾隆四十二年（1777），甘肃省河州一带爆发了王扶林领导的以圆顿教为名义的起义，遭到了当局的镇压。这是乾隆朝规模较大的由民间宗教组织发动的农民起义，虽然暂时遭到残酷的镇压，但是社会上的矛盾并没有得到解决，民间宗教仍然继续传播，而且与政府的对立情绪更加高涨。在清政府严厉查禁"邪教"的风雨中，终于引爆了嘉庆元年（1796）由收元教、混元教发动的川、陕、甘、楚、豫五省大起义。这次起义中参加的人数多，起义的地点多，组织起义的教派多，持续时间达十年之久，对清政权造成了巨大的冲击。很多研究者把这次起义看成是清代由盛转衰的关节点。嘉庆皇帝费尽九牛二虎之力刚刚把五省大起义镇压下去，嘉庆十八年（1813），八卦教和弘阳教联合组织了进攻皇宫的大暴动。这次起事虽然持续的时间不长，但是起义者分两路杀进皇宫，直接打击了统治阶层的心脏，对清王朝统治造成的震撼是无与伦比的。此后，清王朝越发腐朽，民间宗教起义引起的农民起义越发频繁，直至专制统治在内忧外患的联合压力下走向灭亡。

六 明清政教关系与中国的近代性

1. 中国明清时代"大一统"思想的两面性

孔子的政治思想，很集中地表现在他晚年修订的鲁国史书《春秋》中，其中一个最重要的观念就是"大一统"。孔子生逢春秋的战乱时代，王纲解纽、诸侯争霸、战争频繁、民不聊生。孔子一生的政治理想，就是恢复西周时代的王权一统、礼乐有序。《春秋》的文字非常简约，孔子往往通过一两个字的点评，表达自己对于春秋时代的政治人物、事件的态度。由于文字过于简单，孔子弟子从不同角度对《春秋》进行了解释，其中《公羊传》对"大一统"的思想进行了深刻的阐发，成为中国政治思想史上的经典。

《春秋》开篇第一句话："隐公元年，春王正月。"公羊高注释说："王者孰谓？谓文王也。曷为先言王后言正月？王正月也。何言乎王正月？大一统也。"按照周礼，每年由天子发布正朔，统一全国的政令。《春秋》第一句话就是"王正月也"，就是强调周天子是天下的共主，对于天下有统领的权力。"大一统"之"大"是张大之意，说明孔子用简单的文字宣扬君主"一统"的权力。在《公羊传》中，已经论证了"王者无外""大夫不敌君""君国一体""内夏外夷"等观念，建立了中国古代政治君主至上、臣下服从、夷夏一统的政治伦理。《礼记·坊记》这样表达："天无二日，土无二王，家无二主，尊上无二，示民有君臣之别也。"

到了西汉武帝时代，君主集权统一需要统一的意识形态，汉武帝连续发布了三道策问诏书，征求天下贤良文学之士关于治国思想的问题。大儒董仲舒提出："《春秋》大一统者，天地之常经，古今之通谊也。今师异道，人异论，百家殊方，指意不同，是以上亡以持一统；法制数变，下不知所守。臣愚以为诸不在六艺之科孔子之术者，皆绝其道,勿使并进。邪辟之说灭息,然后统纪可一而法度可明,民知所从矣。"(《汉书·董仲舒传》)董仲舒上升到"天地之常经、古今之通宜"的普遍规律高度来谈"大一统",看成是维护君主集权的根本措施。董仲舒所说的"今师异道,人异论,百家殊方",就是针对当时淮南王等人编纂《淮南鸿烈》,试图分裂国家的诸侯而言。因此他向皇帝建议"罢黜百家",用思想的统一来维持天下一统。

大一统的思想对于维护帝王的专制统治,控制社会思想的自由发展确实具有很大的负面作用,比起春秋战国时期的"百家争鸣",汉代之后思想的发展相对缓慢,特别是儒学在封建社会的后期甚至成为思想发展的桎梏。但是时过境迁,如果以一种历史主义的眼光来看待当时的决策,我们也许会多一份"同情性理解"。与其"百家殊方","上亡以持一统",使天下重回春秋战国的战乱不止,那么"罢黜百家"也许就是当时的人们所能找到的最好选择。只有实现了政治上的"大一统"才能免除战乱,维持社会的稳定、生产的发展,人民才得以安居乐业。所以我们认为汉代董仲舒宣扬春秋公羊学中的"大一统"思想,对于历史的积极意义大于消极意义。

然而到了明清时代,中国君主专制制度的合理性已经基本发挥殆尽的时候,再大力地提倡儒家"大一统"的思想,其立意主要在于巩固一家一姓的专制权力而已。儒家政治文化的内容,既有增强君主统一权力的内容,也有制约王权的思想。比如董仲舒,他既强调"王道之三纲可求于天",将天神作为君主的保护神,但是他也说"屈民以申君,屈君以申天",主张对王权要有所制约。在先秦儒学那里,孟子的"民为贵,社稷次之,君为轻"的民本主义思想,更是将制约君权思想发挥到了最高水平。

明王朝建立,在加强君主专制统治的同时,也对传统儒学中宣扬君权至上的内容大力弘扬,对于抑制君权的内容则十分反感,必欲去之而后快。朱元璋从农民起义军领袖变成了一代君王,其政治思想既有吸收历代统治经验的丰富,也有草莽英雄的质朴。比如对待儒家的亚圣孟子,历代君主尽管可以不赞同他的民本主义,但多是从警示的角度加以理解，至少不敢明确提出反对。但是朱元璋看了孟子的"民贵君轻"说后非常不满，"怒曰：'使此老在今日，宁得免乎？'"(《鲒琦亭集·辨钱尚书争孟子事》) 言下之意，如果孟子如果生在大明，怕是也难逃文字狱之灾。洪武五年（1372），在南京建成文庙，朱元璋诏令罢孟子配享。可以想象，在孔庙中已经配享多年的亚圣突然被逐出孔庙，会在儒生心目中造成多大的影响。考虑到儒生的反对，朱元璋下令凡有反对者，一律以大不敬罪论处。当时的刑部尚书钱唐上书抗命，声言："臣为孟轲死，死有余荣"，表示了不惜性命的决心。考虑到社会反对意见太大，也考虑到罢祀孟子会动摇儒学的整个体系，朱元璋下令说："鉴其诚恳，不之罪，孟子配享亦旋复。然卒命儒臣修《孟子节文》。"(《明史·钱唐传》) 最后朱元璋把《孟子》里边最富有民主思想的85条删除，以节选本的《孟子节文》作为开科考试的标准。仅此一事，足见明初帝王推行专制主义的极端性，他们连儒家圣人的经典都敢修改。

清朝帝王，同样在不遗余力地加强君主专制统治。儒家文化虽然强调臣下对君主的臣服，但是也强调他们谏诤的权利，认为这是维持社会稳定的必要措施。可是清朝皇帝则片面强调"君为臣纲"，把它当作为人的根本。雍正帝在《大义觉迷录》中认为："夫人之所以为人而异于禽兽者，以有此伦常之理也。故五伦谓之人伦，是阙一不可谓之人也。"儒家的"五伦"包括君臣、父子、夫妇、兄弟、朋友，因此"君臣为五伦之首"。他特别强调臣下对君主单方面的义务，"为人臣者，义当惟知有君；惟知有君，则其情固结不可解，而能与君同好恶"(《大义觉迷录》卷二)。孔子说："君使臣以礼，臣事君以忠。"(《论语·八佾》) 孟子认为："君之视臣如手足，则臣视君如腹心；君之视臣如犬马，则臣视君如国人；君之视臣如土芥，则臣视君如寇雠。"(《孟子·离娄下》) 但是雍正却认为："君即不抚其民，民不可不戴其后。"(《大义觉迷录》卷二) 为了强化臣下对君主的绝对忠诚，乾隆皇帝亲自倡导对历朝殉节死义的大臣进行"议谥"，包括明清之际抗清作战身死的史可法，义不降清绝食而亡的刘宗周，都进入了

《胜朝殉节诸臣录》。但是对于那些投降清朝，在以后对明作战中建立功勋的明朝故臣，如洪承畴、祖大寿、冯全等人，都列入了《钦定国史贰臣表传》（简称《贰臣传》），以便对当时服务清朝的臣下进行教育，使他们对于皇朝和帝王不敢有二心。

清朝皇帝对"大一统"思想中加强君主集权制度的论证和发挥，在帝制社会的末期，主要作用是负面的。但是由于其少数民族入主中原的特殊身份，他们对于"大一统"中"华夷之辨"进行了新的论证，在当时及其后的民国时代，则积极意义大于消极意义。《春秋》及《公羊传》形成的年代，正好是一个民族冲突激烈的时代，"南夷与北狄交，中国不绝线"（《公羊传·僖公四年》）。在那个反侵扰，保卫华夏文明的时代，作者在论证民族关系时，自然难免带上"重夏贱夷"的情绪，以便呼吁华夏诸族"尊王攘夷"。但是《春秋》中的"大一统"思想，也没有将夷狄视为不可共生的敌人，而是制定"内诸夏而外夷狄"的国家生活秩序，使多民族的国家可以成为不同民族共有的家园。

清朝建立初期，一直面临着汉族对异族统治反抗的危机。在大规模的军事反抗被镇压之后，还有很多士人不停地在文化上制造反对满清统治的舆论，他们所秉持的思想武装就是传统"大一统"思想中"贵中华，贱夷狄""内诸夏而外夷狄"的观念。雍正初年，抗清义士吕留良的弟子曾静等人密谋串联起义被告发。雍正在处理此案时，深感有必要全面阐述清政府的民族观，以便在全国人民面前树立新王朝的合法性，因此写了《大义觉迷录》令全国广泛宣扬。

清朝以儒家思想治国，又需要维持国家的统一，自然不能反对"大一统"理论。但是雍正在"大一统"理论中，特别强调了"正统"论，即"有德者"为天下正统，才能够一统江山。雍正借《尚书》"皇天无亲，惟德是辅"立论，说："唯有德者可以为天下君"，这是"自古迄今，万世不易之常经"。在中国的政治文化中，"以德配天"是最高的原则，甚至高于"内夏外夷"的原则。历史上一再出现这样的情况，"舜为东夷之人，文王为西夷之人，何曾有损圣德？"雍正用这些历史典籍证明，无论出生于何地，只要具备仁德就可以入主中原，成为天下共主。且清朝入主中原后，"环宇乂安，政教兴修，文明日盛，万民乐业，中外恬熙，黄童白叟。一生不见兵革。尽天下之清宁，万姓沾恩，超越明代者，三尺之童皆洞晓"。因此完全具备政治的合法性，不必再拘泥于华夏、夷狄之分。特别是历史地看，中国古代儒家的民族观，华夏与夷狄之分在于文化而不在于出身。雍正指出："自古中国一统之世，幅员不能不广，其中有不向化者，则斥之为夷狄。如三代之有苗、荆楚、狁，即今湖南、湖北、山西之地也。在今日而目为夷狄可乎？"没有文化，尚未接受中原礼仪者就是夷狄，而进入中原文化圈的夷狄之人也就在文化上成为华夏。所以对于已经接受了华夏礼仪的清朝来说，"本朝之为满洲，犹中国之有籍贯"（以上引文均出自《大义觉迷录》卷一），并非文化落后的夷狄，不应再是执政的障碍。用今天的眼光看，雍正皇帝的"华夷观"，既是对儒家民族观中合理成分的发挥，也符合现代的民族平等意识，可以成为中国多民族国家民族关系的正确描述，具有从传统的"夷夏观"向近代"中华民族观"过渡的性质。清王朝在维持国家统一的立场上弘扬"大一统"思想，在当时的历史环境中，具有了维持国家统一，反对民族分裂的积极内涵，既保持了大清帝国的疆域稳定，也对近代以来动员各族人民反对帝国主义侵略具有积极的思想价值。因此我们对于传统文化中的"大一统"思想，必须给予客观的历史评价。

2. 中国启蒙思想的出现与挫折

16—17世纪，当西方宗教改革进行，思想启蒙运动蓬勃发展之时，中国的古老社会内部也在开始出现一些微弱的启蒙思想萌芽，似乎中国与西方也存在一定的同步性。但是非常遗憾，当西方的启蒙思想高歌猛进，结出硕果的时候，中国的启蒙思想则在"崇正学、黜异端"的意识形态高压下枯萎、衰微了。

明代中国思想史的最大成果是王阳明心学的出现。王阳明心学虽是孔孟儒学正统观念的发展，可是其中也包含了一种反抗现实政治的叛逆思想萌芽。王阳明自述其治学的初心与朱子未尝异也，都是为了教化民众克服心中的私欲，"破心中贼"。不过王阳明认为朱熹那种教人先学习天理再反省自心的方法，容易造成思想体系的"支离"和实际行动的"知行分离"。因此他强调"心外无理""心外无物"，一切修养功夫都应当只在心上做，"一念善处即是行了"，"知行合一"。忽略主流社会提倡的"天理""礼义"，就是否认历史形成的某种共识。而过分夸大人心中"良知""良能"的做法，很容易导致自我中心的"唯我论"倾向，突出了个人意志的绝对性。他说："夫学，贵得于心，求之于心而非也，虽其言出于孔子，不敢以为是也，而况其未及孔子者乎？"（《阳明全书·答罗整庵少宰书》）王阳明的本意是不以朱熹的言论作为判断是非的标准，但是过于强调本心、良知对是非的判断能力，就有可能动摇对于整个传统社会价值观念的信仰。这一点很快就在王门后学王艮、何心隐、李贽身上反映出来。

王阳明的弟子王艮出身市井，代表下层民众的利益，立志把王学传播到民间，开创了"百姓日用之学"的儒学民间化路径。《明儒学案·泰州学案》记载："农工商贾从游者千余"，可见规模之大。在这种学术下移的过程中，儒学中的等级化倾向受到了忽视，平等性的因素受到了弘扬，反映了士农工商阶层要求社会平等身份的意识，甚至也可以视为正在生成中的市民阶层的呼声。

王艮的学生何心隐从人人具有良知的道德平等观出发，认为："仁无有不亲也，惟亲亲为大，非徒父子之亲亲已也。……义无有不尊也，惟尊贤为大，非徒君臣之尊贤也。"（《何心隐集·仁义》）仁义礼智发自人内心的先天"善端"，从仁爱之心出发，对于任何人都应当有亲亲之心，不仅限于自己的父亲；从道义之心出发，对于任何人都应当尊重，不仅限于君臣之际。这样的提法动摇了当时"父为子纲""君为臣纲"的神圣性，成为对于明王朝极端君主专制制度反抗的呼声。由此何心隐认为，在人生五伦中，朋友一伦最为最要，因为"相交而友""相交而师"是一种平等的关系，不受血缘、政治、经济等因素的限制。所以他主张应当以师友关系为指导重新调整五伦关系，把君臣之间绝对的尊卑关系变成"君臣相师，君臣相友"（《何心隐集·宗旨》）的平等关系。这样的呼声在明朝中后期"君叫臣死，臣不得不死"的政治氛围中，成为一种"刺耳"的异端。特别是何心隐在当时的宰相张居正禁毁私学、关闭书院的风潮中，作《原学原讲》"讥切时弊"，指责张居正"专政"，对于心中之学要"必学必讲"。何心隐的举动激怒了张居正，被指斥为"妖人""奸犯"，惨死狱中。

　　明末著名的异端思想家李贽师从王艮之子学习阳明心学，也属于泰州学派。他在阳明的良知心学的基础上发展出"童心说"，他说："童子者，人之初也；童心者，心之初也。""夫童心者，绝假纯真，最初一念之本心也。"（《焚书·童心说》）所谓"童心"就是儿童那种尚未受到世俗物欲引诱的纯真之心，绝对没有虚假的成分。以这样的真心判断是非，则是对于世间一切事物的最高准则。由于人人都曾经有过这种绝假纯真的童心，所以也可以说"尧舜与途人一，圣人与凡人一"（《李氏文集·道古录》）。承认人人都有善性，人人都有成为圣贤的可能性，这是儒学的基本观点，并无特殊之处。但是李贽话锋一转，马上提出了："侯王不知致一之道与庶人同等，故不免以贵自高。高者必蹶下其基也，贵者必蹶贱其本也。何也？致一之理，庶人非下，侯王非高。"（《李氏丛书·老子解·下篇》）宗法等级制度是中国古代社会的根基，因道德起源的平等而否定现实社会政治、经济、家族权力的差等，就成为社会上的异端言论了。与何心隐相比，李贽不仅因童心而提倡社会平等论，而且还勇敢地反对宋明理学社会政治理论中的核心命题："存天理，灭人欲。"从童心说出发，李贽认为："穿衣吃饭，即是人伦物理；除却穿衣吃饭，无伦物矣。"（《焚书·答邓石阳》）中国古代社会是一个农业社会，生产都是在简单再生产基础上重复进行，使得生产力在很长时间内没有多大提高。为了维持简单再生产的循环，保证专制贵族们的豪华生活，必须压低普通民众的物质生活欲望。但是从下层民众的角度看，这种禁欲主义的学说却是十分虚伪的。不要说那些上层统治者们不限制自己的欲望，就是那些提倡"存天理，灭人欲"的道学先生们，也未必真正实行，"伪道学"已经成为最丑陋的社会现象。为了论证人民群众追求穿衣吃饭，并不断提高生活水平的合理性，李贽提出："夫私者，人之心也。人必有私而后其心乃见，若无私则无心矣。"（《藏书·德业儒陈后论》）传统的儒学以"天下为公"为自己的价值追求，但是在现实的等级社会中，这种"大公无私"的理论，则实际变成了否定人民个人权利的理论依据。李贽敏锐地提出了"私心说"，可以说反映了正在出现的市民阶层要求保护自己财产权利的意识。因此李贽反对不经过自己的思考，盲目以古代圣人、经典为是非判断标准的观点。他说："夫天生之人，自有一人之用，不待取于孔子而后足也。若必待取于孔子，则千古以前无孔子，终不得为人乎？"（《焚书·答耿中丞》）在明代那种高度中央集权，意识形态极端僵化的时代，这样"非圣诬法"的言论，自然不能见容于社会。即使李贽出家避祸，也不能躲过牢狱之灾，在75岁高龄时自杀于狱中。

明亡清兴，特别是少数民族入主中原成为新王朝的主人，出现了不仅"亡国"，而且"亡天下"的"旷古巨变"。这样"天崩地坼"的社会变化自然会引起天下儒生们的痛苦反思。原有王朝的瓦解与新王朝建立之间的缝隙，也给了士大夫们一些可以利用的思想空间，于是明清之际出现了一个中国历史上少有的批判思潮，启蒙思想得到了难得的发展机遇。黄宗羲、顾炎武、王夫之就是其中的佼佼者。

黄宗羲是生活在明清之际的大思想家，深感于明亡清兴的沧桑巨变，他对明朝的历史，甚至是中国秦汉之后两千年的君主专制社会历史都进行了深刻的反思。最后他得出结论：当下之君主以天下满足其一己之私欲，已经成为天下之大害。他专门写了一部分析中国政治的著作《明夷待访录》，其中《原君》一文将历史的发展分成三个阶段：第一阶段是无君的时代，"有生之初，人各自私，人各自利"，这是一个混乱的时代。黄宗羲的这个说法，很像西方政治学家所假设的"自然状态"。第二个阶段是"君为天下"的时代，"有人者出，不以一己之利为利，而使天下受其利"，"而己又不享其利"。这实际上是儒学经典中理想的圣王尧舜时代。这时候"天下为主，君为客"。第三个阶段就是"天下为家"，人各自私的时代。这时候的君主"以我之大私为天下之大公"，所以这时君不再是为大众服务的，"天下为客，君为主"，君主成为"天下之大害"。在中国古代社会里，能够喊出君主是"天下之大害"的口号，可以说具有振聋发聩的性质。

为了节制和防范君主专制造成的弊害，黄宗羲提出了一系列对应的措施。其一是宰相理政，这是针对明朝罢设宰相制度而言的，他指出："有明之无善政，自高皇帝罢丞相始也。"（《置相》）他认为古代天子传子，儿子不一定是贤者，但是宰相都是从社会上选拔而出的，可以在一定程度上制约君主的胡作非为。一旦罢相，专制制度便不受权力的制约，更加肆无忌惮。其二是方镇御边，宋代之后有鉴于唐代藩镇割据造成的分裂势力，加强中央集权，削弱地方势力，使得权力更为集中，地方政权也失去了抵御夷狄犯边的能力。"今封建之势远矣，因时乘势，方镇可复也。"（《明夷待访录未刊文·封建》）其三为学校议政。儒家经典记载，三代之时的学校不仅可以教授学生，而且可以议政，因有"子产不废乡校"的故事。黄宗羲理想的学校，"天子之所是未必是，天子之所非未必非，天子亦遂不敢自为是非，而公其是非于学校"（《学校》）。这时候黄宗羲笔下的学校，已经开始具有西方议会的性质，看来中国的思想家也在利用原有的思想文化资源，设计一种可以制约君权的机构。黄宗羲把自己对于未来理想社会的构想写在《明夷待访录》中，书名取自《周易》的"明夷"卦，希望日后有明君来访问自己，采纳自己的主张。但是中国历史的发展却使他失望了，清王朝在中国原有的君主专制的故辙上又走向了一个"盛世"，没有人再关注黄宗羲痛苦思索出来的思想成果了。

顾炎武是明清之际的一位历史哲学家，他对于现实政治的批判也主要集中在君主专制制度上。他认为秦汉之后"百王之弊"在于"私天下"。他说："古之圣人，以公心待天下之人，胙之土而分之国；今之君人者，尽四海之内为我郡县犹不足也。"（《顾亭林诗集·郡县论一》）君主把天下之财产当成一家之私产，集大权于一身，这是社会种种弊端之根源。为此，就必须限制君主的绝对权力，在中国固有的文化资源之内，顾炎武能够设想的，就是使用封建制来限制君主集权制度。但是他也认识到，封建制也有其不可克服的弊端，在当时完全恢复封建制并不可行，所以他提出"寓封建于郡县"的主张。他说："封建之失，其专在下；郡县之失，其专在上"（《顾亭林诗集·郡县论一》），因此应当将两种相结合，取长补短。"一命之官，莫不分天子之权，以各治其事，而天子之权乃益尊。"（《日知录·守令》）增加地方政府的权力，也是西方制衡中央集权的一种方法，不过中国思想家的设计，借用了中国的文化资源。可是在中国"大一统"的文化背景下可行性如何？历史的发展已经给出了否定的结论。

与黄宗羲、顾炎武一样，王夫之也认为天下为公，君为私。他说："一姓之兴亡，私也；而民之生死，公也。"（《读通鉴论》卷十七）从儒家理想的"大同社会"的角度考虑，天设立君主只是为了理民，民与君相比，"是以君以民为基"，"无民而君不立"（《周易外传·咸卦》）。王夫之的思想虽然没有超出儒家"民本主义"的范畴，但是在明清君主专制制度强化的条件下，也是对"君为臣纲"的一种挑战。为此，王夫之也设想了种种限制君权的措施。他一方面承认："天下之治，统于天子者也。"另一方面他又强调天子的权力也是有限的，不能无限大，直接去管具体事务。"上统之则乱，分统之则治。"（《读通鉴论》卷十六）关于分权体制，王夫之首先设想在中央机构，帝王不再专权，而把主要精力放在选择宰相上。宰相无"独御之权"，事务由百官分掌。层层负责，"中外自辑以协于治"（《读通鉴论》卷十三）。这种设想，具有西方责任内阁的含义。其次是地方分治。他认为："天下之大，田赋之多，人民之众，固不可以一切之法治之也。"（《读通鉴论》卷十六）合理的做法只能是，赋予地方更大的权力，分级治理。最后是加强社会舆论的治理作用，在中国文化的语境中，表现为"道统"对"治统"的制约。他说："天下之所极重而不可窃者二，天子之位也，是谓治统；圣人之教也，是谓道统。"（《读通鉴论》卷十三）君主之位固然重要，但是君主必须依圣人的道统实行统治，国家才能兴旺发达。"儒者之统，与帝王之统并行于天下，而互为兴替。其合也，天下以道而治，道以天子而明；及其衰，而帝王之统绝，儒者犹保其道，以孤行而无所待，以人存道，而道不可亡。"（《读通鉴论》卷十五）以儒家为代表的道统，是一种社会精英阶层的舆论，应当也能够对帝王之治统，发挥制约作用。

明清之际的三大思想家，都曾参加过抗清斗争。斗争失败后避居深山或民间，拒不出仕，不为异族服务。在明王朝已亡，清王朝初建之时，君主专制制度尚存在某些空隙，给这些思想家保留了一些生存空间。他们尖锐地批评明朝的专制制度，总结明朝衰亡的教训，只要不涉及新兴的清朝王，就可以暂避政治的迫害。可是他们的著作大多只能收藏于民间，并不能在社会上发挥太大作用。到了清政权巩固之后，那些后起的启蒙思想家就没有那么幸运了，吕留良就是其中的典型。

吕留良的思想并未有太多超越三大思想家之处，其批判的锋芒主要还是指向君主专制制度和异族入侵方面。如他指出三代之时"天生民而立之君，君臣皆为民也"（《四书讲义》卷六）。而后代之君则实行"私天下"，将天下看成一己之私利，荼毒百姓，造成了政治的腐败。因此必须限制君主的权力，"复封建"，加大地方权力。同时在封建制度下，君臣之际也才可能建立比较平等的互助关系，"志不同，道不行，便可去"（《四书讲义》卷三十七）。针对满洲人的异族统治，吕留良特别指出：君臣之义，夷夏之防是圣王道统中的最重要部分，且后者更胜于前者。根据孔子对管仲的评价，他说："一部《春秋》大义，犹有大于君臣之伦，为域中第一事者。故管仲可以不死耳。原是论节义之大小，不是重功名也。"（《四书讲义》卷十七）管仲原来的主人是公子纠，反对公子小白。但是公子小白战胜了公子纠，管仲并没有为原先的主子殉节，而是投靠后来成为齐桓公的小白，成为齐国的宰相，协助齐桓公"九合诸侯，一匡天下"，驱逐了侵入中原的戎狄民族。孔子认为管仲在保卫华夏民族利益方面的功绩是高于一切的，给予了极高的评价。吕留良借此事弘扬民族之大义，鼓励人民反抗清政权。他的学生曾静说:"人与夷狄无君臣之分"(《大义觉迷录》引),鼓动汉族将领率部起义。事发后雍正皇帝严加追查,发动了一次规模巨大的"文字狱"大案。吕留良及其子吕葆中戮尸,吕毅中斩立决,孙辈发宁古塔充军。其弟子严鸿达、再传弟子沈再宽等或戮尸,或凌迟,均遭灭九族之祸。吕留良的著作曾经公开发行,甚至刻书、印书、售书之人,都被杀害或流放。曾静被雍正皇帝利用,命他到处宣讲皇帝亲著《大义觉迷录》,批判吕留良,暂逃一死。到了乾隆时代,仍然被杀害。从此文字狱大案连续不断,稍有不同意见的书生即遭灭族之祸。儒生们不敢再议论政治,只能到文献的训诂考据中去寻找生计和精神寄托,启蒙思潮从此衰歇。中国古代的君主专制制度,继续在"天无二日民无二主""君子不党""闭关锁国"的故辙上周而复始地循环。

第八章　中国近、现代政教关系

中国清代晚期是中国君主专制统治最强化的时期，政治上高度集权，思想上严密禁锢，致使社会上出现了"万马齐喑究可哀"的局面。世界的另一边，经过了宗教改革和启蒙运动的西方，进行了资本主义市场经济和机器大工业生产的革命，迅速喷涌而出的商品需要开拓市场。当时号称"日不落帝国"的英国在占领印度之后，开始将侵略的魔爪伸向中国，用鸦片和大炮打开了中国的国门，其他西方帝国主义随之蜂拥而入，强迫腐朽的清政府签订了一系列丧权辱国的不平等条约。此后几十年，帝国主义的侵略和封建主义的压迫使中国面临着亘古以来从未有之民族生存危机。在这种"救亡图存"的历史课题面前，中国社会的政教关系展现了一幅与帝制社会历史完全不同的历史画卷。

一　佛、道教的进一步衰落

自汉魏"慧风东煽"以来，佛教迅速赢得了中国士民的青睐，成为社会主要宗教信仰之一。历代帝王、思想家，都对佛教理论及其作用给予了高度的重视。然而明清以后，在政府一系列严管政策的束缚下，佛教与思想界日渐疏离，僧团的信仰与修习仪轨高度世俗化，日趋向道教和民间宗教靠拢。如原属道教信仰体系的关帝庙搬进了佛教殿堂，"武圣"也成为佛门弟子崇拜的对象。修来世、求解脱、往生西方净土的宗教观念也日趋与追求现世利益、祛疾消灾、增福添寿的功利要求结合起来。比如，清后期流行的各种忏法、瑜伽焰口（施饿鬼）、梁皇忏、慈悲忏、金刚忏、大悲忏，以及打佛七、修水陆道场等，均以超度亡灵、追悔罪恶、保佑子孙为目的，明显染上了世俗迷信的色彩，与各种道教斋醮科仪、民间宗教的巫术活动的界限也日渐模糊。僧侣在寺宇或士民家中做"佛事"，收取钱财成了重要的"宗教活动"，精通经典的高僧大德乃凤毛麟角，僧团的衰落成为一种有目共睹的事实。

造成佛教衰落的原因首先在于社会方面。1840年，西方列强的大炮和鸦片烟轰开了中国的大门，严重的民族危机迫使有识之士把寻求救国方案的目光转向了西方。西方近代自然科学和社会科学对中国青年知识分子产生了极大的吸引力。相反，佛教和其他传统文化一样，因其不能直接解决迫切的社会问题而被人们疏忘。西方各种无神论、唯物主义学说的传布，使国人本来就不虔诚的宗教心理更添几分轻慢、排斥。以至简单地将宗教视为迷信，当作现代化的障碍加以抨击。当然，在空前尖锐的民族矛盾和阶级矛盾面前也有一些"逃禅"者，但这些人不是失意的政客，便是落伍的理论家，他们到青灯古佛前寻求晚年的精神慰藉，已很难对佛教文化有所发展了。

其次，清后期大量涌入的基督教具有强烈的"一神论"倾向，主张对各种中国的传统宗教悉加扫荡，使中国"基督化"。特别是当基督教信仰与太平天国农民起义相结合时，思想的排斥演化成暴力的冲击。洪秀全在《原道觉世训》中指出："据怪人妄说阎罗妖注生死，且问中国经史论及此乎？怪人佛、老之徒出之。"他认为是由于佛教的输入才使中国人丢掉了上帝信仰，误入歧途。所以他又说："皇上帝之外无神也，世间所立一切木石、泥团、纸画各偶像皆后起也，人为也。被魔鬼迷蒙心灵，颠颠倒倒，自惹蛇魔阎罗妖缠捉者也。"因而太平军横扫江南15省，大军过处，焚烧经籍，捣毁寺院，驱赶僧尼，对江南佛教事业造成了极大的破坏。如曾国藩的《讨粤匪檄》所说："焚郴州之学宫，毁宣圣之木主。……以至佛寺、道院、城隍、社坛，无庙不焚，无象不灭。"太平天国对于佛教寺院、道教宫观的破坏，可以说是一次由外来思想入侵造成的"教难"，后虽经众多高僧、居士努力活动，但佛教势力已难以恢复。

再次，光绪二十四年（1898）兴起的"庙产兴学"运动，对佛教的物质基础再一次造成了重大伤害。湖广总督张之洞提倡发展新式教育，但一无资金，二无房产，便主张开展了一场"庙产兴学"运动，试图没收全国寺产的70%以充教资。他在《劝学篇下·设学第二》中提出问题："天下之学堂以万数，国家安得如此之财力以给之？"所以，他便想到遍布在全国各地城乡间的寺庙，认为"可以佛道寺观改为之"，"今天下寺观，何止数万？都会百余区，大县数十，小县十余，皆有田户，其物业皆由布施而来，若改作学堂，则屋宇田产悉具，此亦权宜而简易之策也"。中国自古以来实行君主专制制度，政治权力高度集中。传统文化倡导"普天之下，莫非王土"，没有严格的产权保护，更不会有公民信仰自由的意识。再加之士大夫阶层受宋明理学排佛思潮的影响，又迫于解决富国强兵、教育国民的棘手问题，自然将遍布天下的寺院、道观当成了可利用的对象。张之洞的建议受到康有为、谭嗣同的大力支持。光绪皇帝根据康有为提出的"改诸庙为学堂，以公产为工费"的建议，在"百日维新"中诏示全国："民间祠庙，其有不在祀典者，即著由地方官晓谕民间，一律改为学堂，以节靡费而隆教育。"[①] 为了使"庙产兴学"运动合法化，各地的军阀、士绅从所有权上找理论依据。如湖南都督谭延闿认为："僧侣不勤四体，能自置产业者百中不过二三，各处庵寺或由地方人民倡合建筑……其主权所在，非属华宗巨族，即属地方民众。"[②] 既然佛教寺院的田产、地产原本来自国家的赐予和民众的捐献，所以他们认为都应当属于"公产"，"以公产办公益，化无用为有用"是正义行为。这一运动一直延续到民国年间，使佛教的物质基础又一次受到严重损害。

---

① （清）朱寿朋编：《光绪朝东华录》（四），中华书局1958年版，第4126页。
② 《湖南都督咨内务部中华佛教总会在湘设立支部批据民政教育两司研究该会章程拟请明定界限等情应烦查照核覆文》，《政府公报》1912年第115号。

中国近现代发生的"庙产兴学"运动不论其社会效果如何，都应当属于一种利用政治权力侵夺教产的政治事件，充分说明了中国传统宗教的弱势地位。这也是中国在现代化进程中一种具有重大副作用的尝试，直至今日学界也没有进行过充分的反思。

最后，清后期佛教衰落的内部原因则在于佛教理论的过分世俗化。魏晋南北朝时期，大批经典的引入使佛教理论像一颗璀璨的明珠，吸引着中国士大夫阶层，译经、注经、研究佛经成为学术思潮的热点，佛教人才辈出。人才的归向决定了理论的盛衰。隋唐时代佛教达到了鼎盛状态，产生出众多的中国佛学宗派。五代及宋，虽然探讨印度佛教原理的宗派相对式微，但彻底中国化的禅宗、净土宗却如日中天，禅门的宗教理论、接引方式、丛林制度实际上是在宋代达到了它的成熟形态。宋元以后，由于禅宗的修习方式有向极端发展的偏差，为了力挽颓风，禅林高僧大德又主张教内禅教合一，教外儒释道合一。这种合一之风在明末曾使佛教一度"中兴"，但也进一步丧失了主体性。禅宗的产生本来就是印度佛教原理与中国传统文化结合的产物，说明完全照搬印度佛教行不通，所以明末重提"禅教合一"并未引起真正的"原教旨主义"运动。即使重新从经典中寻出一些理论，也很难超出隋唐佛教理论。而此时佛教在其发源地印度已经枯竭，无法再为中国佛教注入新的活力。明末的"儒释合一"潮流，则更使佛教从价值观念到思维方式都丧失特色，对士大夫阶层逐渐失去其特殊的吸引力。时至清末，尽管僧尼人数随人口总数的增加而膨胀（据太虚《整理僧伽制度论》估计约为80万），但僧侣的文化素质却在不断降低，出家者多为衣食无着的贫苦农民。尽管清后期一批名山大刹还占有大量田地（如镇江金山寺占良田1万余亩，寺周边方圆数十里的农民多为金山寺佃户，号称"金山庄"），拥有相当的经济实力，但佛教理论停滞，宗派流于形式，僧团队伍已很难承担复兴佛教的重任。

晚清道教的情况与佛教相似，继清前期进一步衰落，社会地位下降，理论上缺乏创新，教团的影响力减弱。龙门道士多兼行斋醮祈禳，用香火钱来谋生，与正一道士的差别越来越小。正一道天师无大作为，不过依仗天师声威谋取富贵而已。在与朝廷的关系上，清廷不甚重视南方之正一天师，而与北方之全真有较密切的来往。"太平天国"焚毁寺观和"庙产兴学"运动对于道教同样有重要的影响，不过由于道教整体规模较小，因而并不引人注目。

面对强大的君主集权势力，根深蒂固的儒家世俗主义思潮、汹涌冲击的基督教浪潮、势单力孤的佛教僧团进行了顽强的抗争。当时德高望重的禅宗敬安大师，不顾个人安危挺身而出反对清末以来社会上兴起的"庙产兴学"之风。政府利用政治权力强夺庙产兴办学校虽有振兴国民教育、抵御列强侵略的良好初衷，但是在中国没有丝毫人权意识的社会环境中，开了任意破坏民众宗教信仰自由的先河。更有一些豪强恶霸、无赖之徒也乘机侵夺寺产、毁坏佛像、中饱私囊。敬安与一些立志护教、复教的名僧、居士，于1912年在上海筹组中华佛教总会，敬安德高望重，被推为会长。中华佛教总会便坚持自己是寺产的所有者，它的章程明确规定："本会有整顿佛教进行一切事宜，及保全佛教公团财产上处分之权。""凡会中各寺庵所有财产，无论檀越施助寺僧苦积，外界如有藉端攘夺，本会得据法律实力保护，以固教权。"① 同年10月，敬安北上京师，劝谏政府禁止"庙产兴学"运动。但是北洋军阀政府内务部礼俗司司长杜关不但不听劝谏，反而侮辱敬安（据说二人话不投机，杜关怒批敬安面颊）。敬安愤而退归法源寺，当即卧床不起，于12月2日病逝。敬安之死引起朝野各界的重视，后经内阁总理熊希龄等人调停，袁世凯下令内务部核准中华佛教总会章程，并于1913年颁布《寺产管理暂行规则》，按旧制保持寺产，使"庙产兴学"之风稍减。

同时这些名僧、居士也深深感到佛教之所以处于被人鱼肉的地位，关键还在于自身没有进行现代化改造，必须使自己的组织形态和思想建设跟上时代的步伐，于是在民国年间开始出现了现代宗教组织形态和佛学思想。在漫长的封建社会中，中国佛教僧团逐渐形成了以

---

① 参见《中华佛教总会章程》，《佛学丛报》第一期，有正书局1912年版。

寺院经济为基础，以宗谱法系为网络的丛林制度。在这种旧式宗教制度之下，佛门宗派林立，时常出现相互攻讦、争夺财产、彼此倾轧的现象，严重阻碍了佛教的进一步发展，也成为士民攻击佛教的重要口实。至清朝末年，佛教各宗派都已衰微，故在民国诞生之初，即有一批著名的僧侣、居士试图建立现代方式的宗教组织。1912年初，欧阳渐、李证纲、邱晞等居士发起组织了中国近代史上第一个现代佛教组织"中国佛教会"，并拜谒临时大总统孙中山，得到政府的认可。近代佛教界高僧太虚与仁山等人在南京毗庐寺组织了"佛教协进会"与之抗衡。他们也面谒孙中山，得其赞许。该会以教理、教制、教产三大革命为号召。在教理上主张清除2000年来人们附会在佛教上的鬼神迷信内容，反对探讨死后世界，提倡人间佛教，解决现实问题。在教制上反对政教合一，反对佛教依附政权，主张建立独立的佛教协会管理全国教务。在教产上反对宗派将庙产视为私有，主张寺产属全体僧尼共有，应集中起来办教育和慈善事业。太虚的宗教改革思想遭到守旧僧尼的反对，佛教协进会很快就解散了。另有扬州谢无量办"佛教大同会"，该会提倡佛、道合一，建立中国统一的宗教组织。上述三会虽然有很大分歧，但要求佛教改革的倾向却是一致的。有鉴于此，江浙诸山的长老请敬安和尚出面，组织统一的横向联合的"中国佛教总会"，并商请欧阳渐、谢无量取消他们的组织。中国佛教总会于1912年4月在上海留云寺成立，提出了"保护寺产，振兴佛教"的口号，并得到南京临时政府的同意，下设20个省支部和400余个县支部。一个现代宗教组织初具雏形，佛教僧徒试图利用民国社会法律的力量，保护宗教组织的合法权利。毕竟中华民国从临时约法到宪法都规定："中华民国人民于法律上无种族、阶级、宗教之别，均为平等。"这表明中国已经进入了世界文明国度尊重公民宗教自由，保护私有财产的时代。

20世纪30年代是佛教发展相对顺利的时期，全国大、小寺院得到一定程度的恢复，出家人数上升，并有相当数量的居士组织出现。但这一时期仍有"庙产兴学"余波回荡，其他类型的侵夺寺产活动也时有发生。如 1928 年，浙江大学一批教授，提出了"打倒僧阀，解放僧众，划拨庙产，振兴教育"的口号，内务部颇有赞许之意。无论北洋军阀主导的北京民国政府，还是国民党主导的南京民国政府，法律往往流于形式，众多佛教组织、寺院、僧团依然处于"人为刀俎我为鱼肉"的凄惨境界，政治影响极为边缘化。为了阻止这场"庙产兴学"之风，佛教高僧太虚、圆瑛，著名居士欧阳竟无、王一亭、李济深、陈铭枢等纷纷通过各种渠道上书蒋介石和立法院，呼吁制止这股侵蚀佛教资产的社会浪潮。慑于社会各方的压力，在 1931 年国民大会召开期间，太虚提出保护庙产的提案获得通过，蒋介石签署于 8 月公布施行，其中"凡寺产任何机关团体不得侵占，如有侵占，即以法律制裁"的规定，对保护寺产多少有所作用。不过从清末至民国，全国佛教寺院还是被大量侵占，总数缺乏统计，估计至少过半。大量的寺院资产也被充作教育基金，对于新式学校的建立不无补益，可是对于佛教的伤害则是无以弥补的。

道教与佛教一样，也在努力进行现代化的尝试，他们借重北方全真道力量谋图复兴，于 1912 年成立了民国以来第一个全国性的道教组织——中华民国道教会，总部设在北京白云观，各重要地区设分部。正一道第六十二代天师张元旭至上海成立"中华民国道教会江西本部驻上海总机关部"，稍有活动。袁氏称帝失败后，军阀吴佩孚、孙传芳都曾会见张元旭，使正一道在政治上日趋活跃。1919 年成立"万国道德会"，张元旭被推为名誉会长。1920 年，张又被推为"五教会道教会"会长。不过对这些道教现代组织的影响力不能过高估计，因为各个传统道教宫观、教派并不受其管辖，社会上的军阀、地方势力也没有现代法律意识，民国道教依然处于江河日下的地位。如牟钟鉴教授所言：总的说来，道教在民国时期是时运多蹇，满目凄凉，呈末世光景。日本道教学者窪德忠于 1942 年来中国北方看到的景象是："庄严肃穆的道观很少"，太原纯阳宫"没有道士，却有许多妇女、儿童在专心纺棉，显然已被当作手工业作坊"；济南迎祥宫"也同样是纺棉的场所"，内殿一兼作医生的道士"毫无道教知识"；

太原元通观是著名道观，"已作为咖啡业同业公会的办事处了"；济南的长春观"一部分房屋被警察占用，在本堂的玉皇大帝前面，居民在烧饭"；北京朝阳门外东岳庙，1920年的宗教气氛很浓，有十多名道士，而今"一部分地方辟为小学，一部分地方被警察使用，道士减到九名"，作为道观的作用"微乎其微"；泰安岱宗坊附近玉皇观"昔日的丰彩几乎荡然无存，连一个参拜者都没有"。他只发现北京白云观和沈阳太清宫，尚"保持着名副其实的道观式面貌和风格"。当时太清宫是东北道教的总本山，设立了中华全国关东道教总分会；白云观是全国道教总会本部。白云观内有道士78名，识字者仅十多名，每天的工作就是打扫清洁和劳动，关于早晚读经的规定均未实行，极少数道士成天晃荡，晒太阳打发日子，道士们生活清苦，饭食差，穿补丁道袍（以上见窪德忠《道教史》）。①

尽管中国的佛教和道教在近现代处于受打压、被侵夺的悲惨社会地位，但是在国家与社会的大是大非面前，佛教和道教的领袖与广大教徒与中国人民紧密站在一起，共同奋斗在反帝反封建的革命事业中。在清末的"庙产兴学"浪潮中，很多佛教徒深感自身的软弱无力。当时看到许多外国教会在中国的治外特权，使他们也想援引同样宗教信仰的日本佛教僧人的援手。"江浙佛教界在情急之中，便冒用高僧敬安的名义，联合浙东35座佛寺允准日僧入寺保护。敬安闻后，极力反对，认为此实为辱国辱教之举，并立即上函朝廷表明态度，力请保护寺产。"②特别是在那场关乎中华民族生死存亡的抗日战争中，广大佛教徒积极参加抗日救亡运动。九一八事变后，广大爱国宗教徒同全国人民一道，积极投身于抗日救亡运动之中。佛教界的著名高僧、居士，纷纷发表声明、通电，揭露日本帝国主义的真面目，号召全国僧尼奋起抵抗。如欧阳渐大声疾呼："国将亡，族将灭，种将绝，痛之不胜，不得不大声疾呼，奔走呼号。"太虚于七七事变以后通电全国，呼吁全国教徒"奋勇护国"，"练习后防工作"。连平日宣传绝

---

① 牟钟鉴、张践：《中国宗教通史》下卷，中国社会科学出版社1999年版，第809页。
② 耿敬：《"庙产兴学"运动及佛教界的回应》，《五台山研究》2003年第2期。

不与闻国事的弘一法师也广泛宣传:"念佛不忘救国,救国不忘念佛。"太虚利用自己的国际声望,出使印度、缅甸、锡兰、新加坡等国,揭露日军暴行,争取世界人民的支持。圆瑛以中国佛教会会长的身份通电日本僧人,呼吁日本教徒:"共奋无畏之精神,唤醒全国民众","制止在华军阀之暴行"。抗战全面爆发后,圆瑛组织了佛教会全国救护团,自任团长,训练青年僧侣,开展战场救护。上海抗战中僧侣救护队出动 100 余次,救护伤员 8273 人。他们还办了"佛教医院",由女尼担任看护。在"淞沪战役"期间,上海著名居士王一亭、中华佛教会主任秘书赵朴初等人,组织多个难民收容所,救济难民 50 余万。1940 年日本飞机轰炸重庆,僧侣奋勇救护,当时报刊号召"向和尚看齐"……总之,佛教徒在抗日战争中尽了自己的民族责任。①

抗日战争时期,北方许多地区民众借重道教"抗日救国,保财保家"。1938 年春,山东出现"堂天道""呈风道",皆道教支派,其中博山县"堂天道"有教徒数千人,平时务农,战时打击日寇、汉奸,成为一支抗日武装力量。在南方,句容茅山的道士便支持和帮助过抗日的新四军,南岳衡山道士参加"南岳佛道救难会",为抗日救国做出积极贡献。

二 民间宗教的政治作用及其分化

清后期民间宗教继续成为民众反清起义的旗帜,但有新的特点:一是与清末席卷全国的大规模革命运动,如太平天国、捻军、辛亥革命运动相配合,不再是地区性的孤立的运动;二是从反清发展到反洋,具有了反对外国侵略的新内容;三是发展到清末,与资产阶级反对帝制社会的民主革命运动相衔接,产生了全新的时代意义。

八卦教在经过嘉庆、道光两朝血腥镇压之后,从形式上说不再像

---

① 参见牟钟鉴、张践《中国宗教通史》下卷,中国社会科学出版社 1999 年版,第 1037—1038 页。

前期那样轰轰烈烈似乎消失在社会舞台上；但它并没有被消灭，仍以顽强的生命力，改头换面，作为其他名义的农民革命运动的成分，发挥着积极作用。19世纪50年代起，南方发生太平天国运动，北方爆发捻军起义，给予清廷以沉重打击。捻军之所以能在直、鲁、豫三省纵横驰骋，重要原因是有八卦教的呼应和支持。捻军的鲁西北军队，即"邱莘教军"的军事组织以五旗为建制，五旗是：白旗、黄旗、绿旗、红旗、黑旗。显然是受传统五行观念的影响。而其基本队伍是八卦教徒，故五旗又与八卦相配，乾、兑两卦配白旗，坤、艮两卦配黄旗，震、巽两卦配绿旗，离卦配红旗，坎卦配黑旗。捻军还接受天王洪秀全封号，但实际上是"听封不听调"。但与陈玉成密切合作，南北夹击，对清王朝的统治形成了很大的威胁。捻军起义战争，历时18年，极盛时期总兵力达二十万众，波及皖、鲁、豫、苏、陕等10个省区，歼灭清军及地方团练十万余人，给清朝统治以沉重打击。

义和团起因于反对洋教，但是其组织形态却与明清以来的发达的民间宗教紧密相关。义和团起源于白莲教，初称义和拳，旧名义和会，乃山东农村习棒练拳的民间组织，起于青县故城，渐蔓延于东昌府一带，又发展到直隶省，南与大刀会合为一体。明清的民间宗教，除宗教祭祀活动外，都有练功健身的传统，文练气功，武练打斗；义和拳的练拳实际上也是民间宗教组织进行的活动，不过是忌讳教名，有意突出拳术以防官府查禁而已。从现有资料看，义和拳直接源于八卦教。故以八卦分拳门。罗惇曧《拳变余闻》说："河间府景州献县，乾字拳先发，坎字继之。坎字拳蔓延于沧州静海间，白沟河之张德成为之魁，设坛于静海属之独流镇，称天下第一坛，遂为天津之祸。乾字拳由景州蔓延于深州冀州而涞水，而定兴固安，以入京师。"义和拳是八卦教的余绪，故按卦门活动，组织分散，又能同声相和、同气相应。但义和拳已经不是严格意义上的八卦教，它不再讲三阳劫变、真空家乡、无生父母，它的信仰庞杂多端，而多来自神话传说和明清小说，形成新的特点；它的宗教活动紧密配合拳术，以神咒成其金钟罩之神功。

天地会是带有民间宗教色彩的民间秘密结社，它是由民间宗教组织向近代政党演变的过渡形态。天地会最早出现于福建和广东地区，会员大多是穷苦的劳动者，如运输工人、小商贩、手工业工人、无业游民、破产农民等，穷苦而无稳定的职业，天地会最初就是他们用以自保互助的组织。从乾隆五十一年台湾天地会林爽文起义开始，天地会明确提出"反清复明"的口号发展成为具有宗教色彩的政治性结社。嘉庆以后传至江西、广西、两湖、浙江、贵州等省，又传至南洋华侨地区，成为清后期江南最大的反清秘密组织，其主要活动在 1840 年以后。天地会名目繁多，其中最流行的称呼是"洪门"和"三合会"。陶成章《教会源流考》说："何谓洪门？因明太祖年号洪武，故取以为名"，肖一山《清代通史》则从拆字上讲，"洪"字乃"汉"（漢）字去"中土"，表示不忘复兴汉族政权，与反清复明的宗旨相一致。天地会于道光年间反抗活动增多。如道光十六年湖南新宁蓝正樽起兵，习教传徒，聚众数千，攻武冈州城。此后十余年，湖南天地会屡起义兵。粤省天地会拥有数十万众，在太平天国起义直接影响下，开展反清斗争，义军贯东北西三江，分布数十州县，攻城十余座，坚持十余年。哥老会亦天地会之分支，会首称大爷、二爷、五爷，互称"袍哥"，以兄弟义气为箴言，以反清复明为宗旨，会员旧军人居多，按仁义礼智信分为五门，各有门主统率。清末随着时代的发展，民间宗教也逐渐将"反清复明"变成了支持革命党推翻封建统治。孙中山领导的辛亥革命，初甚借帮会力量，尤倚重于天地会和哥老会。孙中山、郑士良皆洪门中人。国民党发源于兴中会，而天地会与哥老会乃兴中会之骨干力量。黄兴、马福益之华兴会，陶成章、沈英、张恭之龙华会，皆以哥老会为基础，海外华侨的资助，新军起义之发动，皆赖会党之力量。

辛亥革命以后，对民间宗教进行摧残镇压的君主专制政体不复存在，加以军阀混战，日寇入侵，国家事实上没有一个统一的政权，民间宗教存在和发展的上层压力减缓了。各种社会势力和外国侵略者不再镇压民间宗教，转而设法加以利用和控制，这更加改善了民间宗教发展的政治环境。社会的动荡，民生的凋敝，加深了民众的痛苦，民众依靠民间宗教自信自救的需要更加强烈，从而扩大了民间宗教的社会基础。因此，民间宗教进入民国以后有所膨胀和发展；秘密性有所减弱，公开性有所增强；旧教派的分化和新教派的出现加快了速度；在社会斗争激烈复杂的形势下，政治倾向上出现明显的分化，有的投靠社会反动势力，有的保持民间群众团体属性，有的成为社会进步力量。

例如，九宫道与北洋军阀关系密切，先后在各地建立机构，公开活动。1926年，外九天道首李书田在北京成立"京师普济佛教会"，以曹锟、吴佩孚为正、副会长，李书田为会师，并在河北、河南、山东等地建立分会。1928年，中会道首杨万春依靠军阀政客，在北京成立"五台山普济佛教会"，办医院、育幼院、粥厂等慈善机构，进行传道活动。1930年，南会道首王鸿起在北京成立"五台山向善普化佛教会"，自任会监，其子王春暄为会长，又在长春、沈阳、唐山、青岛等地设立分会及佛堂20余处。1936年，余九天道首李荣成立"正字慈善会"，自任会长，在北京、天津、河南、河北均设有分会。这些都是公开的活动机构，从而扩大了九宫道的社会影响。抗日时期，九宫道许多支派投身日寇，宣传"大东亚共荣圈""中日亲善"等卖国口号，鼓励道徒为日寇服务。1942年，外九天道首李书田在济南成立"未来和平宗教会"，又在天津建立分会，公开为日本特务机关服务。1944年，李书田又在北京成立"弥勒总会"，以日本特务正兼菊太为最高顾问。在日本帝国主义支持下，外九天支派获得很大发展，势力遍及河南、河北、山东、山西、江苏及东北。抗日胜利以后，九宫道又投靠国民党，与中国共产党领导的人民革命事业为敌。1946年，国民党军统拉拢九宫道余九天、中会等支派道首，成立"万善联合会"，公开进行活动。20世纪50年代初被取缔。

再如一贯道，民国十九年（1930）由张光壁接手。1937年七七事变以后，张光壁投靠日寇，成为汪伪政府的"外交顾问"，吸收大汉奸褚民谊、周佛海、常玉清、王揖堂等加入一贯道，积极配合日寇的侵华政策，因而在沦陷区取得合法地位，大批发展道徒，积极扩充势力。抗战胜利以后，国民党政府曾下令取缔一贯道，但不久改为控制利用，授意改名"中华道德慈善会"，变换形式，继续公开活动。张光璧于1947年死于成都以后，一贯道分为两派，一派由张妻刘率贞及其子张英为首，以杭州为基地，活动于上海、南京、济南、青岛及东南沿海和东北，称为"明线"或"师兄派""正义派"；一派以张妾孙素珍为首，以成都为基地，活动于北京、天津、河南及西南、西北，华东亦有，称为"暗线"或"师母派"。1950年1月24日，中共中央发出指示，开始在新解放区实行土改运动的准备工作，孙素珍传出"母训"，不许道徒入农会，对抗农村土地改革。朝鲜战争爆发后，一贯道散布"第三次世界大战快起来了，美蒋军要来北京，八路军要完了"等言论。1950年10月10日，中华人民共和国人民政府宣布一贯道属于反动会道门组织，宣布予以取缔和打击。

不过民间宗教组织也有些在近现代中国人民反帝反封建的革命大潮中，进入了时代的主流。例如红枪会，继承义和拳组织系统，又采用八卦编列组织，分八门传授。各门又分文武团部，设文武传师，文管传道文事，武管练兵打仗。辛亥革命中，河南兰考一带的红枪会，曾被革命党人改编成敢死队，充任起义先锋。民国初年，红枪会遍及华北，据向云龙《红枪会的起源及其善后》调查，河南、直隶、陕西、山东的红枪会员有80余万众之多，保家安良，使该会成为农村农民自卫组织。1926年中国共产党通过了《对于红枪会运动决议案》，派出大批干部引导和帮助红枪会，经过教育整顿，红枪会明确了"打倒帝国主义，打倒贪官污吏，打倒土豪劣绅"的政治目标，成为一支反帝反封建的革命力量，在北伐战争中发挥了积极作用，加速了奉军在河南的失败。抗日战争中，在中国共产党的帮助下，红枪会发展为拥有数百万众的武装抗日力量，他们在"抗日高于一切""保卫家乡"的口号下，奋勇杀敌，立下了不灭的功绩。

可见不能仅仅凭借宗教教义本身来评价一个民间宗教组织的好坏，主要应考察它的领导集团的社会倾向和在历史发展中的实际作用,是否对人民有利,是否推动社会历史的进步。

三 基督教的快速发展及其引发的教案

鸦片战争是中国历史上的一个重要转折点,帝国主义的侵略打断了中国社会自身的历史进程,也改变了基督教在华传播的状况及其作用。传教问题经常成为中西冲突甚至战争的导火索,对中国近代社会产生了重要影响。从政教关系的角度看,从近代开始彻底转变了中国古代社会"政主教从""政主教辅"的基本格局。基督教作为受到西方列强支持的宗教,对中国政治产生了巨大的冲击作用,几次成为几乎颠覆朝廷的重要势力。所以我们说,中国近代政教关系的重心在于基督教。

鸦片战争爆发前,西洋传教士便开始为武装侵华制造舆论。美国新教牧师伯驾公开宣称:"只有战争能开放中国给基督。"美国传教士裨治文和卫三畏创办《中国时报》,不断为侵略战争煽风点火,出谋划策。他们刊登文章说:"根据中华帝国目前的态度,如不使用武力,就没有一个政府可以与之保持体面的交往。"(1835 年 1 月号)由于传教士长期在华活动,了解中国的语言、历史和文化,掌握中国官场的内幕,因而英国东印度公司经常雇用传教士参与鸦片贸易。例如当时著名的传教士马礼逊、郭实腊都曾经在东印度公司任翻译或顾问。战前,不少传教士还为本国政府刺探军情。如郭实腊曾于 1832 年以传教为借口详细考察了清军在上海吴淞口的炮台,并为政府写成报告。一名英国传教士将吴淞口至内地的航道图秘密送给英军,在鸦片战争中发挥了重要作用。至于以学术研究为名收集中国政治、经济情报更是司空见惯之事。

鸦片战争爆发后,许多传教士干脆直接受雇于侵略军,为本国政府利益服务。郭实腊成为年俸 800 英镑的官方翻译,在战争期间为英国侵略军献计献策,要他们对中国政府采用强硬政策,逼使中国屈服。同时他亲自深入宁波、定海、镇海等地,刺探军情,收买汉奸,为英军的胜利立下了汗马功劳。马礼逊之子马儒略亦是年俸 1000 英镑的官方翻译，以其对中国社会的了解，成为侵略军的得力帮凶。战争中英军沿长江攻打南京，切断中国漕运孔道的诡计就是马儒略提出的。1844 年，裨治文、伯驾、卫三畏参加美国订约使团，迫使中国政府签订了《望厦条约》。由于伯驾在战争中的特殊作用，战后被任命为美国驻华使馆中文秘书，并逐步高升，直至 1855 年担任美国驻华公使。英国人诺尔斯这样评价传教士的"贡献"："在扩大英国殖民地方面，有一个团体比其他任何人有更多的贡献，那就是传教士……所进行的工作。"①

　　帝国主义用大炮轰开了中国的大门，也为基督教传教事业扫平了道路。1842 年，英国侵略军强迫中国政府签订的第一个不平等条约——《南京条约》中便规定："耶稣、天主教原系为善之道，自后有传教者来到中国，一体保护。"1844 年中美签订《望厦条约》，第 17 款写明：除了传教士能在五口传教外，"还可以建立教堂"。法国亦不甘落后，1844 年派使臣与中国签订了《黄埔条约》，其中第 23 款除规定法国传教士可在五口传教外，还写上："倘有中国将佛兰西礼拜堂、坟地触犯毁坏，地方官照例严拘重罚。"在这些不平等条约的庇护下，基督教各派在口岸城市迅速传布。然而，外国传教士并不满足于仅在口岸城市传教，他们以各种形式向内地渗透。当时道光皇帝的上谕明文规定："外国人概不准赴内地传教"，故一段时间内各地官府仍不时抓获私自潜入的传教士，每每酿成教案风波。此类教案以 1856 年广西"马赖事件"最为严重。法国天主教神甫马赖不守规约，私自潜入中国内地传教，并且为非作歹，被西林县逮捕处死。法国借维护传教自由权为名，联合英国，悍然发动了第二次鸦片战争。中国战败后，与英、法、俄、美四国签订了屈辱的《天津条约》和《北京条约》。《天津条约》规定："天主教原以劝人行善为本，凡奉教之人，皆全获保佑身家，其会同礼拜诵经等事，概听其便。凡按第八款

---

① 袁绩藩译：《英国海外经济史》，转引自张力、刘鉴堂《中国教案史》，四川省社会科学院出版社 1987 年版，第 257 页。

备有盖印执照安然入内地传教之人,地方官务必厚待保护。"自此,"教禁"大开,外国人可以在中国土地上自由传教,中国人可以自由入教。法国传教士还感不足,担任使团翻译的孟振生在《中法北京续约》中又加上一句,"并任佛(法)国传教士在各省租买田地,建造自便"。外国传教士又获得了购置田产的自由。第二次鸦片战争后,在帝国主义强迫中国接受的一系列不平等条约的保护下,基督教在全国各地迅速发展。

按照西方近代民族国家主权原则,任何一个拥有主权的政府,都有权保护自己的政治、经济制度以及文化。西方基督教的大肆传播虽然尚不足以直接动摇中国的政治、经济制度,但却直接影响了中国的文化结构。文化是国家主权的重要组成部分,当一个国家的文化体系发生动摇的时候,国家政治必将发生动荡。中国自古以来形成了中华文化道统,表现为以儒家文化为主体,以佛教、道教文化为辅翼的"三教合一"结构,维持了民族文化的统一、民族心理的凝聚,并保证了政治的稳定。西方列强以"宗教自由"为借口,超越民族国家主权,将自己的宗教信仰强加给他人,基督教所蕴含的西方文化价值必然与中国文化发生强烈的碰撞,并最终导致政教冲突。从国家主权的理论看,强迫输出一种宗教信仰就是文化侵略。而西方国家近代强迫输出基督教背后的目的,则是进一步打开中国市场,向中国输出剩余商品和资本,掠夺和奴役中国人民。因此近代发生的反洋教斗争,实质上就是中国人民反抗帝国主义侵略斗争的组成部分。在这场斗争中官吏、士绅、宗教领袖与民众是一致的,民族主义是其共同意识,不过表现形式则显露出反帝斗争的初级性。

天主教在华传播的历史最长。鸦片战争前共有五个传教会在华活动,它们是:西班牙多明我会、巴黎外方传教会、方济各会、遣使会及耶稣会。鸦片战争后,不仅原有的教会继续发展,而且又有许多新的教会相继来华。天主教的活动不仅分布在江南数省,而且深入山西、河南、陕西、内蒙古、四川、贵州等内陆、边远省份。它们盖教堂,发展新教徒,办医院、孤儿院、留养院以及各类学校,出版图书报刊,构成了一个庞大的社会事业。至 1918 年，天主教教徒人数已达 187 万，外国传教士 886 名，中国传教士 470 人。基督新教传入我国虽然较晚，但在鸦片战争后发展较快。据统计，到民国初年，先后来华的新教团体 170 个左右，几乎包括了新教的所有教会。随着教会传播活动的展开，华人牧师和教徒人数都不断增加，1914 年新教人数达到了 25 万，外国在华传教士 5978 人。基督新教与天主教一样，在进行宗教活动的同时，也建学校、办医院、出版图书、从事慈善事业。

清末基督教是在西方列强商品和资本输出的社会背景下，依仗一系列不平等条约在我国传播的，因此产生的社会效果就完全不同于明末和平进入我国的耶稣会。美国驻上海总领事介甘尼就曾直言不讳："请记住：我们的商旗是紧跟着十字架的旗号的，谁打击那高举着十字架的手，必然损伤我们商旗的利益。"① 故而伴随着教禁大开和基督教快速发展，形成了一场席卷神州大地的、具有侵略与反侵略性质的教案风潮。可以说中国近代的"教案风波"，就是政教冲突的具体表现。酿成清末教案的直接导因是教会的劣行，而这些劣行的背后，则是整个西方的侵略阴谋。具体表现为如下几个方面。

（1）霸占田产，掠夺财富

鸦片战争后，西洋传教士蜂拥而入，难免鱼龙混杂，人员素质不能与早期传教士相比。许多人打着传播上帝福音的幌子，却做着个人发财的迷梦。一旦得势，便以征服者的姿态疯狂掠夺财富。1846 年 2 月 20 日，道光皇帝慑于帝国主义的压力，在上谕中同意将禁教时期没收的教产统统发还教会和奉教之人。从此，传教士刮起了"给还旧址"的风潮。不仅北京的北堂、南堂得以归还，就是广州、湖北等地，许多教产是当年教士作价卖给中国平民的，100 多年间已多次易手，房主又多次花钱修葺，传教士照样强行索要，中国平民敢怒不敢言。1860 年《中法北京续约》中有"任法国传教士在各省租买田地，建造自便"的条款。于是各国传教士便利用数次战争所得赔款，开始了一场大规模的"掠夺"房地产的活动。他们依仗权势，强要恶索、

---

① 张力、刘鉴堂：《中国教案史》，四川省社会科学院出版社 1987 年版，第 414 页。

盗买盗卖，甚至强迫捐献的事也经常发生，搞得怨声载道，民不聊生。另外一些传教士，利用手中特权，大量攫取黄金、白银、古玩、文物。这一时期，中国大量文物典籍流落海外，许多传教士靠倒卖文物发了横财。传教士的行为使在帝国主义经济侵略重压下不堪其苦的中国人民雪上加霜。

（2）网罗无赖，横行乡里

基督教扩大在华传播，一项重要任务就是发展教徒队伍。当时入教之人不乏信仰虔诚者，但所谓"吃教""恃教"者也大有人在。一些衣食无着的贫苦农民为吃顿免费馍馍入教倒也情有可原，地方上一些恶棍、富贾、地痞、流氓为逃赋漏税、寻求庇护而麇集教门，则极大地败坏了教会的声誉。依仗帝国主义势力，教会有极大的司法特权。本来传教士并不具有"外交豁免权"，但由于一些传教士同时又受雇于本国政府，所以也享受特权。在正常的国际交往中，外交豁免权应以尊重所在国各项法律为前提，但由于当时中国政府对外羸弱无力，少数传教士的外交豁免权便成了无所不为的法外特权，并荫及全体外国传教士，甚至一切入教华人。一些富绅恶棍仰仗教会权力，抢田霸产、奸淫妇女、走私贩毒、欺压平民。外国传教士对中国教民的种种劣迹不仅视而不见，而且还鼓励他们冲撞官府，寻衅滋事，以打击中国官员的威风，扩大教会的影响。凡此种种教民劣迹，无疑都会增加广大民众对教会的反感。

（3）包揽讼词，教会干政

由于有帝国主义势力撑腰，清后期的外国传教士竟然干涉中国的司法主权。清政府总理衙门1896年初颁发了一个名为《地方官接待教士事宜》的文件，规定：总主教与主教和督抚同级，摄位司铎、大司铎与司道同级，司铎与府厅州县同级。教务纠纷发生时，应由教中品秩相当的教士与同级的中国官员，并邀请外国公使或领事会同解决。由此不同等级的传教士就被视为相当于不同等级的官员，可以参与不同等级的政务，导致在司法诉讼中传教士包揽讼词，包庇教徒的事件频频发生。不论是非曲直，只要教士"具片送州，包定输赢"。

于是一些心术不正的人为打官司而入教，天主教被戏称为"打官司教"。许多教案皆因教士包庇恶棍而起。曾国藩在同治九年（1870）的一道奏折中讲："凡教中犯案，教士不问是非，曲庇教民；领事不问是非，曲庇教士。遇有民教争斗，平民恒曲，教民恒胜。教民势焰愈横，平民愤郁愈甚。郁极必发，则聚众而群思一逞。"① 曾国藩对教案起因的分析是很有道理的。外国教士干涉中国司法权，不仅平民怨愤，各级官吏也极为不满。

（4）善业不善，恶名远扬

基督教各团体在中国开医院，办育婴堂、孤儿院及各类学校，本为扩大教会影响的善举，但多则难免滥。在当时生活水平和医疗条件下，教会医院将中国贫民当试验品致伤致残，教会学校虐待学童，育婴堂内婴儿大量死亡的事件屡屡发生。还有一些地方教会为了凑发展教徒的人数，专门在育婴堂接受患病的儿童，只要受洗就算成了基督徒，就拯救了他们的灵魂，至于其身体是否可以痊愈，育婴堂的嬷嬷们就不在意了。因此发生了多起育婴堂婴儿大量死亡事件，如 1868 年扬州育婴堂发现被虐杀婴儿尸体 40 多具。1891 年无锡天主堂发现死婴 200 多个。1891 年丹阳天主堂发现腐烂婴儿尸体 70 余具……这些事例被对教会怀有成见的民众发挥演绎，便成了教会医院"剖心剜眼"，育婴堂用童男童女配药等耸人听闻的消息，为中国人民反教情绪火上浇油。

除了传教士一些"善业不善"的劣行外，观念差异、文化冲突也是导致教案的重要原因。自明末以来，传教士就已经感到了中国传统文化是他们用基督教征服中国的障碍，有传教士叫嚷"吾非除旧何由布新？欲求吾道之兴，必先求彼教之毁"②，冲击中国传统文化是传教士为其事业开辟道路的重要方法。中国士民本来有自己的宗教与文

---

① 转引自胡铁民、黎映桃《曾国藩与天津教案的现代法理评析》，《炎黄春秋》2006 年第 2 期。

② 转引自四川省近代教案史研究会编《近代中国教案研究》，四川省社会科学院出版社 1987 年版，第 44 页。

化，基督教以其强烈的排他性，强迫信徒放弃原有的信仰与习俗，自然会伤害广大民众的情感，这本身就是一种文化侵略。例如，当时反洋教的一篇著名的文章《湖南合省公檄》，将基督教对中国文化的侵犯归纳为三个方面。第一，"该教不敬祖宗及诸神灵"破坏了中国的宗法等级秩序；第二，"教士开堂传教，男女并收"，同堂教会，紊乱男女之大防；第三，"锢蔽幼童"，收摄儿童灵魂。① 中国在长期相对封闭的文化环境形成的"尊夏贱夷"的民族观，也容易滋生一种盲目排外的社会心态。于是便将违反中国传统伦理的西方教会行为，统统变成了"以讹传讹"的流言蜚语。诸如"兄弟戚友，久不相见，见则互相奸狎"。基督教徒的洗礼则是"教主必为亲沐浴，名曰净体，乘机用迷药，以便行奸"。这些流言反映了中国士绅、农民思想意识的保守性、落后性，但是这并不妨碍其反侵略的斗争的性质。在清末的社会条件下，中国民众尚未认清帝国主义经济侵略、文化侵略的本质，于是自然地把战争赔款、农村经济破产，甚至自然灾害的发生等苦难账算在一切外国人，特别是他们能够直接接触到的外国人——传教士身上。因此这种文化冲突的背后，就是反对帝国主义侵略的表现形式。如果硬要将近代教案中文化冲突的因素与反侵略区分开来，或者说文化冲突没有多大作用，都是没有认识到保卫民族文化的反侵略性质。正如一位中国学者所指出的："反洋教运动中的民族自卫意识，在很大程度上就是以维护伦理精神及其相对应礼仪风俗为表现形式的。'保三教'、'护纲常'的信念，成为'护农商'、'保社稷'、'保黎民妻子'等民族情绪和情感的标志。"②

反对帝国主义侵略的合理要求与盲目排外的冲动情绪搅在一起，使仇教火焰愈烧愈旺。中国近代教案事件发生的次数之多，规模之大，性质之复杂，冲突之激烈世所罕见。如果说中国历史上也曾有过强烈的政教冲突时期，那么1840—1900年的60年，由基督教的"野蛮传播"引发的教案事件就是唯一典型。清末教案基本上可以分成两

---

① 转引自顾长声《传教士与近代中国》，上海人民出版社1981年版，第157—158页。
② 程歗：《民族意识与近代教案》，《广州研究》1988年第10期。

个时期。1860 年以前为早期，主要有 1848 年福建黄竹岐民教斗殴案、1848 年青浦教案、1851 年定海教案以及引发第二次鸦片战争的 1856 年广西西林教案。早期教案一般规模小，频度低，影响也不大。1860 年爆发的第二次鸦片战争，中国失败后与英法帝国签订的《北京条约》《天津条约》规定，传教士有权进入中国内地传教，这样就使得基督教与广大的中国民众发生了深层次的接触，从而引爆了大规模的"民教矛盾"。1861—1900 年则是一个教案多发期，其中规模及影响较大的有：1861—1862 年的贵阳教案、1861—1862 年的南昌教案、1869 年的安庆教案、1870 年的天津教案、1876 年安徽宁国两次教案、1886 年重庆教案、1886 年第一次大足教案、1890 年第二次大足教案、1891 年芜湖教案、1891 年宜昌教案、1891 年辽东热河教案、1895 年成都教案、1897 年山东巨野教案、1898 年第三次大足教案、1898 年山东冠县梨园屯教案。教案发生的导因不尽相同，但基本上都是由于教士或教民的不法行为引起的。软弱的清政府不敢和西方国家正面交涉，迫使积怨已久的民众采用暴力手段自行解决，有时群众的背后还有众多士绅的参与、各级官吏的纵容或支持。于是教案每每酿成殴伤、杀死中外传教士及教民，捣毁或焚烧教堂的涉外事件。每次教案的结局，又都以清政府迫于压力，惩处参与教案的官员与民众，向洋人赔礼道歉，支付巨额赔款而告终。如此处理教案，结果只能是教民气焰愈张，群众反抗情绪愈长，教案风波遂一浪高过一浪，并最终酿成了"义和团运动"这场全国性的特大教案。

四　基督教与太平天国运动

基督教在近代中国历史上的重要影响之一，就是引发了扫荡半个中国，历时 14 年之久的太平天国农民运动。由基督教引发的太平天国起义，是在中国近代特殊的历史条件下外来文化与本土文化的奇特结合。太平天国并非真正意义上的基督教，但是太平天国对中国政治的冲击，仍然毫无疑义属于因基督教引发的近代最严重的政教冲突事件。

太平天国农民起义军领袖洪秀全（1814—1864）出生于广东花县，基督教在此地已传播了多年。中外传教士为了向民间扩大影响，撰写了多种介绍基本教理的小册子，广为发行。道光十六年（1836），洪秀全赴广州参加乡试，一个传教士送他一本由第一位中国籍牧师梁发撰写的小册子《劝世良言》。当时洪秀全正倾全力于科举仕途，根本无暇翻阅此书，回家后束之高阁。十几年间洪秀全屡试不第，直到1843年才在懊丧之余信手翻看了《劝世良言》，不觉为书中所讲"真理"吸引，并由此"大彻大悟"。据《天王本记》载：此前他便做过一梦，见一黄发黑服老者及一中年男子召见他，要他起而"荡灭恶魔，扶持真理"。对照《劝世良言》一书他才恍然大悟，原来老者便是"天父爷火华"，中年人是"天兄耶稣基督"。这类常见于帝王传记的神话，直接目的是自神其说，号召民众，但又从一个侧面反映了近代农民群众寻求真理的过程。

道光二十三年（1843）六月，洪秀全与洪仁玕、杨秀清、肖朝贵、冯云山等人创立了"拜上帝会"，进行了起义的舆论与组织准备。这一时期，洪秀全写成了《原道醒世训》《原道觉世训》《原道救世歌》等文章，在广东、广西农村大力宣扬上帝信仰。洪秀全认为："上帝爷火华"是世间万物唯一的缔造者和主宰，"开辟真神唯上帝，岂有别神宰期间"（《原道救世歌》）。他用基督教的一神信仰反对千百年来封建统治者赖以存在的宗法性宗教与儒学。中国历代帝王都以"奉天承运"的"天之元子"自居，借以神化王权。洪秀全直指清朝皇帝说："耶稣尚不得称帝，他是何人，敢觊然称帝者乎？只见其妄自尊大，自干永远地狱之灾也。"（《原道觉世训》）他把中国的圣人孔子视为与皇上帝作对的邪神，借皇上帝之口指斥孔子曰："推勘妖魔作怪之由，总追究孔丘教人之书多错。"（《太平天日》）总之，中国人崇拜的孔孟、关帝、如来、观音、金花夫人、送子娘娘……偶像都不是神，而是妖，必须统统打碎。洪秀全还用基督教中包含的原始平等思想反对中国帝制社会中的等级剥削制度，他说："天下多男人，尽是兄弟之辈；天下多女子，尽是姊妹之群。"（《原道觉世训》）"天父上帝人人共，天下一家自古传……天人一气理无二，何得君王私自专。"（《原道救世歌》）进而，他把宗教中的平等观念与农民的平均主义要求结合起来，提出了一个在地上建立太平天国的理想。拜上帝会实质上已经不是一个蔑弃尘俗、向往彼岸的单纯宗教组织，而成为号召农民"创建义旗、扫平妖孽"的政治组织了。太平天国运动可以看成是基督教对中国传统政治权力、意识形态和政治文化的一种变形的冲击，不过假借了农民之手。

经过数年的准备，洪秀全等人于1851年1月11日发动了"金田起义"，并迅速扫荡了江南十省，定都南京，建国号"太平天国"，洪秀全自称天王。太平天国运动在南方坚持了14年，成为清政府之外的另一个中国政府，自然引起了西方国家的注意。起义发生后，许多传教士大为兴奋，他们看到了把中国变成基督教国家的希望。太平天国以基督教的一神信仰为旗帜，进军路上拆毁一切祠堂、寺院、道观，像是在扫荡一切中国的传统宗教，为基督教的传播扫平道路，以至于传教士罗孝全产生了一种错觉："他们不是要反抗政府的，而是为宗教自由而斗争，且实谋推翻偶像的崇拜……如今，倘这次革命能推翻偶像崇拜而开放，将使基督教的福音传遍中国，其结果岂非同样的奇妙！"① 而在追求共同信仰的背后，还是巨大的经济利益。外国传教士米赫斯说："如革命成功，吾人可预料之利益，乃是大开海禁传教经商。"② 于是传教士与西方各国代表纷纷前往南京进行活动。英国传教士麦思都，1853年9月22日陪同英国公使文翰一同访问天京。1854年，美国传教士裨治文陪同美国驻华公使麦莲访问天京。太平天国起义十余年间，外国传教士对天京有案可查的访问就有20余次。太平天国的领袖也希望共同的宗教信仰可以使西方了解这个政权，支持这个政权，因而对"洋兄弟"给予了热情的欢迎。

---

① 中国史学会主编：《中国近代史资料丛刊·太平天国》第6册，神州国光社1952年版，第825—826页。

② 彭泽益：《太平天国革命思潮》，商务印书馆1946年版，第79页。

可是西方传教士在与太平天国这个东方兄弟接触增加以后便发现，太平天国的领袖们并不是真正的基督徒，而是在随心所欲地使用基督教的观念。他们不是把中国基督化，而是在把基督教中国化、巫术化。如洪秀全的"宗教教师"罗孝全数度访问天京，天王并没有按照"兄弟之辈"的身份与他相见，而是让他以"君臣之礼"参拜天王。太平天国口头上尊奉上帝为唯一真神，但又按照中国式的理解称耶稣为天父长子，洪秀全是天父次子。洪秀全自称在天国还见过"天母""天嫂"，并且将自己的儿子过继给耶稣，让他"兼祧两宗"，简直是匪夷所思。这种中国式的理解完全破坏了基督教"三位一体"的原理，成了一种宗法家族式的"君权神授论"，令外国传教士啼笑皆非。东王杨秀清在太平天国运动中具有"赎病主"的特殊身份，被称为天父的小儿子，有"代天父言"的能力，具有浓厚的巫术宗教倾向，也是西方基督教强烈反对的。罗孝全曾劝洪秀全放弃这些中国化的宗教习惯，而洪秀全反而下诏命罗孝全"改宗"，皈依他这种中国式的基督教。

宗教理论的分歧使太平天国与"洋兄弟"之间相互疏远、反感，甚至反目成仇。美国传教士花兰藏从天京访问归来懊丧地说："我去南京本来满抱希望，但我离开南京后，我的看法完全变了……现在我伤心地说，我所发现的，除了基督教名义以外，无基督教的实质。"① 罗孝全讲得更坦白："至于天王所非常热心宣传的宗教主张，我相信在大体上由上帝看来都是可憎恶的。事实上，我认为他是一个神经错乱的人。""我认定天王是一个疯子或傻瓜而抛弃他。"② 教义上的矛盾最终转化成了政治上的冲突。当然，更根本的原因还在于，太平天国政权并不允许帝国主义为所欲为地实现其政治、经济目的。而通过第二次鸦片战争，西方国家已迫使清政府接受自由传教、自由经商的条件。他们感到与清政府交往更符合他们的在华利益。于是外

---

① 转引自顾长声《传教士与近代中国》，上海人民出版社1981年版，第75页。
② 《罗孝全在天京的自述》，载《北华捷报》1862年2月8日；转引自顾长声《传教士与近代中国》，上海人民出版社1981年版，第88页。

国传教士纷纷转到了清政府与洋枪队一边，拥护对太平天国的围剿了。

当然太平天国的失败根本的原因，还在于他们引进的思想武装不符合中国的国情。梁启超在《中国近三百年学术史》中评论道："洪秀全之失败，原因虽多，最重大的就是他拿那种'四不像的天主教'作招牌，因为这是和国民心理最相反的。"洪秀全的"拜上帝教"是一种基督教与中国传统文化结合的尝试，但是他的这种尝试并没有认准近代社会的主要矛盾，将中国传统文化中农民的平均主义、地主阶级的宗法等级制度和基督教排他性的一神崇拜当成了思想的主体。这样既不利于反对封建主义，也不能在反对帝国主义的斗争中团结最大多数的人民群众。清代名臣曾国藩正是抓住了他们的这一弱点，以捍卫"中华道统"的形象团结最大多数的士绅阶层、满汉民众。他在《讨粤匪檄》中，揭露太平天国的劣行，"粤匪焚郴州之学官，毁宣圣之木主，十哲两庑，狼藉满地。嗣是所过郡县，先毁庙宇，即忠臣义士如关帝岳王之凛凛，亦皆污其宫室，残其身首。以至佛寺、道院、城隍、社坛，无朝不焚，无像不灭"。进而曾国藩呼吁天下士人学子，"举中国数千年礼义人伦诗书典则，一旦扫地荡尽。此岂独我大清之变，乃开辟以来名教之奇变。我孔子、孟子所痛哭于九泉，凡读书识字者，又焉可袖手安坐，不忍一为之所也"。几千年的文化心理积淀，唤起了社会各阶层的共鸣，使得太平军在根本上处于劣势了。

五 义和团运动与基督教的转型

1860年之后，西方传教士借助帝国主义的不平等条约，可以深入中国内地"自由"传教，这就比此前在五个通商口岸传教与中国人民和文化发生了更深层的接触，自然也就引发了更为剧烈的教案冲突。而中国近代教案冲突的顶点，则是1900年发生的义和团运动。

19世纪末巨野、大足、冠县的三次大教案，被认为是义和团运动的先驱。在大足和冠县教案中，起义农民提出了"顺清灭洋""扶清灭洋"的口号，成为日后义和团运动的思想纲领。近代以来对于义和团的研究，往往因为"顺清""扶清"的字眼而误认为义和团是要扶助清朝封建政府，从而在一定意义上贬低义和团的反侵略价值。其实这只是一种表面的看法，在中国古代政治文化体系中，"忠君"就是"爱国"。"清"不仅仅是清廷，更是"大清国"的国号，是四万万中华儿女的家乡。当清政府代表国家的时候，"扶清灭洋"就是"保家卫国"的一种时代性表达。巨野教案有大刀会参加，冠县教案有梅花拳参加，教案最终虽以民众被镇压而告终，但参与教案的地下会党组织却成为"义和团"的先驱，为义和团运动做了组织准备。

　　义和团运动可以说是在近代帝国主义侵略与封建主义压迫下双重矛盾叠加、扭曲形成的一场反帝爱国运动。为了反对西方列强的文化先遣队——基督教，义和团具有反侵略的性质。但是在当时的历史条件下，他们找不到反洋教的先进思想武装，于是只能从千百年封建纲常与民间巫术中获得精神源泉。《拳变余闻》录其咒祷之词："天灵灵，地灵灵，奉请祖师来显灵，一请唐僧猪八戒，二请沙僧孙悟空，三请二郎来显圣，四请马超黄汉升，五请济颠我佛祖，六请江湖柳树精，七请飞镖黄三太，八请前朝冷于冰，九请华佗来治病，十请托塔天王金吒木吒哪吒三太子，率领天上十万神兵。"从义和团崇拜的神灵，就可以看出其思想的迷信、落后、愚昧和幼稚，他们相信只要虔诚地信仰这些神灵，一旦神灵附体练成了"义和拳"就可以刀枪不入，足以对抗洋人的洋枪洋炮了。"义和拳成熟之日，即洋鬼灭亡之时，天神之意，以为电线宜割断，铁路宜拆毁，洋鬼宜斩首"，"我此时命尔等正直之团民，宜万众一心，歼灭洋鬼，以平天怒"。义和团的行为在反对帝国主义侵略的正义目标之下，使用的却是民间宗教闭关自守、盲目排外、非理性主义、极端主义的思想意识，使得义和团运动具有了某种杂糅的宗教色彩。其攻击手无寸铁的传教士和平信徒的行为，甚至具有恐怖主义的性质，这样的行为必然导致国际社会的反对，也逐渐会失去国内已经进入改良、革命浪潮的知识分子的同情，其结果只能使中国离反对帝国主义侵略和实现民族复兴的目标越来越远。

　　1900年春夏之交，散布在山东、河北等地"义和拳"反教活动的星星之火，因得到地主阶级保守派的支持而成燎原之势。在近代反洋教斗争中，以慈禧太后为代表的地主阶级保守派的态度和立场是十分复杂的。对于教民种种法外特权他们疾恶如仇，希望借民众之手打击教会，维护老大天朝的绝对权威，使中国的政教关系重回"政主教辅"的轨道。可是从明清两代蔓延乡野的民间宗教中发展出来的义和团，也是政府传统防控的重要目标，清政府不会将其视为自己人。不过在"神道设教"思想的支配下，在一定范围内利用民间宗教打击洋教，也在近代以来统治阶级"以夷制夷"的战略之中。教案一旦发生，外国列强兴师问罪之时，为了保护自己的既得利益，他们又总是首先牺牲广大民众和下层爱国官吏，杀当事者的人头，撤地方官的职向帝国主义谢罪。义和团运动就是由于1900年农历五月二十五日慈禧的一道支持性上谕而迅速升级的。在一定意义上可以说，义和团是"奉旨进京"的，这是中国传统政治势力对基督教的一种反击。山东、河北一带的义和团奉旨进京，本来宣布是要惩处一切不法教士和教民。可是运动一起，在狂热的排外思潮支配下，矛头指向一切洋教堂，擒杀一切可见的外国传教士和中国教民，甚至不顾外交礼仪和公法围攻外国使馆。时隔不久，运动迅速由京、津燃向全国，辽宁、黑龙江、山西、内蒙古、四川、云南、贵州……凡有洋教之处，无不浓烟滚滚，血肉狼藉。据不完全统计，义和团运动一年间，杀死天主教主教5人，教士48人，修女9人，修士3人，教徒3万人；杀死基督新教教士188人，新教徒5000人。全国教堂四分之三被摧毁，基督教传教事业受到了严重的挫折。义和团运动被基督徒称为一次大"教难"。当然义和团的反帝热情和民间巫术不足以抵挡八国联军的洋枪大炮，义和团用愚昧反对侵略的斗争，换来的只能是惨遭杀戮和造成更加深重民族危机的"庚子赔款"。

　　对于"义和团运动"的评价，一直是当代中国学术界的热门问题，特别是改革开始之后，对于义和团运动的评价差异极大。笔者认为：不能因为其运动的指导思想包含很多落后性的成分而否定其反对西方帝国主义侵略的积极意义，也不能因其具有反侵略的性质，而看不到其中的落后性、盲目性、极端性。在义和团身上表现出来的这种似乎对立的现象，正是中国近代社会反帝和反封建两大主题相互矛盾、交叉、纠缠所造成的结果。中国旧民主主义的各种势力，实际都没有提出合理可行的解决方案，因此也都只能以失败而告终。义和团只是其中一种最典型的、最短暂的实践。

1900年发生的义和团运动，是中国基督教发展史上一次空前的"教难"，传教事业受到严重摧残。然而，经历了这场具有"斩尽杀绝"性质的"武力批判"，基督教却奇迹般地得到了恢复，并且在民国年间顺利发展。统计数字表明，20世纪初的50年，比19世纪，教徒人数的增长还要快10倍。而且，教案大大减少，没有全国性大教案发生。基督教顺利发展的原因是多方面的，西方国家的继续支持、庚子赔款的使用、社会交通运输和新闻传播事业的发展……然而从政教关系史的角度着眼，笔者认为：教会传教策略的转变和社会文化氛围的改善是基督教得以便利传播的主要条件。

（1）教会传教策略的改变

自康熙年间罗马教廷挑起"中国礼仪之争"以来，近世西方传教士都采取了一种强烈的排他主义立场，与中国传统文化激烈对抗，试图使中国基督化。义和团运动虽然失败了，但是它也使大多数西方教会人士清醒，在文化上彻底征服中国是不可能的，强硬对抗不是传教良策。于是在民国年间，基督教各派纷纷改弦易辙，采取基督教中国化的传播策略。

1919年罗马教皇本笃十五发布了"夫至大至圣之任务"的通谕，下令在华各修会尽量起用中国籍神职人员，从此拉开了天主教中国化运动的帷幕。天主教中国化的一个方面是在理论上与儒学相融合。教士们放弃了当年排斥异端的蛮横立场，著书立说，千方百计地寻找儒学与天主教的共同点。在他们办的《教会新报》"总述"中讲："儒教法本其才，专与耶稣教同"，"儒教言道不可离与耶稣教同"，"儒教中庸与耶稣教同"、"儒教不怨不尤与耶稣教同"、"儒教时习而说与耶稣教同"……又有一教徒撰文指出："中国最重五常，唯仁为首，与西教之爱人为己，同出一原。"（《通论》卷一中《皇朝经世文新编》）表明天主教义回到了明清之际的"利玛窦规矩"，重新采取与中国传统文化认同的立场。另一方面，天主教大力培养中国籍的神职人员，以适应在中国传教的需要。到民国年间，不仅有了中国籍的神甫、主教，而且有了红衣主教，教会的组织结构也中国化了。1939年，罗马教廷正式下令取消中国教徒祭祖、祭孔的禁令。至此，历时200多年的"中国礼仪之争"以基督教中国化的形式最终解决了。

基督新教在中国化方面亦不甘落后。1922年，针对中国知识界发动的"非基督化运动"，美国差会负责人穆德在上海主持召开基督新教全国大会，开展所谓"本色教会"运动。在《教会宣言》中宣布："吾中华信徒应用谨慎的研究，放胆的试验，自己删定教会的礼节和仪式、教会的组织和系统，以及教会布道及推广的方法。务求一切都能辅导现在的教会，成为中国本色的教会。"[1] 1922年5月，穆德在上海主持召开了全国基督教大会，成立了"中华基督教（新）协进会"，作为协调各差会的机构。选举中国籍教士诚静怡为总干事，关于"本色化运动"的宗旨，诚静怡概括为："一方面求使中国信徒担负责任，一方面发扬东方固有的文明，使基督教消除洋教的丑号。"[2] 由此可见本色化运动主要有两方面的内容。一方面是在经济上自筹、自养，减少对国外的依赖；组织上选举中国人担任教会领袖，实现自治，在活动上实行自传。另一方面则是在教义的内容方面"使教会与中国文化结婚，洗涮西洋的色彩"。全国的教会组织按宣言精神进行了大量基督教中国化的工作，出书办报，以群众喜闻乐见的形式宣传宗教原理，在某种程度上缓和了民众与教会的对立情绪。

---

[1] 穆德：《基督教全国大会报告书》，转引自顾长声《传教士与近代中国》，上海人民出版社2004年版，第301页。

[2] 《真光杂志》二十五周年纪念特刊《协进会对于教会之贡献》，转引自顾长声《传教士与近代中国》，上海人民出版社2004年版，第301页。

在民国时期特定的国际环境中，中国教会不可能从根本上改变受西方国家宗教组织控制的状态，但放弃公开敌视中国本土文化的政策，尊重中国人民的宗教情感和文化心理，无疑会大大减少传教工作的阻力。

（2）社会文化氛围的改善

从中国社会方面看，民国年间基督教传播的文化环境无疑也有重大改善。

首先，以儒学为核心的古代传统文化崩溃，减少了基督教传播的心理障碍。随着清政府的垮台，两千多年的帝制社会结束，数千年来维系中国人"敬天法祖"这个基本信仰的宗法性传统宗教在体制上坍塌。五四新文化运动提出了"打倒孔家店"的口号，猛烈冲击封建礼教，儒学的"官学"地位亦告终结。因此，明末以来士人反击基督教的主要思想武器丧失了。非但如此，传统文化的断层造成了社会上普遍的精神危机，中国人在找寻富国强兵良策的同时，也在为建立终极关怀而努力向西方探索，文化的空白为基督教传播提供了良机。

其次，辛亥革命虽然推翻了清王朝，但是反帝、反封建的任务并未彻底完成，国内陷入了军阀混战的局面。帝国主义势力往往借助军阀插手中国政治，日本帝国主义甚至直接出兵侵略中国，这一时期对于教会的利用反而减少了。因而，民国年间教会作为帝国主义侵华战争先锋的形象逐渐淡化，中国人民反帝斗争的矛头主要对准了西方帝国主义国家政府及其在中国的代理人，而不是传教士。

再次，通过对义和团运动后果的反思，社会各阶层对基督教的态度从盲目排斥转为相对开放、宽容。义和团运动招致八国联军的侵华战争，中国人民在政治、经济等方面蒙受了重大损失。有识之士由此省悟：杀教士、烧教堂并不能阻挡帝国主义的经济文化侵略，中国近代的落后亦不仅仅由于宗教方面的原因。要想自立于世界民族之林，必须以开放的心胸直面世界各种文化，革新政治，富国强兵。

最后，1912年3月11日，南京政府颁布的《中华民国临时约法》规定："人民有信教之自由。"尽管在当时的历史条件下法律的效力是大打折扣的，但是，人民信教的权利毕竟第一次得到了法律的保证，这是中国公民人权事业的一次大进步。基督教开始从受人鄙弃的"洋教"变成了合法的宗教，反教活动被限制在法律允许的范围内。如1922—1925年全国性的"非基督教运动"，因得到许多新文化运动著名领袖的支持而搞得声势浩大。但这次运动没有酿成教案事件，基本是以和平的文化方式开展，这也从某种角度反映了国民素质的提高。

六　基督教与民国政治

基督教是在近代帝国主义国家对外扩张的国际大气候下进入中国的，民国以来尽管他们采取了"中国化""本色化"等改良措施，但要完全摆脱西方国家的控制是不可能的，故仍对民国时期的中国政治产生了重要影响。不过，随着中国社会反帝、反封建两大主题的转换，帝国主义国家之间关系的张弛，国、共两党关系的松紧，教会的政治作用亦在不断变化之中。

在近现代的反帝、反封建革命运动中，中国人民逐渐认清了封建主义和帝国主义的本质，反对封建统治与帝国主义侵略者的斗争一浪高过一浪，许多教内人士也投身于其中。特别是通过基督教传入中国的西方自由、平等、人权、民主的观念，对于反对清朝和民国时期军阀的封建统治，具有直接的唤起和鼓舞作用，一些基督教徒往往成为先锋。其中最突出的代表便是孙中山先生。1883年，孙中山用孙日新之名在香港受洗入教，他早年的战友陈少白、郑士良、宋耀如也都是教徒。孙中山是近代中国民主革命的旗手，他一生革命工作繁忙，极少参加宗教活动，但是在临终给孙科及其母卢氏的信中说："我本基督教徒，与魔鬼奋斗四十余年，尔等亦要如是奋斗。"[①] 表明他是以一种基督徒的精神投身革命斗争的。冯玉祥将军1913年加入美以美会，"立志归主"。以后邀请刘馨廷、古约翰等人为军中牧师，在西北军部队中开布道会、奋兴会，发展教徒，冯玉祥自己也亲自证道，悔罪认

---

① 荣孟源、章伯锋：《近代稗海》第一辑，四川人民出版社1985年版，第572页。

错,人称"基督将军"。他的部队在反对北洋军阀的战争中建立功勋。

对于孙中山先生领导的民主革命,教会人士先是表示支持,但当革命危及帝国主义在华势力时,一部分教士又转而反对。如意大利教士斯伏尔匝在他的《中国之继》一书中曾经写道:"孙中山本人不就是教会教育的光辉成果吗?这个广东的煽动者,在他一生最险要的关头,不止一次受到传教士的保护。但他有实力以后,就抛弃了他的信教的妻子,放弃了和基督教的友谊。"其不满情绪溢于言表。袁世凯篡夺了辛亥革命的果实,美国传教士李提摩太却说:"孙中山先生辞总统职而让位给袁世凯是他一生中最聪明的一件事。"1912年3月,袁世凯在北京就任临时大总统,北京的基督新教会举行盛大的庆祝礼拜。孙中山在南方组织讨袁革命,传教士李佳白向袁世凯献策说:"制止革命最好的方法,就是当它开始时迎头痛击之。"1916年袁世凯称帝,北京的基督新教会还举行大规模的弥撒,祈求天主保佑袁大皇帝"万万岁"。① 基督教如此支持北洋政府,主要是由于封建军阀统治比孙中山的民族主义革命更符合西方列强在华利益。

1921年中国共产党成立,公开举起了唯物主义和无神论的旗帜。尽管20世纪20年代共产党势力还很弱小,但基督教会已清楚地感到了共产主义是他们的大敌。他们千方百计地歪曲共产党的宗教政策,说共产党要"共产共妻""消灭宗教",在教徒中制造反共、仇共情绪。早在1922年开始的基督教本色运动中,有一项重要内容就是扩大农村阵地,建立基层组织,与共产党争夺农民。1927年国共合作解体,基督教各派积极开展反共扶蒋活动,配合国民党剿共。1927年南京国民党政府成立伊始,教皇即派刚恒毅作为特使前往祝贺。同年12月,蒋介石与宋美龄在上海爱伦教堂举行了洋式婚礼。1928年8月1日,教皇庇护十一世发布了关于中国问题的"特别通谕":"天主教宣告、教训和劝导它的教徒尊敬和服从中国合法组成的政府。要求天主教的传教士和教徒们在法律保护下享受自由和安全。"这篇"通谕"正式表达了对国

---

① 以上材料均转引自史全生主编《中华民国文化史》(上),吉林文史出版社1990年版,第71页。

民党政权的支持。国内各教区、修会积极贯彻教皇的"通谕",在农村与各种地主势力相结合,宣传"反共、防共",并帮助国民党军队收集情报,刺探军机,围剿红军。1930年6月23日,蒋介石在上海爱伦教堂由江长川牧师施洗入教,从而使国民党政府与教会的关系更为密切。1933年夏,大批基督教上层人士到庐山避暑,并召开了题为"基督教与共产主义"的讨论会。当时蒋介石正在江西全力剿共,传教士们关心的是红军撤走后如何在苏区建立教会组织,消除共产党的影响。会议期间一些国民党的高级官员到会讲了话,并同意划出一部分红军撤出地区作为基督教农村服务试验区。1934年红军撤出江西后,蒋介石把黎川县划给教会作试验区。美国公理会传教士牧恩波被选为试验区总干事。蒋介石在接见牧恩波等人时讲:"这是给你们一个表现基督教怎样能重建中国社会秩序的机会。请你们和我合作,筹划一个详细的复兴计划。"① 黎川试验区计划共分教育、妇女、卫生、农业、新运(新生活运动)等五部分。传教士一方面抓紧对农民进行宗教灌输,给农民一些种子、农具等小恩小惠;另一方面,又要求农民把土地还给地主富农,甘心忍受剥削和压迫,以等待来世天国。

1937年抗日战争爆发,中日民族矛盾上升为社会主要矛盾,国共两党由对抗转为合作。国际上帝国主义国家的关系也发生了变化,一般而言,由美、英等国控制的基督新教对日本帝国主义侵略持反对态度。九一八事变后,著名的美籍传教士,燕京大学校长司徒雷登便在学校集会上痛斥日本帝国主义侵略,并指责美、英政府对日本的妥协立场。七七事变后,基督教青年会十分活跃,1937年冬在上海成立"全国青年会军人服务委员会",并成立各地支会50余处,进行战场服务工作。中华基督教(新)协进会先后组织过"战时服务委员会""伤兵之友社""基督教负伤将士服务协会"等组织。其他差会也组织过类似团体,他们不顾个人安危,在敌人的枪炮下,救护伤员、赈济难民,直接投身于抗日战争之中。有些教徒为了民族解放事业献出

---

① 《女铎》1936年2月号,转引自顾长声《传教士与近代中国》,上海人民出版社2004年版,第328页。

了宝贵的生命。如基督新教教徒、上海沪江大学校长刘湛恩（1895—1938），七七事变前就曾在欧美、南洋等国发表演讲，揭露日军侵华暴行，并号召教徒团结抗日。八一三战事中，他被推选为上海各界救亡协会主席、上海各大学抗日联合会负责人，积极援助中国军队抗日作战。上海沦陷后，他在租界中坚持抗日活动，并严词拒绝南京伪政权教育部长之聘，1938年4月7日，日伪政权派人杀害了他。教会不但支持国民党正面战场的抗日战争，也积极向共产党控制的敌后根据地输送人才、物资。如司徒雷登和英千里曾冒着危险帮助青年学生逃离敌占区，到敌后根据地参加抗日武装。据不完全统计，仅燕京大学就有700多人参加了八路军。基督教青年会1939年7月派人赴延安，送钱新建国际学生疗养院，受到毛泽东的接见。

  天主教在抗日战争中的立场则比较复杂。罗马教廷受意大利、法国的影响，在1929年和1933年，分别与墨索里尼、希特勒签订条约，互相支持。伪满洲国成立后，教皇庇护十一世于1934年2月10日派使节表示祝贺，并正式承认"满洲国"，在"满洲国"建立天主教会，派驻宗座代表。教皇的宗座代表蔡宁（Marjo Zanin）发布命令，要求教徒"不偏左、不偏右"，实际上就是不要反抗日本侵略，甘做日本帝国的顺民。在关内，一些天主教上层人士散布基督教超国家、超民族、超阶级的论调，反对教徒参加抗日救亡运动，鼓吹中日两国基督徒要联合起来，影响和说服本国政府，"使友爱和亲善能主宰国家的一切"。这种和平主义的空谈，在当时只能起到麻痹人民斗志、掩盖侵略的作用。1937年日本发动全面侵华战争后，感到在占领区由西方传教士控制的天主教会辅助侵略战争不利，干脆从国内调来日本教士另起炉灶，直接控制沦陷区的广大中国教徒。如日本天主教神甫、特务岩下庄一到了华北，立即散发宣传品，为日本侵华战争辩护。他说："我们主张当前的讨伐是符合正义的，其理由蕴藏在中国中央政府允许由于国际共产主义的阴谋而发生的事实里。"[①] 他们利用

[①] 天津市宗教界史料编委会编：《史料选辑》第三辑，天津人民出版社1979年版，第75页。

教徒恐共情绪，借反共为名使日本侵略战争合法化。在日本"强化治安"时期，沦陷区人民生活十分艰苦，终日以混合面充饥，而教会人员则可以从日伪机关领到白面，冬天用煤也很充足。日本特务机关就是利用这点小恩小惠在教徒中发展特务，组织"防共委员会"，专为日军收集情报，维持交通治安，镇压和监视中国人民的抗日爱国活动。

然而，广大的中国天主教徒还是爱国的，他们同全国人民一道投身于抗日救亡事业，涌现出像马相伯、英千里这样的抗日英雄。马相伯（1840—1939）出身于江苏丹阳一个天主教家庭，从小受洗。1870年受祝成为神甫。1898年创办"南洋公学"，学生不断增加。五年后在此基础上创办"震旦学院"，马相伯因此名声大振，成为社会上著名的教育家。九一八事变后，他公开发表抗日言论，批评国民党政府的不抵抗政策，他讲："日本只有8000万人，而中国有4万万人，日本只有中国的五分之一。五倍大的中国，碰到只有五分之一的日本侵略，竟不敢出来抵抗，这叫做'缩头乌龟'。可是做缩头乌龟的，是政府而不是人民。"（徐景贤编：《马相伯先生国难言论集》）他与沈钧儒、黄炎培等人，于1935年组织了上海文化界人士救国会，马相伯因德高望重被推为会长，不久又当选为全国各界救国联合会常务委员。他利用自己的特殊身份，全力掩护"七君子"的抗日活动。七七事变后，马相伯以90岁的高龄开始了向内地的颠沛流离生活。但他抗日斗志不减，沿途呼吁同胞奋起抗战。1938年在转移昆明途中，因病暂停越南谅山，1939年11月4日病逝于此。对于这位爱国老人的光辉业绩，中国人民不会忘记。中共中央毛泽东、朱德、彭德怀等人联名发出唁电，给予马相伯极高的评价。天主教徒，辅仁大学秘书长英千里，身处沦陷区北平，抗日斗志不减。他在校内组织"炎社"（取顾炎武不与敌人妥协之意），宣传抗日思想。1942年底和1944年2月两次被捕，在日军严刑拷打下英武不屈，被判15年徒刑。另有教徒伏开鹏、张怀、叶德禄等人亦因从事抗日活动而被捕。在1931年一·二八战争中，天主教将教会医院改为军事医院，救护中国伤员2000余人。1937年全面抗战后，教会在华北、东南的医院也经常收治伤员。同时，在战争期间，教堂也经常成为难民收容所。总之，大多数中国教徒还是深明民族大义的，在抗日战争中贡献了自己的力量。

1945年抗日战争胜利后，国共两党的矛盾立即尖锐起来。天主教会明确地站在国民党一边。1947年7月，蒋介石下达了"戡乱动员令"，于斌大主教马上代表天主教公开拥护。1946年7月4日，梵蒂冈正式与国民党政权建交，互派公使。美国的新教差会派纽约教区总主教贝尔曼（Francis Joserh Spenman）到中国，他通过大批美国救济物资笼络各地教会人员，为他们的反共事业服务。1946年7月，美国新教牧师司徒雷登被任命为美国驻中国大使，他建议蒋介石"应当掀起新一轮的革命运动"，"以便赢得学生和年轻的知识分子的心"，因为"这是唯一能够抗击共产主义威胁的方法。"① 基督新教制订的战后复兴计划重点在农村，目的在于与共产党争夺农民。他们在国民党军队占领区内建立教区，实施"平民教育"计划，以抵制"赤化"。美籍比利时天主教教士雷震远（Raymond J. de Jaegher）发起的"公教青年报国团"，在华北地区直接组织地主武装，在"华北剿总"的指挥下，对解放区农民反攻倒算。他们还收集解放军情报，配合国民党军队向解放区进攻。国民党军事失败之后，许多以反共著名的中、外传教士纷纷撤往国外（约有5000人），美国舰队曾拨专款组织他们撤离。1949年初，罗马教廷发布了《天主教友应如何对抗共产党》的"紧急谕旨"，禁止教徒接近共产党人或阅读共产党的理论文章，违者将受到处分或被驱逐出教。另外，国民党特务也抓紧在教徒中发展各种地下组织，准备在政权易手后与共产党长期对抗。正是基于这样的背景，新中国成立后对教会采取了比较严厉的立场。

当然，也有相当的基督教徒对国民党的腐败不满，在中国共产党的宗教政策影响下，摆脱西方教会的控制，探索中国教会新的出路。

---

① ［美］司徒雷登：《在华五十年》，常江译，海南出版社2010年版，第155页。

第九章　中国传统社会政教关系的历史特点与宗教管理的经验教训

中国传统社会是指1840年近代开始以前的中国。研究中国传统社会政教关系史最吸引当代学者和宗教管理官员关注的是两个问题：首先，与世界其他国家，特别是欧美的政教关系相比，中国古代政教关系有什么特点？其次，研究中国古代政教关系史，对于我国当代的宗教管理工作有何历史的借鉴意义？以下分别加以回答。

一　中国政教关系的历史特点

所谓中国政教关系的历史特点，当然是和外国相比较而言，而且主要是与近代以来我们作为各种社会前进参照系的欧美政教关系的对比而言。无论在社会结构、思想文化还是风俗习惯等方面，中国与欧洲都存在着很大的差异。如果忽视了这些差异，简单地把欧洲处理政教关系的方法拿到中国来用，或者用欧洲的眼光看待中国政教关系的问题，都会失之毫厘，谬以千里。根据我们的研究，影响中国政教关系性质的主要特点如下：

1. 中国政教关系展开的历史背景的特殊性

中国古代社会包括以三皇五帝为代表的原始社会、夏商周三代的宗法分封社会和秦汉以后的君主专制社会。与欧洲建立在氏族血缘基础上的原始社会、以地域国家为特征的奴隶制社会和中世纪封建社会相比，各有自己的特点。

中国三皇五帝时代与世界上大多数原始社会的国家相比，共同性要大于差异性。社会生产力发展水平极其落后，没有分工，没有私有财产，血缘关系成为社会的主要组织纽带，氏族领袖以及部落联盟领袖都是由选举产生的，中国古文献称之为"禅让"。《尚书·舜典》记载："虞舜侧微。尧闻之聪明，将使嗣位，历试诸难……慎徽五典，五典克从；纳于百揆，百揆时叙；宾于四门，四门穆穆；纳于大麓，烈风雷雨弗迷。帝曰：格汝舜，询事考言，乃言底可绩，三载，汝陟帝位。"尧要把帝位传给舜，先对他进行了三年的考验，舜从政的能力得到了体现，人民拥戴，天神认可，故得以成为天下部落联盟的共主。

但是进入阶级社会，中国与欧洲则表现出明显的差异。恩格斯在《家庭、私有制和国家的起源》一书中，对欧洲古代希腊、罗马国家的产生进行了深入的研究，并指出国家与昔日部落联盟的一个重要差异："建立国家的最初企图，就在于破坏氏族的联系，其办法就是把每一氏族的成员分为特权者和非特权者，把非特权者又按照他们的职业分为两个阶级，从而使之互相对立起来。"① 中国与希腊国家出现的共同点是财富的分化和私有制的产生，夏王朝"家天下"标志着中国古代国家的出现，公共权力成为私有财产的维护者。但是中国与欧洲也有明显的区别，即在中国古代国家产生的过程中，并没有出现"破坏氏族的联系"这样的情况。宗法血缘组织不仅被保留下来，而且成为国家的组织系统。《史记》的《夏本纪》《殷本纪》《周本纪》都记载了以宗法血缘组织为基础的国家结构，即仍然实行以氏族血缘为单位的社会管理，而不是以地缘政治为单位的社会管理。中国古人将其称为"分封建国"，也就是中国语境中的"封建制"。道理很简单，

---

① 恩格斯：《家庭、私有制和国家的起源》，《马克思恩格斯选集》第四卷，人民出版社1972年版，第197页。

由于中国比古希腊、古罗马要早一千多年就进入了文明社会。如果用生产工具作为衡量的尺度，那么可以说中国是在青铜时代就进入了文明社会，而古希腊则是在铁器时代才进入文明时代的。青铜时代的生产工具主要以石器、木器为主，故个体家庭生产能力低下，不能离开宗族独立生存，政治组织也必须以宗法宗族为基础。中国文明的"先进性"，使得我们国家在前轴心时代就积累了丰厚的文明成果，并决定了中国以后三千年政治文明都具有浓郁的宗法性色彩，进而也对中国政教关系产生了决定性的影响。

在古希腊国家开始文明启蒙的时候，中国也进入了与之大体近似的"轴心时代"，即"以个人血缘关系为基础的古代社会制度就已经被炸毁了，代之而起的是一个新的、以地区划分和财产差别为基础的真正的国家制度"①。特别是中国秦汉以后的成熟国家，以破坏夏商周三代的"封建制"为条件，故中国秦汉以后的国家体制，就产生了一种与封建制完全对立的君主专制制度，形成了与欧洲中世纪完全不同的政治环境。近代以来把中国秦汉以后的社会称为"封建社会"完全是一种"误译"，是当时欧洲中心主义的体现。高度中央集权的君主专制制度，就使得中国秦汉以后各种宗教的发展环境，完全不同于欧洲中世纪的封建社会。中世纪的欧洲各个封建国家权力分散，君权弱小，而在各国帝王之上，则有一个强大、统一、集中的罗马教廷。而在中国，君主掌握着社会上一切政治、经济、军事、文化权力，因此欧洲中世纪那种教权凌驾于王权、宗教制衡国家的情况，在中国根本不会出现。

2. 中国式的"政教"关系

政教关系一词，是近代以后从西方传来的概念，本来专指基督教教会和各国政府的关系。推而广之，也可指称各种宗教组织与政府的关系，甚至是宗教与政治的关系，因此有了狭义政教关系和广义政教

---

① 恩格斯：《家庭、私有制和国家的起源》，《马克思恩格斯选集》第四卷，人民出版社1972年版，第126页。

关系的区别。但是无论广义还是狭义，都与中文中的政教关系有所差异，因此近代学界便生出了许许多多的争议。例如中国古代社会有没有宗教？儒教是不是宗教？中国古代也讲君权神授，但是为什么佛教、道教等体系性宗教势力弱小？等等。争论的根源在于，古代中文中没有一个完全与英文 religion 对等的词，只能使用"格义"的方法，用中文中原有意义近似的词语与之对译。中国近代有一个很有意思的文化现象，就是许多重要的语词都是通过我们的近邻日本转译而来。本来这种现象也无可厚非，日本古代实行全盘中国化，其文字多来自中文；近代又经历了脱亚入欧，接受西方文化比中国早了一些。但是日本人毕竟不是中国人，他们理解的中文与中国人自己使用的中文，在深层内涵上还是有很大的差异的。结果凡是通过日本这个"二传手"转译的西文，到了中国都引起了重大的争议，如哲学、民族、宗教等。因此我们今天研究中国古代的政教关系，一定要注意中国的政教关系与欧洲的政教关系从内容到形式的众多差别。

关于中国古代"政教"一词的用法，《管子·奢侈》中一段话讲得最为明白："政与教庸急？管子曰：夫政教相似而殊方，若夫教者，标然若秋云之远，动人心之悲……荡荡若流水，使人思之。"在中国古文中，政与教经常连用，意义近似。但《管子》对其进行细致分析，其意义还是存有细致的差别的。教化的作用如同秋天的浮云，使人感到悲伤；如同潺潺的流水，在潜移默化中使人思考，改变人的思想和行动。所以治国之策，教化重于行政命令。《管子·法法》又说："官职法制政教失于国也，诸侯之谋虑失于外也，故地削而国危矣……官职法制政教得于国也，诸侯之谋虑得于外也，然后功立而名成。"国家兴亡的原因之一，就是政教得失于国。政治依赖于教化，教化推行政治，所以两者几乎可以说是两位一体，政教存则国存，政教失则国亡。因此，从动态的角度看，政教之"教"是一种教化行为，从静态的角度看，政教之"教"就是一种国家意识形态。从这种意义上也可以说中国古代实行政教合一制度，其本质就是政治与教化的合一。

经过我们详细的考证，说明中文的"政教"之"教"，与西方"宗教"之"教"内容上的重大差异。宗教之"教"强调的是一群人的信仰团体，中国的政教之"教"强调的是政府对民众的教化活动。因此从汉代儒教生成之刻开始，它就不是一种独立于政治的信仰团体，而是统治者教化民众的工具。不过从两汉之际佛教传入，东汉末年道教生成开始，中国也有了近似于欧洲基督教、犹太教和中东伊斯兰教那样的体系化宗教，也就有了与欧洲意义近似的政教关系。我们研究中国传统社会的政教关系，主要对象是近似于欧洲那样的体制化宗教，如佛教、道教、基督教、伊斯兰教、民间宗教与政治的关系。不过我们一定要注意，由于社会背景的不同、政治结构的不同、政治意识形态的不同，这些体系化的宗教在中国所处的社会地位、所发挥的历史作用与欧洲是完全不同的。就从佛教、道教、基督教、伊斯兰教的定名而言，其中的"教"字，已经赋予了它辅助政治、协从教化的社会职能。当代中国形成了一种良好的学风，即研究任何问题都要强调中国特色，反对照搬照抄其他国家的模式，宗教学的研究也是如此。那种研究中国政教关系史只看到佛教、道教、基督教、伊斯兰教、民间宗教而忽略了儒教，或者简单地把儒教等同于欧洲中世纪的基督教的研究，所犯的错误都是没有注意到中国特色，没有细致区分教化之教与宗教之教。

3. 宗法文化是中国政治文化的核心内容

中国政治文化与西方政治文化的最大差别何在？近代著名思想家严复有一论断对我们极有启示，他说："由唐虞以讫于周，中间二千余年，皆封建之时代，而所谓宗法亦于此时最备。其圣人，宗法社会之圣人也。其制度典籍，宗法社会之制度典籍也。……乃由秦以至于今，又二千余岁矣，君此土者不一家，其中之一治一乱常自若，独至于今，籀其政法，审其风俗，与其秀桀之民所言议思惟者，则犹然一宗法之民而已矣。"(《社会通诠·译序》) 中国前轴心时代丰厚的宗法文化积淀，使得中国春秋战国时代的诸子百家，大多没有对前轴心时代的文化采取断裂的方式发展，而是以连续性继承的方法发展。特别是儒家文化，把三代以上"家国一体"的宗法制度，变成了三代以下"家国同构"的宗法文化。正是由于儒家思想最好地反映了中国古代政治的宗法性，所以才能在秦汉之际的文化选择中胜过其他诸家，获得"独尊"的政治意识形态地位。"敬天法祖"是中国政治的核心价值，任何王朝都把"以孝治天下"当成执政的基本理念。经过孔孟及其后学收集、整理、诠释的古代宗教"祭天""祭祖""祭社稷"仪式，成为历代政权政治合法性的神学"符号"，我们将其称为"祭政合一"。"祭政合一"成为中国古代政治的主要特点，它既不同于宗教组织完全控制政治权力机构的"神权政治"，也不同于某种宗教成为政治意识形态的"国教统治"，而仅仅是作为政治合法性的"符号"发挥辅助政治的作用。

由孔子开创的儒学和儒家整理继承的古代宗教礼仪两部分共同构成了中文原本意义上的"儒教"。儒家"德治主义"的政治哲学成为帝制社会政治合法性的主要依据，也为其政治运行提供了全面的理论指导，这方面绝对不容许其他宗教越俎代庖。就是在政治合法性符号方面，宗法性宗教的各种复杂仪式也可以提供充分的神学象征，不需要其他宗教"补充"。各种外来的宗教或本土滋生的宗教，都只能在不违反宗法文化的大前提下，获得一个生存的空间。

无论佛教或是基督教、伊斯兰教，进入中国后都曾面临"不忠不孝"的指责，这都是中国宗法文化对外来文化基因的排斥性反应。而各种外来宗教，都必须对这些指责做出回应，一方面努力从自身寻找可以符合中国宗法文化的内容，如佛教中关于孝敬父母的条文，基督教十诫中第五条"要孝敬你的父母"等。另一方面则是努力删除、修改、重译，甚至直接编造宣扬孝道的经文，以便使自己与中国的宗教文化相适应。如佛教的《佛说父母恩重经》，就是中国僧徒自编的，但是特别受到中国人民的欢迎。利玛窦在初传基督教的时候，为了防止上帝信仰与中国孝文化的冲突，故意不翻译基督教的根本经典《圣经》。再如明代伊斯兰教的翻译家王岱舆提出了"二元忠诚"的思想，即一个穆斯林既要忠诚于"真主",也要忠诚于"君主"等,使散居在汉族汪洋大海中的回民在文化上与主流意识形态相适应。

中国历史上的儒、释、道三教之争,明末以后的儒伊之争、儒耶之争等,其实质不仅仅是几种宗教的争论,而是与中国古代的政治文化冲突。因为儒教是官方唯一认可的政治意识形态,儒家学者可以通过科举考试直接进入统治集团。所以在儒教与其他宗教的冲突中,儒教始终处于主导地位。冲突虽然会使儒家学说发生某些变化,扩大新的内容,但是其反映的宗法文化本质是不会变的,更多的变化还是其他宗教适应宗法文化的"儒化"。

4. 人文化的儒教决定了中国政教关系的走势

由于儒教政治意识形态的特殊身份,所以儒教的性质决定中国政治的性质,儒教的宗教观也就决定了中国政教关系的走势。儒教的前身是孔子开创的儒学,孔子生活的时代是古代宗教瓦解的时期,社会上"疑天""怨天"甚至"骂天"的现象大量存在,思想界也开始出现无神论思潮。受当时人文思潮的影响,孔子对是否有鬼神存在持一种存疑的态度。一方面他说"未知生,焉知死""未能事人,焉能事鬼",实质否定了彼岸世界的存在;另一方面为了达到恢复周礼的目的,他主张"祭如在,祭神如神在",强调宗教活动的重要性不在于是否真有鬼神的存在,而在于参加者的主观感受。最后,孔子把他的宗教观概括为"务民之义,敬鬼神而远之",即对于古代遗留的宗教文化遗产既要保持尊敬的态度,又要与之拉开一定的距离,从而使儒家的"德治主义"政治坚持了人文性、世俗性的基本性质。汉武帝将儒学定于一尊,但是如果严格按照西方的"宗教"定义,与其说儒教是中国的国教,倒不如说儒教是中国的国学。至于说孔子的宗教观,既不是无神论的,也不是有神论的,而是介于两者之间的一种"远神论"。孔子的宗教观决定了中国古代社会政教关系的根本走向,即宗教政策的基点不在于有神无神,而在于有用无用。

首先,"敬鬼神"的态度形成了中国特有的宗教宽容精神。孔子对各种鬼神虽然存疑，但却不反对，而是"存而不论"，"敬而远之"。具体表现在政策上就是对民众的信仰采取宽容、宽松的立场，致使中国成为一个多种宗教信仰并存的国家。古代宗教经儒家学者的收集整理和人文化解释，走上了礼仪化、世俗化的道路，变成了天坛、地坛、日坛、月坛、社稷坛、宗庙的祭祀活动，变成了汉民族的基础信仰。中国土生土长的道教、印度传来的佛教，都得到了民众广泛的崇拜和政府的礼敬。经过汉末至隋唐激烈的儒、释、道三教之争，并没有出现谁吃掉谁的现象，而是在共同维持宗法社会稳定的大前提下实现了三教并存、共同发展的局面。北周道安在《三教论》中引用《周易·系辞传》"天下同归而殊途，一致而百虑"的说法，证明："三教虽殊，劝善义一。途迹诚异，理会则同。"唐宋以后，伊斯兰教、基督教、犹太教、袄教、摩尼教相继传入我国，政府都给予了宽容的对待。唐宋时在广州设立"藩坊"，建礼拜寺，供来华的大食使节和客商进行宗教活动；《大秦景教流行中国碑》记载了唐朝历代君主对基督教的称颂；元世祖忽必烈通过册封藏传佛教萨迦派领袖八思巴为帝师，将西藏和平并入中国的版图；明太祖朱元璋作《至圣百字赞》颂扬真主的功德……古代政府对臣民的宗教信仰持宽容政策，有力地保证了中国多民族的政治统一。中国地域辽阔、民族众多，经济、文化发展不平衡，其中也包括宗教信仰的多元性。如果强求一律，只能伤害民族情感，迫使他们各自为政。相反，允许各民族保持自己的传统信仰，并对其表示礼敬，则是加强民族团结、巩固中华民族多元一体结构的必要前提。

其次，对鬼神"远之"的立场限制了宗教狂热的出现，有利于建立和谐的政教关系。儒家虽然也承认主宰之天的存在，但孔子却讲："天何言哉？四时行焉，百物生焉。天何言哉？"（《论语·阳货》）他把天看成是一个自然之神，尽力减少天的人格性、意志性、情感性。天变成了人类尚无法认识、无法把握的各种异己力量的总和，是一种义理之天。儒家对天神的人文主义和理性主义的解释，减少了人们对天神的亲近感、依赖感，而这正是宗教存在的重要基础。孔子要求

"务民"者与鬼神保持一定的距离，用一种冷静、理智的态度思考宗教的社会价值，以便管理和利用。在儒家思想的影响下，在汉族地区极少出现全民性的宗教狂热或残酷的宗教迫害。即使少数帝王因个人信仰的原因"佞佛逾制"或发动"灭佛"，也会受到大多数臣民的抵制。如梁武帝是一个狂热的佛教信徒，曾四次舍身出家，不惜倾全国资财扶助佛教的发展。大臣郭祖深、荀济犯颜直谏，指出过分崇佛所造成的"处处成寺，家家剃落，尺土一人，非复国有"的严重后果。北魏太武帝于太平真君七年（446）下诏灭佛，但由于有太子的从中缓冲，使大多数沙门四出逃亡，并保存了大量佛教文物。在太武帝死后不久，文成帝即位后就立即下令恢复佛教。正是由于有一批又一批的士大夫冒死劝谏，使中国帝王的宗教狂热或宗教迫害往往都能比较快地得到纠正。不仅任何一种宗教都没有成为国教，相反，在对鬼神敬而远之的观念指导下，中国古代政府建立了一套系统而完善的宗教管理体制，使它们在"阴翊王度"的轨道上发展。

最后，"神道设教"的原则使大多数统治者能够超越个人的信仰而理性地处理宗教事务，使宗教成为巩固统治和维持统一的工具。战国时期的儒家学者从孔子"敬而远之"和"祭如在"的思想出发，发展出了"神道设教"的理性原则。《周易·系辞下》说："圣人以神道设教，而天下服矣。"圣人以神道设教天下必服，在这里，神道成为手段，设教才是目的，在人神关系上明确以人为主。后世无论有神论者还是无神论者，都不反对以宗教作为治国的工具。唐太宗本人并不相信佛道二教，他明确地说："神仙事本是虚妄，空有其名"（《贞观政要》卷二），"至于佛教，非意所遵"（《旧唐书》卷六三）。但是考虑到佛教、道教已经产生的重大影响，他在旧战场建寺7座，超度战争亡灵。为了神化李氏王朝，他主动与道教的创始人老子联亲，宣布："朕之本宗，出自柱下。"再如清代皇太极、康熙、乾隆等几代帝王，对藏传佛教影响生产和人口增长的副作用早有认识，但是出于统治蒙古诸部落的目的，他们还是不遗余力地鼓励藏传佛教发展。正如乾隆所说："盖中外黄教总司以此二人（达赖、班禅），各部蒙古，一心归之。兴黄教，即所以安众蒙古，所系非小，故不可不保护之，而非若元朝之曲庇陷敬蕃僧也。"（《清代喇嘛教碑刻录·喇嘛说》）他还用诗词总结清代的宗教政策说："教为神道设，总为牖斯民"，"谁言佛教异儒教，试看不同有大同"。

5. "以教辅政"是中国政教关系的主要特点

基于中国政治文化的宗法性，宗法血缘成为历代政权合法性的主要依据。秦汉以后以人文性为主的儒教成为国家政治意识形态，对国家政治运行提供了充分的理论指导，故秦汉以后形成的各种体制性宗教，只能在"政主教从"的前提下发挥辅助政治的作用。

东汉三国时期，当佛教逐渐在社会上扩大传播，并引起社会上层注意后，在当时政教关系上浓重的"教化"氛围的影响下，佛教徒使用教化的概念向统治者解释自身存在的社会价值，世人开始从教化的观点理解佛教。如三国时期西域僧人康僧会所译《六度集经》说佛祖："以五戒、六度、八斋、十善，教化兆民，灾孽都息，国丰众安，大化流行，皆奉三尊。"唐代高僧法琳以佛教的五戒比喻儒家的五常，并指出："五教之职，禁其现非；五戒之谟，防其来过。五教事彰为罪（言杀盗事露获贼状者官始结正而成罪也），五戒口动成辜。书但息其一刑，经乃遮其三报（谓现报生报后报）。息一刑免一时之现罪，遮三报断三世之来殃。"（《六度集经》卷八）五常只能防范现实的犯罪，五戒可以使人连犯罪的意念也没有。五常只能使人免除现实的牢狱之苦，五戒可以使人连三生之苦都避免了，这充分说明佛教具有儒教没有的政治功能，可以作为儒教的补充。

道教是中国土生土长的宗教，在中国牢固的君权至上文化氛围中，早期道教的著作《太平经》卷一说："君圣师明，教化不死，积炼成圣，故号种民。种民，圣贤长生之类也。长生大主号太平真正太一妙气、皇天上清金阙后圣九玄帝君，姓李，是高上太之胄，玉皇虚无之胤。"老子李耳是道教的始祖，《太平经》认为他是由于"教化不死，积炼成圣"，圣君明师教化百姓，还可以积累长生功德，这也是道教长生理论中的政治文化本色。

基督教传入中国，也是把自己定位于辅助帝王政治的地位上，《大秦景教流行中国碑》上记载了最早基督教聂斯脱利派流行中国的情况，"道常无名，圣本无体，随方设教，密济群生。大秦国大德阿罗本远将经像来献上京。详其教旨，玄妙无为；观其元宗，生成立要；词无繁说，理有忘筌；济物利人，宜行天下。"即把基督教也理解成佛、道教那样辅助教化的宗教。到了明末基督教再次传入中原，也是打着"援儒""补儒"的旗号，以辅助政治的面貌出现。徐光启说："百千万言中，求一语不合忠孝大指，求一语无益于人心世道者，竟不可得也。"（《跋二十五言》）"一切戒训规条，悉皆天理人情之至"，故而"真可以补益王化，左右儒术，就正佛法者也"（《辩学章疏》）。

中国古代以儒家为主的政治意识形态与各种体制化宗教存在一定的矛盾，特别是外来宗教与中国固有的宗法文化存在较大的对立。但是由于各种宗教主动适应中国的政治环境，结果冲突、辩论的结果，是各种宗教都在宗法等级制度的基础上找到了与帝制社会相互适应的位置。

6. 教权绝对服从王权

与欧洲的基督教、中东的伊斯兰教相比，中国历史上各种体制性宗教都必须臣服于王权。道理十分简单，即中国帝王的权力合法性主要来源于他们出身的高贵血缘和已经高度人文化、理性化的"天神"。而论证君主专制制度和宗法等级制度的任务，则由没有专业教团，分散于宗法家庭内的儒生担任。其他各种宗教的神灵，只能在局部起到辅助政治的作用，并不能对执政权力产生"威慑"作用。而各种体制化宗教的教职人员，都是帝国的臣民，必须完全服从君主的统治。

佛教在印度有"在家不拜父母，出门不拜君王"的特殊权利，进入中国后，佛教的这一特权受到了严重的挑战。东晋慧远以"佛教两弘，亦有处俗之教。或泽流天下，道洽六亲。固以协赞皇极，而不虚沾其德矣"(《沙门不敬王者论》)。暂时换取了不跪拜君王的权利，但是在北朝更为强大的王权面前，沙门法果干脆直言，"太祖明睿好道，即是当今如来，沙门宜应尽礼。遂常致拜，谓人曰：'能鸿道者，人主也。我非拜天子，乃是礼佛耳。'"(《魏书·释老志》) 把帝王当成当今的如来，这样也就为跪拜君王找到了充分的根据。唐高宗曾命令沙门应向君主和双亲礼拜，后因道宣等人反抗，暂时改为只拜父母。但到了中唐，沙门上疏的自称就由"贫道""沙门"改为"臣"了。《新唐书》卷四十八《百官志·崇玄署》记载："道士、女冠、僧、尼，见天子必拜。"这样就将僧道致拜君亲以国家制度的形式确立下来。所以国内一些学者认为，到唐玄宗时代，彻底解决了佛教与政治权力机构的关系问题，终于拜倒在王权的脚下。这说明中国的出家人在政治上并没有超出普通臣民的特殊权利，与王权抗衡、制约王权更是非分之想。

早在两晋时期，高僧道安就说过："不依国主，则法事难立"，即只有得到统治者的支持，宗教事业才能发展。所以历史上各种宗教组织、各位宗教领袖，都在努力寻找自己的政治靠山。甚至可以从某种意义上说，政治投机是否得当关乎教派的成败兴衰。例如唐初的佛教、道教，都在努力为李唐王朝的君主上台制造舆论，但是佛教大师法琳投靠了好佛的太子李建成，而道教大师傅奕则支持秦王李世民。武德九年的"玄武门之变"使李世民成为胜利者，他的宗教政策自然也就开始向道教一方倾斜，法琳则受到迫害。元初藏传佛教噶举派领袖噶玛拔希支持阿里不哥，而萨迦派领袖八思巴则支持忽必烈。当忽必烈夺得王位成为元世祖的时候，八思巴也就自然地成为"大元帝师"，宣政院副使，萨迦派垄断了历代"帝师"的职位。

北周武帝时曾命令儒生、和尚、道士辩论三教次序，儒教的地位是不可动摇的，佛教、道教互争地位的高下。高僧道安提出了"君为教主"论。他指出："世谓孔老为弘教之人，访之典谟则君为教主。"(《广弘明集·二教论》) 无论孔子、老子还是释迦牟尼，都不能取代当今皇帝的教主地位。此论明确无误地指出了中国古代君主专制制度的性质，任何宗教，包括世俗化的儒学，都只能成为御用工具，必须绝对服从王权。

7. 宗教引发的民间起义导致了政教关系的紧张

中国帝制社会的政治意识形态是儒家学说，儒家本身就没有彻底否定宗教，而且又有"和而不同""殊途同归""神道设教"的思想方法，所以古代政府大多数时候并不把宗教当成敌视的对象，而是看成可以利用的工具，甚至是可以合作的朋友。但是一些官员仍然对于各种宗教保持着高度的警惕，主要问题在于宗教经常与各种民间起义联系在一起，从而导致了政教关系的紧张。

宗教与民间起义的密切关系，根本的原因在于中国主流文化本身为民间起义利用宗教预留了很大的空间。在阶级社会，被压迫阶级有自己特殊的利益，但是没有自己独立的意识形态，甚至从某种意义上讲，民间起义本身就是帝制社会运行的内在机制。这主要表现在几个方面：

第一，中国古代政治理论中，"君权神授"一直处于重要地位。从夏商周三代文明社会开始，历代帝王都把自己的家族说成是神的后裔，如商王朝的吞鸟卵、周王朝的履大人迹，等等。春秋战国的儒家虽然把政治合法性的主要依据转到了"德治主义"的理性化轨道上，但是孔子、孟子并没有否定"君权神授"。故先秦以后的历代王朝仍然使用"神权"的工具为自己的统治制造合法性依据。统治者可以使用的工具，被统治者当然也会使用。从中国历史上第一次农民起义陈胜、吴广开始，他们就会利用鱼腹藏书的形式制造谶语——"大楚兴、陈胜王"。其后农民起义利用宗教谶语制造舆论，发动民众的例子不胜枚举。

第二，中国专制主义的政治体制中，缺乏有效的机制制约君权，一旦君王不听劝谏，那么社会唯一可以盼望的负反馈机制就只有"汤武革命"了。周公为了警告其后代"以德配天"，"敬德保民"，给予了"革命"极高的评价。"汤武革命，顺乎天而应乎人"；"天视自我民视，天听自我民听"；"天聪明自我民聪明，天明畏自我民明威"，任何人都可以打出"替天行道"的旗帜反抗旧王朝，夺取政权。野心家可以利用宗教"革命"，农民也可以利用宗教神学"革命"。

第三，宗教组织是中国古代宗法等级社会中唯一可以独立存在的社团。中国古代政治学经典《尚书·洪范》从殷周时期，就明确了一个专制主义的原则，即"惟皇作极"，"凡厥庶民，无有淫朋，人无有比德。惟皇作极，凡厥庶民，有猷"。也就是说不许庶民结党营私，朋比为奸，绝对不许在君主政权之外还有其他社会团体存在。因此在发动起义时，各种宗教组织，包括官方认可的佛、道教，都可以成为隐藏革命目标、积蓄革命力量、组织革命队伍、发动武装起义的重要形式。如东汉末年的黄巾起义，宋代的方腊起义，元末的红巾军起义，明朝徐鸿儒的白莲教起义，清朝嘉庆元年民间宗教川鄂甘陕豫五省大起义、嘉庆十八年八卦教攻打皇宫，等等。

因此，历代统治者在观念深处，都不自觉地把各种宗教视为异己力量，严加管理。只允许宗教发挥辅助政治的积极作用，防止宗教产生冲击政治的消极作用。尤其是对于那些没有纳入政府管理范围的民间宗教，则更是作为反抗势力列入严打范围。

不过我们也要指出一点，即纯粹的民间宗教发动的农民起义，没有一次能够获得最后的胜利。这主要是由于中国政治意识形态从春秋战国时代起，已经转到了人文化的儒学方面，以宗教作为指导思想的民间起义终难持久。胜利者无不是在掌握一定权力以后，立刻把政治活动的指导思想转到儒家方面，最典型的例子就是朱元璋。他年轻时虽然当过和尚，而且借助白莲教起义的形式起家。但是一旦他成为独当一面的大将军，立即就重用儒生，宣布白莲教非法，并开始剿灭昔日的教友了。

8. 外来势力干涉引起对国家主权问题的忧虑

中国古代社会引起政教关系紧张的另一个问题是，由于外部势力的干涉引起了国家主权的担忧。虽然在近代以前还不能说西方基督教的传入已经造成了对中国主权的挑战，但是影响还是存在的。

欧洲中世纪是真正的封建时代，整个欧洲分化成几十个小国家，而每一个小国家中又分化成几十甚至上百个小邦。各国的君主对于各个小邦的诸侯，并没有绝对的主权，即所谓"我的仆人的仆人，不是我的仆人"。相反，中世纪的基督教则形成了庞大的教团组织，各国的宗教组织都以罗马教廷为自己的绝对领导者。更为重要的是，基督教在欧洲中世纪，是各个封建国家独一无二的政治意识形态，各国的君主都需要得到教皇的加冕才算获得了政治的合法性。故明末士大夫徐昌治说："据彼云，国中君主有二，一称治世皇帝，一称教化皇帝。治世者摄一国之政，教化者统万国之权。治世者相继传位于子孙，而所治之国，属教化君统，有输纳贡献之款。教化者传位，则举国中之习天教之贤者而逊焉。是一天而二日，一国而二主也。无论尧、舜、禹、汤、文、武、周公、孔子之政教纪纲，一旦变易其经尝，即如我皇上亦可为其所统御，而输贡献耶？嗟夫！何物妖夷，敢以彼国二主之夷风，乱我国一君之统治。"（《圣朝破邪集》卷五《辟邪摘要略议》）从这段话看，中国士大夫基本了解了欧洲中世纪政教关系的状况。"治世皇帝"指欧洲各国的封建君主，"教化皇帝"则是罗马的教皇。各国的君主只能管理一国之政，而罗马教皇则要"统万国之权"，各封建国家还要对罗马教廷"有输纳贡献"的义务。这一点是中国的君主绝对不能接受的。

西方学者普遍认为，民族国家的主权是一个近代观念，原因就在于中世纪基督教势力的强大，干扰了封建国家主权的建立和各民族的文化认同。但是在中国情况并非完全如此，中国自古就是一个民族国家，且不说春秋战国时期的华夏和夷、狄，起码从汉代开始，以汉族为主体的民族国家就已经是一个名副其实的存在。因此明清时期的帝王接触到基督教，绝对不能接受罗马教廷"统万国之权"，自己还要承担"输纳贡献"的义务。从这个意义上讲，在"中国礼仪之争"中，清廷与罗马教廷关于"中国礼仪"的冲突就超出了文化冲突的意义，成为维护国家主权的斗争。康熙皇帝在反复致书罗马教皇陈述中国祭祖礼仪只是表达子孙的怀念之情，祭孔是为了感谢至圣先师的教诲之恩。但是罗马教皇不为所动，仍然顽固地坚持中国的基督徒在家不得"祭祖"，出门不得"祭孔"，实际上已经是在干扰中国的文化主权。如不加以限制，那么是否会演变成国家安全问题呢？雍正皇帝对此忧心忡忡，他说："教徒惟认识尔等，一旦边境有事，百姓惟尔等之命是从，虽现在不必顾虑及此，然苟千万战舰来我海岸，则患大矣。"（徐昌治：《圣朝破邪集》卷五《避邪摘要略议》）从国家安全出发的考虑，使得朝廷对基督教传教活动的限制，更多地得到了士大夫和普通民众的支持。而1840年以后帝国主义用大炮和鸦片烟打开了中国的国门，强迫中国接受不平等的传教条约，说明宗教问题也会成为国家安全问题。但是近代以来中国的大多数基督徒并没有在帝国主义侵略面前丧失自己的民族性，说明清朝中前期帝王的担心有点多余了。

二　中国古代政府管理宗教的经验

当代人研究历史，绝不是为了发怀古之幽思，为了历史而研究历史。古为今用，取其精华、弃其糟粕是我们研究历史的指导思想。我们已经明确，政治可以划分成政治统治和政治管理两大部分。古代政府执行公共管理中的政治管理经验，我们可以分析、继承、吸收、借鉴。对于他们出于阶级统治的需要处理宗教问题的失败教训，我们则需要进行深刻的批判。

中国自古就是一个多民族、多宗教的国家，但是中国五千多年的历史上，中原地区几乎没有宗教战争，严重的宗教迫害次数不多、时间也不长，这不能不说得力于中国古代政府实行开明、理性、实用的宗教管理政策。根据笔者的研究，古代政府成功的宗教管理政策主要有以下几个方面：

1. 多元开放的宗教政策

中国古代从汉武帝开始实行"罢黜百家，独尊儒术"，将孔子在春秋开创的儒家学说定为国家政治意识形态。一个社会可能存在着多种意识形态，如宗教的、文化的、哲学的、伦理的等，但是作为直接指导国家政治活动的政治意识形态只能有一种。在君主专制社会里，这一特点更是突出。只有维持了意识形态的垄断权力，才能"上有所持"，"下知所守"，保证政治权力的稳定。但是"独尊儒术"只是就政治领域而言，而对于社会文化领域而言，先秦诸家的学说依然流传。即使是汉代受到严厉批判的法家学说，汉代以后并没有被"禁毁"。只是官学中只设立儒学博士，其他各家作为一种哲学思想，仍在民间学术领域流行。这是由于中国自古以来就流行一种多元求同的思维模式，春秋时代的史伯说："夫和实生物，同则不继。以他平他谓之和，故能丰长而物归之；若以同裨同，尽乃弃矣。"（《国语·郑语》）孔子则说："君子和而不同，小人同而不和。"（《论语·子路》）能够包容不同的文化，才会使自己的文化具有强大的生命力。战国时期的儒家学者则把天下文化发展的大势归结为"天下同归而殊途，一致而百虑"（《周易·系辞下》）。即相信天下各种文化体系，最终都会走辅助王化的共同之路。在这种和而不同、多元开放价值观念的指导下，中国古代社会只有政治意识形态的"独尊"，并没有文化领域的"独断"。特别是由于儒教的主体是一种理性主义的哲学，因此不会出现因神学信仰的差异而对其他宗教造成明确的、长期的、固定的歧视，最大限度地保障了民众的宗教信仰自由，这一点曾经让明清之际进入中国的传教士极为吃惊。

汉代佛教传入，道教产生以后，在辅助君主政治的大前提下，佛道教信仰都可以自由发展。统治者都奉行一种对待思想信仰宽松，对待宗教组织管理严格的政策，一般不会干涉民众的信仰自由。唐代随着中国经济的发达，陆上和海上丝绸之路的开通，大量西域、大食、大秦等地的商人纷纷到中国贸易，他们也把自己的"家风土俗"带到了中国，中国史籍开始记载祆教、景教、摩尼教、犹太教、伊斯兰教在中国的传播。外国的客商得以保存自己的信仰，一些外国的宗教家还能够在中国建寺、传教。

这种多元宗教并存的局面，既保证了广大民众宗教信仰的需要，也便于多民族人民的共同生活。就汉地的民众而言，尽管主流文化是儒家的"敬而远之"，反对"怪力乱神"，但是因为大多数下层民众没有条件和能力系统学习儒家的经典，在"尽心、知性、知天"的内在超越中获得精神的满足。所以他们需要直接的崇拜、信奉对象，需要各种天堂、地狱的神话满足精神的需求，需要占卜、算卦、扶乩、相面等巫术满足对未来的预测，需要降神、祛魅、祈年、禳灾等宗教活动慰藉精神。佛教、道教等官方宗教以及各种复杂的民间宗教，正是由于满足了民众这些心理需要了，所以能够在中国长盛不衰。

对于边疆的少数民族而言，多元宗教的存在恰恰成为中央王朝与地方民族政权沟通的重要渠道。我国大多数少数民族与汉族不同，在古代多实行政教一体的神权政治，宗教领袖往往也是民族的政治代表。尊重这些宗教领袖，就是对少数民族的尊重，自然也会增强中华民族多元一体的向心力。例如元代推崇藏传佛教萨迦派领袖班智达和八思巴，建立帝师制度，通过合理的宗教政策，使西藏和平并入中国版图。清代政府通过加封达赖喇嘛、班禅额尔德尼，不仅有效在西藏行使主权，而且达到了安抚蒙古的目的。满族宗室昭梿在他的《啸亭杂录》一书中就明确地阐述了这种策略。他讲："国家宠信黄僧，并非崇奉其教以祈福也。只以蒙古诸部敬信黄教已久，故以神道设教，借使诚心归附，以障藩篱。"儒家"神道设教"的宗教观念被满族统治者很好地加以利用，喇嘛教完全变成了他们治理蒙藏民族的工具。回顾古代政府治理边疆的经验，其中重要的一条就是最大限度地利用多元宗教信仰，适应国内众多民族多元的信仰需要，并保证了政治的统一。

2. 政治上保持宗教与国家的适当张力

在东晋时期激烈的三教之争中，佛教大师慧远提出了一个醒目的观点，叫作政教"乖合论"。慧远说："理或有先合而后乖，有先乖而后合。先合而后乖者，诸佛如来则其人也；先乖而后合者，历代君王未体极之至，斯其流也。"从佛教的道理看，政治与宗教的关系可以分成"先合后乖"和"先乖后合"两种情况。换成今天我们的语言，就是先统一后矛盾，或先矛盾后统一。但是结果却是一致的，必汇通于天下大同。慧远劝告统治者，应当允许宗教与政治保持一定的张力（乖），不必强求思想与礼仪的绝对统一。慧远当时讨论的主要问题是跪拜君王问题，和尚们表面与普通臣民礼仪有差，但是在"协契皇极，在宥生民"方面，则可以发挥普通臣民不能发挥的作用。如果强求形式的统一，反而会使宗教丧失了"阴翊王度"的特殊功效。

两晋之后的大多数王朝统治者，从儒家"和而不同"的辩证精神中接受了这种政教"乖合论"，使政治与宗教保持了一定的张力，从而发挥了政教双方的最佳效益。其中一个突出的问题，就是处理好儒家思想中的无神论和宗教有神论的关系。孔子开创儒学的时候，就对彼岸世界持一种"未知生，焉知死"，"未能事人，焉能事鬼"的怀疑主义态度。对此鲁迅作了如下一段说明："孔丘先生确是伟大，生在巫鬼势力如此旺盛的时代，偏不肯随俗谈鬼神。但可惜太聪明了，'祭如在，祭神如神在'，只用他修《春秋》的照例手段，以两个'如'字略寓'俏皮刻薄'之意，使人一时莫明其妙，看不出他肚皮里的反对来。"[①] 这样就使无神论也成为儒学的一种传统，荀况、王充、范缜等著名的无神论思想家，都曾在宗教迷信十分流行的时候，坚定地站出来反对宗教，揭示宗教背后的真相。从一定意义上讲，无神论传统的存在，是保持儒学世俗性的必要条件。如果没有一批清醒的无神论思想家的批判，中国也会像其他国家那样走向"神权政治"或者"国教统治"。但是中国政治智慧的高明之处就在于不偏不倚的中庸之道，"神道设教"的真谛不在于神之有无，而在于功效之大小。因此信仰佛教的士大夫也反过来批评范缜"神灭之为论，妨政寔多"。最后梁武帝以"言语之论，略成可息"的"不争论"的方式，搁置了这场"神灭论"之争，实则是保持了这种思想理论上的张力，以防

---

① 鲁迅：《再论雷峰塔的倒掉》，《鲁迅全集》第一卷，人民出版社1956年版，第293页。

发生偏废。

3. 经济上控制宗教发展的适度规模

当代宗教心理学的研究证明，对于超验对象的追求、信奉、崇拜是一种人类固有的心理现象，理性思维主导的科学、哲学、伦理等，都无法完全替代非理性的宗教。因此允许一定程度的宗教活动存在，是人类精神生活的必需。古代统治者不一定能够认识这些道理，但是他们中的大多数能够认识到宗教不可替代，为此必要的经济支出是有意义的。特别是从政教关系的角度看，宗教对于维持社会的稳定具有其他文化所不具备的功能。例如梁武帝大同四年（538）改造阿育王佛舍利塔时他下诏指出："去岁失稔，斗粟贵腾，民有困穷，遂臻斯滥。原情察咎，或有可矜。下车问罪，闻诸往诰，责归元首，寔在朕躬。若皆以法绳，则自新无路。……今出阿育王寺，说无碍会，耆年童齿，莫不欣悦。如积饥得食，如久别见亲，幽显归心，远近驰仰。士女霞布，冠盖云集。因时布德，允□人灵，凡天下罪，无轻重皆赦除之。"[《广弘明集》卷十五《出古育王塔下佛舍利诏（又牙像诏）》] 荒年之后，民不聊生，一些民众迫不得已走上反抗的道路。梁武帝认识到，如果单纯地绳之以法，会使他们没有自新之路。如今在阿育王寺举行无遮大法会，共同的宗教活动可以使人们如同久别的亲友相逢，罪恶得以忏悔、赦免。这种凝聚社会的作用，是宗教消费的最大价值。

但是宗教的这种政治功能不能无限放大，如果宗教真是万能的，那么其他一切政治学说都是多余的了。特别是宗教的消费，更不能采用多多益善的政策。当一个社会宗教消费超过了社会生产的承载能力，超过了在分配环节中各阶级、阶层中的适当比例，则会引起社会利益矛盾的冲突，阻碍再生产的进行。因此，无论哪一种宗教发展规模过大时，就会有一批大臣站在社会其他利益集团的立场出来加以反对。如宋明帝修建湘宫寺极尽宏伟华丽，自称："我起此寺是大功德。"中书虞愿劝谏说："陛下起此寺，皆是百姓卖儿贴妇，佛若有知，当悲哭哀愍。罪高佛图，有何功德！"（《南史·虞愿传》）这就是站在人民的立场上，反对统治者过度的宗教消费。此外，过度宗教消费还会造成国家税源流失，兵源短缺，范镇指出："夫竭财以赴僧，破产以趋佛。……至使兵挫于行间，吏空于官府，粟馨于惰游，货殚于土木。所以奸宄佛颂声尚权，惟此之故也。"(《弘明集》卷九《难神灭论序》) 这是站在世俗地主阶级立场上，反对僧侣之主阶级。

在世俗地主阶层的压力下，古代国家不断调整对于宗教的经济管理政策，使宗教保持在一个适度的规模。以古代规模最大的佛教为例，佛教初传中国，参照印度的经验，对于僧尼实行全免赋税的政策。但是经过两晋南北朝一段时期的发展，寺院经济积累了相当多的财富。特别是社会上许多人并非真正出于宗教信仰而出家，而是为了逃避国家赋税出家，使得国家税收受到重大影响。所以政府不断出台"沙汰僧尼"的政策，意在从教徒队伍规模上控制佛教的人口总数。但是什么人应当被沙汰，什么人应当被保留，政府官员实难操作。唐玄宗时期，开始对僧道发放度牒，凡是持有政府度牒的僧尼，才能够享受政府免税、免役的优惠。但是由于僧尼人数的众多，社会其他阶层对僧人的特权仍然强烈反对。到唐德宗年间，推行宰相杨炎的"两税制"，开始对寺院田产征收与民田一样的粮税，使寺院经济的特权大大消减。可是出家人继续享受免役的特权，在当时"人头税"重于"田亩税"的情况下，仍是人们向往的对象。于是宋代有了"免丁钱"，要出家必须先交清国家的赋役。也有一些朝代发生了财政危机，竟依靠出售度牒来弥补财政的亏空，这说明出家仍然具有很大的经济吸引力。康熙、雍正年间实行了"摊丁入土"的财政改革，彻底废止了自古以来就实行的"人头税"，国家只征收田亩税。出家人的免役特权也没有了，所以乾隆皇帝可以完全废除度牒制度。通过这一系列的经济措施，使中国的宗教始终没有超出社会的经济负担能力，在促进社会稳定的轨道上发展。

4. 正确引导宗教成为社会和谐力量

一个社会存在宗教是客观的现实，但是政教关系是否和谐则要看政府是否掌握了管理宗教的技巧。根据中国政教关系史的经验，引导宗教向公开化、上层化的方向发展，是促进宗教与社会相适应，把政府管理的异己力量变成稳定力量的重要方法。

道教的历史最为典型，东汉末年，道教提出"苍天已死，黄天当立"的口号，完全是作为改朝换代的民间起义者出现在历史舞台上，东汉统治者立即联合各种社会力量对黄巾起义的农民进行了残酷的镇压。在太平道被镇压、五斗米道被招安以后，社会上仍然保存了大量的道教徒，不时发动反抗魏晋王朝的起义和斗争。为了维持政治统治，魏晋王朝一方面不断发布禁令，严格查禁各种民间宗教，例如《三国志·魏志·武帝纪》注引《魏书》曰："太祖到，皆毁坏祠屋，止绝官、吏、民不得祠祀。及至秉政，遂除奸邪鬼神之事，世之淫祀由此遂绝。"由此，禁止民间的淫祠杂祀，打击民间宗教成为以后历代王朝的一项国策，屡屡见诸国家诏令。但是对于道教高层人士，曹魏政权则采取了"聚禁"政策，把他们都迁到魏国首都许昌，放在统治者的身边严加看管，这实际上也等于给了道教向社会上层传播的一个机会。曹魏政权的"聚禁"政策一方面使道教发生了重大变化，他们不仅放弃了利用符箓、神水为民众治病，号召民众改天换地追求"太平"之世的倾向，而将道教活动的重点转向了养生导引、服食辟谷、房中术方面，这些东西恰恰是统治者们最欣赏的。到了两晋南北朝时期，经过葛洪、寇谦之、陆修静、陶弘景等道教领袖的不断改造，道教完全变成了一个辅助王朝统治的宗教。另一方面，统治者在与道教的普遍接触中，逐渐改变了对道教"妖术""鬼道""聚众造反"的印象，而将其视为辅国安民的工具、养生健体的导师、长生不老的神仙。

为什么引导宗教向公开化、上层化的轨道上发展就会把它们变成社会稳定力量呢？这一方面是阶级利益使然，当宗教向社会上层发展时，宗教领袖的利益要求自然就会向上层统治的一方倾斜，不断强化宗教"纲常教化"的功能。例如凡是向上层发展的宗教，都会附和中国政治的基本原则——宗法等级制度，为"三纲五常"唱赞歌。佛教说"五戒"就是"五常",伊斯兰教说"五功"就是"五常",等等。但是在民间宗教中,则大量存在着颂扬身份平等、男女平等的内容,"不论尊卑,不分男女,不知伦类之异同",对传统的宗法等级制度造成冲击。另一方面,中国传统社会中民众的信仰结构是上下分层的。一般而言,经过儒家思想长期熏陶的社会上层,在信仰方面倾向于理性化、人文化的方向,即使有某种程度的宗教信仰,保持一定的宗教仪式,他们也是尽量把这些现象解释成文化的、心理的。当宗教上层人士与士大夫阶层广泛接触后,其教义中非理性的、神秘主义的东西会逐渐减少,理论性、伦理性的内容就会增多,与主流意识形态儒学的关系交会更加融合。相反古代社会广大的下层人民由于没有条件系统学习文化知识,因此他们很难准确掌握儒家"敬而远之"的宗教观,也难于在为家、国、天下"立德""立功""立言"的社会实践中获得精神的终极关怀。所以民间的社会往往充斥着孔子所不言的"怪力乱神",民众需要的宗教是为他们解决迫切的生存危机。如果宗教向下层发展,为了迎合下层民众的宗教需求,宗教大师们都会尽量用各种"法术"显现他们超人的能力,然后再利用某些"奇迹"吸引教徒。故民间宗教往往充斥着浓郁的神秘主义、非理性主义的氛围,成为社会不稳定的因素。基督教在明清之际的发展,突出地表现了上层化路线和下层化路线的差异。利玛窦主张"援儒""补儒"的上层化路线,结果就使基督教不断地"儒化",受到了众多士大夫的欢迎,成为朝廷的贵宾。但是龙华民以及多明我会、方济各会等所主张的下层化路线,则使基督教越来越成为中国文化的敌对势力,并最终在"祭祖祀孔"问题上与中国政府决裂,成为政府打击的对象。

一般而言,宋代以前对待各种宗教,特别是新兴的宗教都采取上层化、公开化的引导策略,如上述魏晋时期对道教的改造;从两晋到隋唐进行的三教之争,促成了佛教的中国化;大唐王朝对景教、祆教、摩尼教、伊斯兰教等宗教的鼓励和优容等,结果就是促成了和谐的社会氛围和开放的国际环境。相反宋代以后,陆续对摩尼教、白莲教等民间宗教实行打压政策,结果是把各种民间宗教都变成了反政府力量。宋朝的方腊起义、元朝末年的红巾军起义、明朝末年的徐鸿儒起义、清朝中后期的民间宗教五省大起义等，都是由民间宗教组织发动的。从某种意义上讲，这些起义也都与王朝政府错误的宗教政策有关。

5. 直接管理和间接管理交叉运用

古代政府的宗教管理经验还有一项值得借鉴，即直接管理和间接管理交叉使用，相互补充，相得益彰，管而不死，活而不乱。

两晋以前，没有独立于宗教法组织之外的宗教教团，因而也没有宗教管理的问题。随着佛教的大发展，在东晋、北魏和后秦，几乎同时建立了宗教管理机构。开始，南北方政府都直接由政府任命僧官管理僧团组织，如东晋僧人竺道壹，号称"九州都维那"；北魏僧人法果，被任命为"道人统"；后秦僧䂮，被任命为僧正。在这些僧官的名号之外还有：僧录、悦众、沙门统等。对于道教，也设置了类似的机构进行管理。中国历代僧官、道官，都有政府确定的品级，有的朝代还参照同级官员发给俸禄，以示朝廷的重视。不过当时的管理机构基本是单线制，即宗教的管理权限全部交给了政府任命的僧官。由于僧官与宗教组织基本利益的共同性，结果就造成了政府监督不到位，致使宗教发展规模过大，速度过快。梁武帝提出自任"白衣僧正"，其用意也在于加强官方对僧尼队伍的控制。但是就是对于这样一位极其崇佛的皇帝，"白衣僧正"的职务还是被教团拒绝了。在北方各朝，突出的问题是寺院经济的发展失去了控制，大量僧祇户出现，三千万左右的人口，政府登记的僧尼就有三百万，造成了沉重的财政负担。

在北周时期，政府开始对宗教管理体制进行改革，北周政权按照《周礼》的规定，将政府机构设置成天、地、春、夏、秋、冬六官，其中春官管理宗教事务。《通典》卷二三《礼部尚书》条记载，北周春官的典命"掌……沙门道士之法"。"有司寂上士、中士，掌法门之政；又有司玄中士、下士，掌道门之政。"这样实际上是将宗教事务管理的实权收回俗官手中，削弱了僧官的权力。隋唐两代的政府继承并发展了这种双轨制的管理模式,由礼部的尚书祠部或鸿胪寺管理佛教和道教,同时另设昭玄寺、崇玄署等机构作为僧官、道官的衙署,任命僧人、道士任职。表面看僧、俗两系的管理机构地位基本相当,但是由于分工不同,管理权限却有天壤之别。尚书祠部或鸿胪寺管理寺额的审批、度牒的发放、全国大寺观主持人员的铨选等,而僧正、道正等僧官、道官,只能管理僧道日常修习、教团戒律、经文考课等日常事务。两相比较,显然政府官员任职的俗官体系牢牢地控制住了宗教发展的命脉,而政府又不必去管理僧团内部的琐碎事务,充分发挥了僧官、道官的自治功能。隋唐以后,历朝政府基本承袭了这种双轨制的管理体制,不过越到后来,俗官的权力越大,僧团自治的余地越小。

在隋唐宗教管理体制摸索时期,也曾出现过隋炀帝的改革,"郡县佛寺,改为道场;道观改为玄坛,各置监丞"(《隋书·志二三》)。即政府直接派官员参与寺院内部的管理,插手宗教具体事务。但是显然这样做的效果并不好,僧尼、道士内部的琐碎矛盾,世俗官员是难以搞清楚的,管理越细致,麻烦越多。故唐代以后的朝代,基本放弃了这种管理具体宗教事务的方法,使朝廷命官保持了相对的超脱性。

以上是历代朝廷管理宗教事务的主要经验,可以说这套以儒家思想为主导的宗教管理体系,基本达到了控制宗教发展规模,引导宗教与政府管理相适应,使宗教变成社会和谐的促进力量的管理目标。

三 中国古代政府管理宗教的教训

在中国古代的君主专制社会,剥削阶级掌握国家机器,用暴力和意识形态的工具来维持他们的特殊利益。因此古代社会的各种制度、政策,都必然地包含了阶级压迫的反动性质,必然表现出其政治管理的狭隘性。就宗教管理政策而言,其反动性和狭隘性值得我们批判和

反思。中国古代政府宗教管理失败、失效的主要教训包括:

1. 政治管理的无效性

专制主义的政治体制必然使其政治管理表现为低效率甚至是无效率,宗教管理也存在这样的情况。经过长期的政治实践,统治阶级认识到,各种宗教可能成为辅助政治统治的工具,也可能对政治统治造成伤害。因此在"王道所不废"的大前提下,关键是找到一种将各种宗教控制在一定规模的方法。但是专制主义体制下,缺乏合理的监督机制和信息反馈机制,故各种管理政策在执行过程中都要大打折扣,效率很低或根本无效。

例如控制宗教徒人数问题,历朝政府制定了多种政策。从两晋时期就提出用"沙汰沙门"的办法控制僧尼的数量。那么什么样的僧尼应当被沙汰呢?桓玄最早提出:"沙门有能申述经诰,畅说义理,或禁行修整,足以宣寄大化。其有违于此者,悉皆罢遣。"(《高僧传·慧远传》)熟悉经文是检查出于虔诚信仰出家和为了逃避赋税出家的重要标准,但是又如何鉴定僧尼"申述经诰,畅说义理"呢?还是没有办法。到宋文帝元嘉十二年(436)沙汰沙门,一次仅"罢道者数百人"(《南史·夷貊上》)。对于全国数万僧尼之数,这区区数百人实在是微不足道的。到了隋唐,区分僧尼是否熟悉经文有了更加量化的办法,开元"十二年六月二十六日,敕有司,试天下僧尼年六十已下者,限诵二百纸经。每一年限诵七十三纸,三年一试。落者还俗"(《唐会要》卷四十九)。但是这样的办法仍然是难以贯彻的,天下哪有那么多官员去考课和尚诵经呢?结果还是无法达到控制僧尼人数的目的。

寺院经济的无序发展,一直是政府忧虑的大问题,特别是大量人口假出家,真避税,造成了国家税源、兵源的大量流失。如何控制这种假出家的现象呢?北魏太和十年冬,有司又奏:"前被敕以勒籍之初,愚民侥幸,假称入道,以避输课,其无籍僧尼罢遣还俗。重被旨,所检僧尼,寺主、维那当寺隐审。其有道行精勤者,听仍在道;

为行凡粗者,有籍无籍,悉罢归齐民。今依旨简遣,其诸州还俗者,僧尼合一千三百二十七人。"(《唐会要》卷四十九)这是对民众为避税而出家所做的限制,当时勒令还俗1327人。但是对于全国约十万的僧尼人数,一千多人还俗实在是微不足道的。为了限制僧尼人数,太和十六年规定:"四月八日、七月十五日,听大州度一百人为僧尼,中州五十人,下州二十人,以为常准,著于令。"(《唐会要》卷四十九)这种规定各州、县僧尼、道士人数的诏令历朝皆有,但是规定的数额与实际出家人数相距甚大,实行过程中往往很难落实。

管理的低效性甚至无效性,必然造成政府管理目标的落空。北魏司空王澄在奏疏中说:"臣闻设令在于必行,立罚贵能肃物;令而不行,不如无令。罚不能肃,孰与亡罚。顷明诏屡下,而造者更滋。"(《魏书·释老志》)可控的、有序的管理如果达不到目标,统治者往往就会采用一些极端的、暴力的措施。历史上"三武一宗"等几次法难,大多是管理失效的后果。

2. 对宗教的过度管理

上文我们已经指出,中国古代社会理想的政教关系状况是政治上保持适度的张力,经济上形成适度的规模。但是专制主义的必然走向是:统治阶级为了维持政治局面的稳定,会通过强化管理不断强化各项管理措施,以致造成对宗教的过度管理。统观中国帝制社会的历史,专制主义不断加强是一个大趋势。因而对于各种宗教的管理,越是后来的王朝越严格、越细致、越烦琐,甚至是过度管理。具体而言,过度管理指政府过分干涉宗教事务,以致造成宗教应有的社会功能下降,甚至成为政治统治的干扰。明清时期是中国专制主义发展的最高峰,其对宗教的过度干预表现得也最过分。

对宗教的过度管理,包括思想上的打压,加强佛、道教的"儒化";在宗教活动上详细规定细节,甚至由政府规定僧人、道士的服装、法事活动的收费等。最为严重者,明清政府,甚至直接使用停发度牒的方法控制佛、道教规模,试图达到逐渐减少僧、道人数,直至促使其消亡的目的。如明朝，"洪武初规定三年一给牒，永乐中改为五年一给，后冒滥益甚，天顺二年（1458）改为十年一给"。清朝管制更甚，康熙十五年（1676）题准："停止给发度牒。"（《大清会典·礼部·祠祭司·僧道》）从此开始至雍正十三年（1735）的近六十年中，政府没有再发放过度牒。政府毫无道理地停发度牒，其实并不能真正减少民众的宗教信仰，也不能达成实际出家人数减少的目的，而只能造成大量无牒僧尼的存在，甚至把一些具有强烈宗教需求的群众推到了地下宗教一边。

中国古代社会宗教管理的一个惯例，即如果政府设立管理某一宗教的机构，就表明政府承认其合法的身份，变成了可以享受各种国家政策优惠的合法宗教。从南北朝时期开始，正式设置管理佛道教的僧录司、道录司。隋唐时期政府开始管理景教、祆教、伊斯兰教。到了元代由于国土面积的广大，管理宗教的部门也最多，新置管理也里可温教（元人对基督教的称谓）的"崇福寺"，管理伊斯兰教的"回回哈的司"，管理藏传佛教的"宣政院"。元代甚至一度还设立了管理白云宗的"白云宗总摄所"，表明元王朝试图把这些地下宗教变成公开的宗教、合法的宗教。可是到了明清时代，过度管理政策的指导原则是通过严格管理达到逐渐消灭宗教。所以政府明知已经有大量基督教徒的存在，但是在政府机构中并不设立管理机构，使之一直处于与白莲教、罗教、八卦教相差无几的地下宗教地位。对于各种民间宗教，政府的过度管理主要表现为过分防范，露头就打，以致造成一些本来没有造反意图的民间宗教，反而变成了反政府的地下组织。

3. 迷信行政力量，滥用暴力

专制主义政权的政治决策机制，往往是主观的、专断的，缺乏充分的信息交流和有效的沟通的，因此无效管理和过度管理的必然补充，就是行政干涉，甚至使用暴力，典型案例就是"三武一宗"四次佛教的法难。除此之外，刘宋孝武帝强令沙门致拜、北齐文宣帝灭道、唐太宗因《辩正论》流放法琳、明朝万历年间沈㴶制造的"南京教案"等，都在此列。

在中国历史上，一些君主、大臣制造教案，往往都有一些貌似符合主流意识形态的"理由"。例如北魏太武帝陈述灭佛目的是"壹齐政化，布淳德于天下"。北周武帝灭佛，高僧慧远抗辩说："陛下今恃王力自在，破灭三宝，是邪见人。阿鼻地狱不简贵贱，陛下何得不怖？"而北周武帝回答说："但令百姓得乐，朕亦不辞地狱诸苦"，还颇有几分无神论者为国为民的大无畏的气概。唐武宗灭佛，甚至还产生了一些直接的效益，"其天下所拆寺四千六百余所，还俗僧尼二十六万五百人，收充两税户，拆招提、兰若四万余所，收膏腴上田数千万顷，收奴婢为两税户十五万人。"（《旧唐书·武宗本纪》）在一段时期内，国力有所增长。但是每一次暴力打击宗教之后不久，往往都是宗教势力更大规模的反弹，灭佛、灭道的实际结果，只是劳民伤财，伤害信众的感情。

回顾历史上的宗教迫害事件，一方面说明中国历史上政治权力的强大，使得任何社会势力，包括宗教都无法与之抗衡，权力机构是政教关系绝对主导的一方。另一方面我们也要看到，宗教信仰本身也具有强大的内在力量，绝不是可能用行政权力消灭的。

4. 个人信仰主导国家宗教政策

"三武一宗"四次法难尽管残酷，但是与中国古代社会漫长的时间相比，这仅仅是少数人为事件。"三武一宗"并不代表中国古代政治的主流，人文理性主导、多元宗教文化和谐相处才是中国政治文化本质。然而为什么会出现"三武一宗"这样的少数帝王呢？从宗教学的角度看历史的教训，可以说用个人的宗教信仰替代国家宗教政策是重要原因之一。

北魏太武帝灭佛，道士寇谦之难脱干系，尽管他不同意用大屠杀的办法，但是打击佛教也是他的目标。他为太武帝奉上"太平真君"的高帽子，并建坛受符，使得太武帝感到自己得到了道教的神学支持，足以国运昌盛，长命百岁。北周武帝灭佛，道士张宾献上"黑衣人谶"，胡说："以黑释为国忌，以黄老为国祥。帝纳其言，信道轻释。亲受符箓，躬服衣冠。"从此周武帝开始崇道压佛。到了唐代，赵归真、刘玄靖、邓元起等道士在皇帝身边不断地对佛教进行诋毁，成为唐武宗灭佛的重要导因。唐代帝王服食金丹风气甚盛，前后有六位帝王中毒身亡。赵归真等人却胡说金丹屡屡不见效，都是佛教扰乱的结果，在一定程度上巩固了唐武宗灭佛的决心。试想对于一位享尽人间荣华富贵的帝王来说，什么诱惑还能比长生不老、白日升仙更大呢？宗教之间存在一定程度的相互排斥是难以避免的，明智的帝王应当是站在维持社会各种宗教势力平衡的角度调节其关系，以保证社会的顺利运行。一旦使个人的信仰凌驾于国家的宗教政策之上，其结果只能是搅乱多元文化和谐共生、相互补充、平衡发展的格局，甚至会对国计民生产生不良影响。

5. 政治权力缺乏制衡

中国古代社会的政教关系中的种种弊端，根源都在于中国古代政治属于"人治"性质。春秋战国从"神治"向"人治"的过渡是一种历史的进步，但是君主专制制度进一步发展，这种"人治"政治的反动性就逐渐表现出来。无论是盲目崇奉行政权力，滥用暴力，还是用个人的宗教信仰替代国家的宗教政策，都是人治社会的典型表现。再向深处追究，人治政治的形成，又与君主权力的不受制约相关。

中国古代社会无论是夏商周三代的分封制度，还是秦汉以后的君主专制制度，都是王权至上的政治结构，社会缺少对于王权的制衡机制。古希腊奴隶制社会存在奴隶主民主制，欧洲中世纪封建社会，存在着独立于各国封建君主的罗马教廷。而在中国皇帝"张口为经，吐字为法"，掌握着至高无上的权力。中国古代社会"屈君以伸天"的神权、"亲亲尊尊"的宗法权、儒家文化谏诤君父的传统等，都是相对制约，并没有绝对意义。法国大革命时期的启蒙思想家孟德斯鸠说过："一切有权力的人都容易滥用权力，这是万古不易的一条经验。

有权力的人们使用权力一直遇有界限的地方才休止。……要防止滥用权力,就必须以权力约束权力。"① 只有权力对权力的制衡才是真正权威的、可靠的。此外各种宗教的、文化的、理论的、学术的制衡,对于最高统治者而言,只有咨询参考价值,可以采纳,也可以不采纳。如果皇帝反感,劝谏者甚至还有性命之忧。例如明朝的海瑞劝谏嘉庆帝不要过分佞道,结果身陷囹圄,几乎丢了性命。在海瑞之前,其实已经有多位大臣为此身首异处,家破人亡。由此可见,推翻反动的君主专制制度,是建立和谐的政教关系的根本保证。

因此当代社会欲建立立足于政教分离基础上的和谐政教关系,关键问题还是建立法治社会,以宪法保证公民的宗教信仰自由的权利,以法律约束行政权力,以各项法规管理宗教事务,从而引导宗教与社会主义社会相适应。

---

① [法]孟德斯鸠:《论法的精神》上册,许明龙译,商务印书馆1987年版,第154页。